Was du im Himmel nicht mehr tun kannst
Mark Cahill

Mit besonderen Dank an
Jesus Christus
dafür, dass Er mir einen Grund gegeben hat zu leben
und einen Grund zu sterben.

Dank auch an:
Papa, Mama, Mike, Matt, Jill, Steve, Morgan, Holly, Christian und an alle meines erweiterten Familienkreises. Bruder Woody, Joanna, Ray, Sonya, Meg, Ed, Don, Jobe, JennaDee und alle anderen, die einen christlichen Einfluss auf mein Leben hatten. Dank auch an Joe White, Mike McCoy, Richard King, Jeff Myers und David Noebel dafür, dass sie mir den Start zu öffentlichen Vorträgen ermöglicht haben. Falls ich deinen Namen hier vergessen habe, so sei gewiss, dass ich dich nicht vergessen habe.

Mark Cahill

Was Du im Himmel nicht mehr tun kannst

Daniel

ISBN 978-0-9643665-8-9
Published by
Biblical Discipleship Publishers
2212 Chisholm Trail
Rockwall, Texas 75002
222.biblicaldiscipleship.org

Die Bibelzitate stammen aus der Elberfelder Übersetzung
(Edition CSV Hückeswagen), 3. Auflage 2009.

1. Auflage 2013

Lychener Str. 7, OT Retzow
17279 Lychen
www.daniel-verlag.de

Satz: Daniel-Verlag
Umschlaggestaltung: Jürgen Benner, ideegrafik
Druck und Bindung: Aalexx Buchproduktion, Großburgwedel

ISBN 978-3-935955-76-8

Inhalt

Einleitung

Was wird in 300 Millionen Jahren das Einzige sein, was zählt? Ist es dann wichtig, wie viel Geld du verdient hast? Ist es dann wichtig, welches Auto du gefahren hast? Ist es dann wichtig, wer dieses Jahr die Fußballmeisterschaft und die Champions League gewonnen hat? Ist es dann wichtig, mit wem du ausgegangen bist?

In 300 Millionen Jahren wird einzig und allein zählen, wer im Himmel und wer in der Hölle ist. Und wenn es das Einzige ist, was *dann* zählen wird, so sollte es *jetzt* eines unserer größten Anliegen sein. Der Herr Jesus sagt in Matthäus 18,11: „Denn der Sohn des Menschen ist gekommen, das Verlorene zu erretten." Wenn es für den Herrn Jesus von äußerster Wichtigkeit war, die Verlorenen zu erreichen, sollte es dann nicht auch für dich die höchste Priorität haben? Die eigentliche Frage ist: Was tust du *heute* Wichtiges, was in 300 Millionen Jahren wichtig sein wird?

2. Korinther 5,10 macht uns unmissverständlich klar: „Denn wir müssen alle vor dem Richterstuhl des Christus offenbar werden, damit jeder empfange, was er in dem Leib getan hat, nach dem er gehandelt hat, es sei Gutes oder Böses." Glaubst du als Nachfolger des Herrn Jesus Christus wirklich daran, dass einmal ein Tag sein wird, an dem du vor seinem Thron stehen wirst? Wir werden jeder für sich vor dem Gott dieses Universums stehen. Kannst du dir das vorstellen? Glaubst du, dass es dann wichtig ist, ob du den Ungläubigen mutig deinen Glauben bezeugt hast, ob du einer verlorenen und sterbenden Welt von Jesus – der einzigen Antwort für eine Seele – erzählt hast? Ja, das wird wichtig sein! Es wird wichtig sein, ob du das Kost-

barste, was du hattest, jeder Person bezeugt hast, wo irgend es möglich war!

Ich habe mir ausgemalt, wie es sein wird, wenn ich einmal vor dem Thron Gottes stehen werde, und ich glaube, dass ich sehr beschämt sein werde. Wenn ich Jesus sehe, wird mir klarwerden, dass Er realer ist, als ich Ihn mir jemals vorgestellt habe. Ich werde erschrecken, wie sündig und unrein ich angesichts seiner absoluten Heiligkeit bin. Ich werde staunen, wie schön der Himmel ist – weit schöner, als ich je zu träumen gewagt hatte. Aber dann, denke ich, wird es mich im Innersten bewegen, so dass ich den Wunsch verspüre, ich hätte auf der Erde mehr über Ihn gesprochen, als ich es je getan habe.

Wenn wir Zeit mit Petrus und Paulus verbringen könnten, wäre ich gespannt, welchen Rat sie uns geben würden. Wenn wir mit Spurgeon, Whitefield, Wesley und Moody sprechen könnten – welchen Rat würden sie uns wohl geben? Ich bin überzeugt, dass sie uns sagen würden, dass wir uns selbst ganz hingeben sollten, um die Verlorenen zu erreichen, koste es, was es wolle, und dass wir nicht zurückschauen, sondern mutig unsere Stimme für den Herrn erheben sollten. In Römer 10,13–15 heißt es:

> Denn jeder, der irgend den Namen des Herrn anruft, wird errettet werden. Wie werden sie nun den anrufen, an den sie nicht geglaubt haben? Wie aber werden sie an den glauben, von dem sie nicht gehört haben? Wie aber werden sie hören ohne einen Prediger? Wie aber werden sie predigen, wenn sie nicht gesandt sind? – wie geschrieben steht: „Wie lieblich sind die Füße derer, die das Evangelium des Guten verkündigen!"

Darum geht es in diesem Buch: Jeder Gläubige sollte sich aufmachen mit dem Vertrauen, mit der Kühnheit und mit der Liebe Jesu Christi, um eine völlig verlorene und sterbende Welt zu erreichen. Die Menschen werden nicht an Jesus glauben und Ihn für ihre Errettung anrufen, solange sie nicht hören, was Er für sie getan hat. Und wie können sie hören, wenn nicht jeder Christ, wo immer es ihm möglich ist, jede Person mit dem großartigen Namen Jesus bekanntmacht?

Während der vergangenen sieben Jahre hatte ich die Möglichkeit, einigen Tausend Menschen persönlich Zeugnis zu geben. Ich bin durch diese Erfahrung und die Lektionen, die Gott mich dadurch gelehrt hat, gedemütigt worden. Dieses Buch fasst zusammen, was ich in den vergangenen sieben Jahren gelernt habe, und verkürzt hoffentlich die Lernkurve anderer. Mein Gebet ist es, dass dieses Buch dich sehr herausfordert und gleichzeitig ermutigt. 1. Thessalonicher 5,11 sagt: „Deshalb ermuntert einander und erbaut einer den anderen, wie ihr auch tut." Wir alle brauchen Ermutigung, damit wir unser Bestes für Jesus Christus geben können. Meine Absicht ist nicht, dass du dich schuldig fühlst, weil du bisher deinen Glauben nicht so bezeugt hast, wie du es hättest tun sollen. Stattdessen hoffe ich, dass du durch diese Seiten ermutigt wirst, entschieden für den Herrn einzutreten. Dieses Buch will dir klarmachen, dass du die einzige Antwort im Blick auf die Ewigkeit hast. Und es wird dich mit sehr praktischen, biblischen Hilfsmitteln ausrüsten, damit du diese Antwort weitergeben und die Verlorenen erreichen kannst.

Wenn du dieses Buch persönlich oder mit einer Gruppe studieren möchtest, kannst du dir auf <www.daniel-verlag.de> kostenlos eine Studienanleitung als Hilfe herunterladen.[1] Wenn ihr euch zu mehreren mit den Unterlagen beschäftigt und die Konzepte miteinander besprecht, wird es euch helfen, die Prinzipien fortan in euer Leben einzubauen – so könnt ihr sie anwenden.

Am heutigen Tag sterben weltweit etwa 150.000 Menschen. Ich frage mich, wo jeder von ihnen die Ewigkeit zubringen wird. Erfreue dich an diesem Buch, aber tritt anschließend aus deiner Bequemlichkeit heraus und vertraue dem Herrn im Blick auf das, was Er durch dich tun kann. Mach dir bewusst, dass jeder Schritt aus *deiner* Komfortzone ein direkter Schritt in *Gottes* Komfortzone ist. Danke, dass du etwas tun willst, was noch in 300 Millionen Jahren Auswirkungen hat!

---

[1] Die Studienanleitung ist verfügbar auf http://www.daniel-verlag.de/downloads/ unter Ordner: Bücher - im Daniel-Verlag.

Kapitel 1
South Beach, Florida

„Jeder Christ ist entweder ein Missionar oder ein Hochstapler."
Charles Haddon Spurgeon

South Beach, Miami, Florida. Falls du noch nie da warst – South Beach ist wirklich ein unglaublicher Ort: Strand, Sonne, Sand, Sonnenbräune, Lamborghinis, Trinkgelage, Drogen, Nachtleben und Sünde – darum geht es in South Beach. Es ist wild, es ist verrückt, und es ist die amerikanische Version von Sodom und Gomorra. Und ich gehe gern dorthin! Ich weiß, das klingt seltsam, aber ich versuche mindestens einmal pro Jahr nach South Beach zu gehen. Die geistliche Dunkelheit dort ist unglaublich. So viele Menschen dort leiden und suchen nach Wahrheit und Liebe. Tatsache ist: Es ist dort so dunkel, dass es für einen Gläubigen leicht ist, dort sein Licht sehr hell scheinen zu lassen.

Vor ein paar Jahren war ich in South Beach, um das Evangelium weiterzusagen. Ich gehe am liebsten gegen 20 Uhr auf die Straßen und bleibe bis 4 Uhr morgens. Das wird jedes Mal ein interessanter, aber auch sehr langer Abend. Als ich eines Nachts eine Straße entlangging, sah ich eine junge Frau, die auf einem Stapel Zeitungen saß. Ich ging auf sie zu und begann eine Unterhaltung; dann stellte ich ihr die Frage: „Was glaubst du, was auf der anderen Seite ist, wenn du stirbst?"

Sie gab mir die sehr aufschlussreiche Antwort: „Ein ganzer Haufen nackter Frauen."

Ich habe solch eine Antwort schon von jungen Männern gehört, aber noch nie von einem Mädchen! Im Verlauf des Gesprächs erfuhr ich, dass sie eine 17-jährige Jüdin war, die damit zu kämpfen hatte, dass sie lesbisch war.

Sie öffnete sich mir und hatte eine Menge tiefgreifender Fragen über Gott und Sünde. Sie hatte tatsächlich schon über die ewige Seite des Lebens nachgedacht. Ungefähr mitten im Gespräch gestand sie, dass sie um Mitternacht zu Hause sein sollte, und nun war es zwanzig vor eins. Dann erklärte sie mir, dass sie auf dem Weg nach Hause – um vor Mitternacht dort zu sein – irgendwie den Eindruck hatte, dass sie jetzt nicht nach Hause gehen sollte, sondern stattdessen nach South Beach. Also ging sie dorthin. Sie zeigte mit dem Finger auf mich und sagte: „*Sie* sind der Grund, weshalb ich heute Nacht nach South Beach gekommen bin!"

Meine Kinnlade fiel mir fast bis auf den Boden. Wir denken normalerweise, dass die Leute mit uns nicht über die Ewigkeit und über Jesus sprechen wollen, aber das ist nur eine der vielen Lügen des Teufels. Diese junge Frau suchte nach ewiger Wahrheit, und Gott hielt sie bis lange nach ihrer Sperrstunde draußen, damit sie die Information bekam, nach der sie aufrichtig suchte. In Psalm 145,18 heißt es: „Nahe ist der HERR allen, die ihn anrufen, allen, die ihn anrufen in Wahrheit." Und in Prediger 3,11 heißt es: „Auch hat er die Ewigkeit in ihr Herz gelegt." Gott hat ein Bewusstsein der Ewigkeit in das Herz jedes Mannes und jeder Frau gelegt. Egal, wie tief die Menschen es unterdrücken, es ist immer noch da. Sie wissen, dass es mehr gibt, als dass im Leben alles nur relativ ist. Es ist unsere Aufgabe, ihnen zu helfen, die Wahrheit darüber kennenzulernen, was sie in der Ewigkeit erwartet, wer Gott ist und wie sie Ihm ihr Leben übergeben und nach seinen Grundsätzen leben können.

Wir denken normalerweise, dass die Leute mit uns nicht über die Ewigkeit und über Jesus sprechen wollen, aber das ist nur eine der vielen Lügen des Teufels.

Als wir uns weiter unterhielten, kam einer ihrer Freunde aus einer Eisdiele und setzte sich zu uns. Sie fragte ihn: „Glaubst du an Jesus? Was hältst du von dem ganzen Zeug über Jesus?" Diese junge Frau gab Zeugnis, und dabei war sie noch gar keine Gläubige!

Zum Ende unseres Gesprächs sah sie mich an und fragte: „Sind Sie ein Engel Gottes?"

Ich sagte, dass ich keiner sein könnte, denn ich hätte eine Adresse, eine Telefonnummer usw. Die Bibel sagt uns, dass wir Fremde beherbergen sollen, denn es könnte sein, dass wir ohne unser Wissen einen Engel beherbergen. Was sie mit ihrer Frage eigentlich sagen wollte, war: Gott hatte ihr Leben berührt, und Er hatte zufällig mich dazu gebraucht. Der Gott dieses Universums gebraucht gefallene Menschen, um Samen in die Herzen der Verlorenen zu säen – dieser Gedanke lässt uns demütig werden! Ich bin schon fünfmal in meinem Leben gefragt worden, ob ich ein Engel Gottes sei. Das geht mir manchmal auf die Nerven, doch wenn wir im Glauben hinausgehen und den Menschen in aller Liebe mutig die Frohe Botschaft von Jesus Christus bringen, werden sie in unserem Leben Jesus erkennen.

Was du im Himmel nicht mehr tun kannst

Ich werde diese junge Frau nie vergessen. Doch was hat mich veranlasst, in jener Nacht überhaupt mit ihr reden zu wollen? Einer der Gründe ist ein wichtiger Teil der ewigen Wahrheit. Es gibt *eine* Sache, die du im Himmel garantiert nicht mehr tun kannst, sondern nur auf der Erde. Du kannst Gott im Himmel anbeten, du kannst Gott im Himmel preisen, du kannst Gott im Himmel Lieder singen, du kannst Gottes Wort im Himmel hören. Doch *eine* Sache, die du im Himmel nicht tun kannst, ist, einem Ungläubigen deinen Glauben zu bezeugen. Warum nicht? Weil im Himmel *jeder* ein Gläubiger ist. Ist dir bewusst, dass du, wenn du deinen letzten Atemzug getan hast, nie wieder Gelegenheit haben wirst, mit einem verlorenen Menschen zu reden? Sollte es deshalb in deinem

Leben nicht Priorität haben, so viele verlorene Menschen wie möglich zu erreichen?

Die Auburn-Universität gab mir für vier Jahre ein Basketball-Stipendium, und das aus einem ganz einfachen Grund: Ich sage das nicht, um anzugeben, aber ich kann einen Basketball ziemlich gut werfen. Ich nehme diesen orangefarbenen Ball und treffe ins Ziel. Manche Leute sagen, dass ich mit diesem Talent geboren bin. Ich glaube das nicht, obwohl ich durchaus eine sportliche Begabung habe. Der einzige Grund, warum ich einen Basketball so gut werfen kann, ist Training – Stunde um Stunde um Stunde. Alles, was ich als Kind gemacht habe, war Basketball spielen, und wenn man etwas oft genug tut, wird man darin richtig gut. Also, wenn wir im Himmel kein Zeugnis geben können, sondern nur auf der Erde – was ist der einzige Weg, „gut" darin zu werden? Üben, üben, üben.

Ich glaube fest daran, dass Zeugnisgeben eine erlernte Begabung ist. Gott legt uns die Last aufs Herz, die Verlorenen zu erreichen, aber wir müssen hinausgehen und anfangen, solche Gespräche zu führen. Das Merkwürdige ist jedoch: Je mehr wir das tun, umso einfacher wird es.

„In derselben Stunde"

In den vergangenen vier Jahren bin ich mit jeder Person ins Gespräch gekommen, neben der ich während eines Fluges saß. Ich tue das, weil ich weiß, dass ich mich darin üben muss, meinen Glauben weiterzusagen, um besser darin zu werden. Und seitdem ich für diese Menschen bete, bevor wir einander begegnen, betrachte ich sie nicht als Fremde, sondern als Freunde, die ich bisher noch nicht getroffen habe. Wenn Gott einen Gläubigen neben mich setzt, ermutige ich diese Person, ein mutiger Mann oder eine mutige Frau Gottes zu sein. Wenn Gott einen Ungläubigen neben mich setzt, teile ich dieser Person die beste Nachricht mit, die es gibt!

Nachdem ich auf einem Flug ab Colorado Springs meinen Platz eingenommen hatte, stellte ich mich dem Mann neben mir vor, und wir begannen zu plaudern. Er hatte ein sehr dickes Buch mit sehr kleiner Schrift in der Hand. Ich fragte ihn, was er lese und warum er solch ein dickes Buch lesen wolle. Es war ein Titel von Dostojewski, und er hatte das Buch, wie er mir erzählte, vor zwanzig Jahren im College gelesen. Nun meinte er, das Buch noch einmal lesen zu sollen. Ich dachte: *Dieser Mann hat zu viel freie Zeit zur Verfügung!*

Er arbeitete im Pentagon in der Abteilung Raketenabwehr – ein sehr interessanter Mann und dem äußeren Eindruck nach recht konservativ. Wir verstanden uns auf Anhieb und hatten zu vielen Themen die gleiche Meinung. Das Problem war, dass er sein Buch nicht zuklappte. Er schaute zwar nicht ins Buch, ließ es aber offen auf dem Schoß liegen. Wenn jemand sein Buch zuklappt, zeigt das sein Interesse an einer guten Unterhaltung. Wir sprachen etwa eine Stunde lang, doch das Buch blieb offen.

Schließlich fragte ich: „Darf ich Ihnen eine interessante Frage stellen?"

„Ja sicher", antwortete er.

„Wenn Sie sterben, was ist Ihrer Meinung nach auf der anderen Seite? Was, meinen Sie, ist da draußen, wenn wir von hier weggehen?"

Er war nicht sicher. Das Buch war immer noch offen, doch wir redeten weiter. Plötzlich nahm er sein Flugticket, benutzte es als Lesezeichen und schloss das Buch! Dann kam das Gespräch erst richtig in Gang. Den Rest des Fluges redeten wir über ewige Dinge. An einer Stelle sagte er: „Ich habe das Gefühl, dass Sie mich in die Enge treiben!" Wir lachten beide. Ich sagte, dass das vielleicht so aussähe, doch dass ich glaubte, dass das alles ziemlich logisch und zielgerichtet sei. Am Ende des Fluges sagte er: „Ich danke Ihnen. Sie sind nicht einer dieser Eiferer oder Fanatiker, und das schätze ich."

Gott legt uns die Last aufs Herz, die Verlorenen zu erreichen, aber wir müssen hinausgehen und anfangen, solche Gespräche zu führen.

Ich lachte: „Tja, wenn Sie mich kennenlernen würden, könnten Sie anderer Meinung werden!" Dann fügte ich hinzu: „Ich glaube, Sie wollen damit sagen, dass ich Ihnen meine Religion nicht einfach überstülpen wollte."

Er sagte: „Genau das wollte ich sagen", und gab mir seine Visitenkarte. Später schrieb ich ihm einen Brief und schickte ihm ein Buch. Wir hatten diese Unterhaltung sechs Wochen vor den Anschlägen auf das World Trade Center und das Pentagon; seitdem frage ich mich, was wohl mit ihm geschehen ist.

Wie wenig ahnte ich, dass der lebendige Gott auf diesem Flug einen Mann neben mich setzen würde, der solch einen Hunger nach geistlicher Wahrheit hatte. Alles, was ich tun musste, bestand darin, das Gespräch zu beginnen und zuzusehen, wie es sich entwickelte. Jesus sagt in Lukas 12,12: „Der Heilige Geist wird euch in derselben Stunde lehren, was ihr sagen sollt." Der Heilige Geist ist treu, Er leitet uns die ganze Zeit im Gespräch und legt uns viele Dinge aufs Herz, die wir sagen sollen. Alles, was wir tun müssen, besteht darin, „in derselben Stunde" bereit zu sein. Lass dir vom Herrn solche Gelegenheiten schenken, und Er wird dir zeigen, wie treu Er ist.

Es gibt nur zwei Gelegenheiten, den Menschen das Evangelium zu bringen: gelegene und ungelegene Zeit. Jede andere Zeit wäre falsch!

2. Timotheus 4,2–8 ist ein großartiger Abschnitt in der Bibel. In Vers 2 ermahnt Paulus uns: „Predige das Wort, halte darauf zu gelegener und ungelegener Zeit; überführe, weise ernstlich zurecht, ermahne mit aller Langmut und Lehre." Mach dir bewusst, dass es nur zwei Gelegenheiten gibt, den Menschen das Evangelium zu bringen: gelegene und ungelegene Zeit. Jede andere Zeit wäre falsch! Das heißt, wir sollen bereit sein, hinauszugehen und das Wort zu aller Zeit zu predigen. Mach dir auch bewusst: Wenn wir vor Gott stehen, wird keiner von uns sagen, dass wir seinen Sohn zu viel bezeugt haben. Aber viele von uns werden erkennen, dass wir seinen Sohn während unseres Lebens viel zu wenig bezeugt haben.

Übe, übe, übe. Denkst du an jemand, an dem du heute „üben" könntest? Ich meine damit keine Rollenspiele, sondern ich denke an ein echtes Gespräch mit einem Freund. Fang an. Du wirst froh sein, wenn du es getan hast.

Nachdem wir nun wissen, was wir im Himmel nicht tun können – was kann uns den Mut geben, den wir im Herrn alle haben sollten? Das nächste Kapitel zeigt uns, wie wir unser Denken trainieren können, so dass wir anfangen, die Gelegenheiten, die der Herr uns schenkt, aus einer anderen Perspektive zu sehen.

KAPITEL 2
DÜRFEN!

„Es ist für mich kein besonderes Problem, wenn ich ausgelacht werde. Ich kann mich an Verachtung und Spott erfreuen. Karikaturen, öffentliche Kritiken und Verleumdungen sind meine Ehre. Doch meine große Sorge ist, dass du dich von der Gnade abwendest. Spuck mich an, aber bitte tu Buße! Lach mich aus, aber bitte glaube an meinen Herrn! Mach meinen Leib zu Straßendreck, aber verdamme nicht deine eigene Seele!"

CHARLES HADDON SPURGEON

Ich glaube fest, dass wir unsere Einstellung zum Zeugnisgeben ändern müssen. Wir müssen es als *die* großartige Gelegenheit sehen, die es ist, und nicht als Plackerei. Unseren Glauben zu bezeugen, sollte für uns etwas sein, was wir mit Freude und voller Erwartung tun, etwas, worauf wir brennen, statt dass wir es als das Schlimmste der ganzen Woche betrachten. Wie können wir dahin kommen?

Gott legte es mir vor einigen Jahren auf eine sehr einfache, doch lebensverändernde Weise aufs Herz. Wenn wir sonntagmorgens zu spät aufwachen und müde sind, denken wir oft, dass wir zur Gemeinde gehen „müssen". Das ist eine völlig falsche Sichtweise. Es ist nicht so, dass wir zur Gemeinde gehen müssen, sondern dass wir zur Gemeinde gehen *dürfen*.

Es ist ein Vorrecht, uns mit Mitgläubigen versammeln und unseren großen Gott und Retter anbeten zu dürfen. In China gibt es Gläubige, die sechs Stunden unterwegs sind, um zur Kirche zu gehen, und sie haben da durchaus keine „Unterhaltungskirche" für eine halbe Stunde! Sie beten aus tiefstem Herzen den Herrn an, und dann laufen sie sechs Stunden zurück nach Hause. Wir betrachten es schon als Unannehmlichkeit, wenn wir einmal im Regen zur Gemeinde fahren müssen. Wir müssen einfach die Einstellung entwickeln, dass wir zur Gemeinde gehen *dürfen*.

Manchmal stellen wir um elf Uhr abends fest, dass wir an diesem Tag noch keine stille Zeit zum Gebet hatten. Es ist doch nicht so, dass wir beten *müssen*, sondern wir *dürfen* zu dem allmächtigen Gott dieses Universums beten! Ist es nicht unfassbar, dass dieser große Gott, der das ganze Universum in seiner Hand hält, sich Zeit nimmt, um uns zuzuhören, wenn wir zu Ihm beten? Er kann es kaum abwarten, mit uns Gemeinschaft zu haben und uns zuzuhören. Beten ist keine lästige Pflicht, sondern ein wunderbares Vorrecht. Wir sollten so sehr danach verlangen, mit unserem himmlischen Vater zu sprechen, dass wir „unablässig beten" (1. Thessalonicher 5,17).

Ist es nicht unfassbar, dass dieser große Gott, der das ganze Universum in seiner Hand hält, sich Zeit nimmt, um uns zuzuhören, wenn wir zu Ihm beten?

Manchmal wird uns sehr spät am Abend bewusst, dass wir den ganzen Tag unsere Bibel noch nicht gelesen haben. Wir meinen, wir *müssten* unsere Bibel lesen, aber wir sollten das Bibellesen nicht als Pflicht sehen. Es ist nicht so, dass wir unsere Bibel lesen *müssen*, sondern wir *dürfen* das heilige Wort Gottes lesen. Wir haben die Möglichkeit, unseren Geist zu jeder beliebigen Tageszeit mit ewiger Nahrung zu versorgen. Jesus sagte: „Nicht von Brot allein soll der Mensch leben, sondern von jedem Wort, das durch den Mund Gottes ausgeht" (Matthäus 4,4).

Einmal hielt ich Vorträge in Kalifornien und übernachtete in einem Hotel am Arrowhead See. Jeden Abend kehrte ich erst spät von meinen Vortragsverpflichtungen zurück. In der zweiten Nacht kam ich mit dem Wachmann ins Gespräch. Luis war ein sehr interessanter junger Mann. Er war zwanzig Jahre alt und hatte große Probleme, da seine Freundin ihn verlassen hatte. Er war fest davon überzeugt, dass sie *die* Frau war, die er einmal heiraten würde. Während der Unterhaltung erzählte er mir, dass er sich Christus schon früher übergeben habe, aber dass er nicht so lebe, wie er eigentlich sollte. Wegen seiner Dienstzeit konnte er sonntags nicht zur Kirche gehen. Ich fragte ihn, ob er eine Bibel habe, was er bejahte. Dann fragte ich ihn, ob er während der Arbeit Zeit habe, darin zu lesen. Er antwortete, dass er nahezu die ganze Zeit auf der Arbeit lesen würde. Auf seinem Schreibtisch lagen Zeitschriften wie *Rolling Stone*, *People* und *Spin*. Dann sagte ich ihm, dass er die Bibel in einem Jahr komplett durchlesen könnte, wenn er sie zur Arbeit mitbringen und dreieinhalb Kapitel pro Tag lesen würde. Wenn man sich fünfzehn bis dreißig Minuten am Tag Zeit nimmt, kann man die Bibel einmal im Jahr durchlesen. Er versprach, das zu tun.

Als ich die nächsten beiden Abende ins Hotel kam, war Luis nicht da. In der letzten Nacht, die ich dort verbrachte, hatte er Dienst, und wir hatten wieder ein gutes Gespräch. Ich fragte ihn, ob er seine Bibel mitgebracht und darin gelesen habe. Er bestätigte das und sagte, dass er jede Nacht darin gelesen habe. Allein in der ersten Nacht habe er zwanzig Kapitel gelesen! Seit er zwei Nächte zuvor seine Bibel zugeschlagen hätte, habe er keine eifersüchtigen Gedanken wegen seiner Freundin mehr gehabt.

Ganz gleich, in welche Lage du kommst – das Wort Gottes hat die Antwort. 2. Timotheus 3,16.17 bestätigt: „Alle Schrift ist von Gott eingegeben und nützlich zur Lehre, zur Überführung, zur Zurechtweisung, zur Unterweisung in der Gerechtigkeit, damit der Mensch Gottes vollkommen sei, zu jedem guten Werk völlig geschickt." Was für ein Vorrecht ist es, das Wort Gottes lesen zu *dürfen*!

Sehr oft denken wir, dass wir Gott den Zehnten von unserem Geld geben *müssen*. Wir haben wirklich eine falsche Einstellung: Es ist nicht so, dass wir den Zehnten von unserem Geld für das Werk des Herrn geben *müssen*, sondern wir *dürfen* es tun! Jetzt, in einer Zeit der wirtschaftlichen Rezession, gehen die Spenden in den Kirchen deutlich zurück; das berichten viele Pastoren im ganzen Land. Nach meiner Überzeugung sollten wir *mehr* geben, wenn die Zeiten hart sind, nicht *weniger*. Es mag sein, dass ich die Ausgaben für meinen Haushalt kürzen muss, aber nicht das Geld, das ich für das Werk Gottes gebe. Ich habe Gott in der Vergangenheit mit dem Zehnten und den Spenden betrogen, doch das tue ich jetzt nicht mehr.

Einer meiner Freunde unterstützt jeden Monat fünfundzwanzig Missionare. Als seine Finanzen eng wurden, nahm er einen Kredit auf, um den Missionaren in dem betreffenden Monat das Geld zu schicken! Was er tat, hat mich sehr beschämt. Er weiß, wie wichtig es ist, sich mit allem, was man besitzt, dem Werk des Herrn hinzugeben.

Lukas 6,38 sagt uns: „Gebt, und es wird euch gegeben werden: Ein gutes, gedrücktes, gerütteltes und überlaufendes Maß wird man in euren Schoß geben; denn mit demselben Maß, mit dem ihr messt, wird euch wieder zugemessen werden." Und in Maleachi 3,8–11 sagt Gott:

> Darf ein Mensch Gott berauben, dass ihr mich beraubt? Und ihr sprecht: „Worin haben wir dich beraubt?" Im Zehnten und im Hebopfer. Mit dem Fluch seid ihr verflucht, und doch beraubt ihr mich, ihr, die ganze Nation! Bringt den ganzen Zehnten in das Vorratshaus, damit Speise in meinem Haus sei; und prüft mich doch dadurch, spricht der HERR der Heerscharen, ob ich euch nicht die Fenster des Himmels öffnen und euch Segen bis zum Übermaß ausgießen werde. Und ich werde um euretwillen den Fresser schelten, dass er euch die Frucht des Bodens nicht verderbe; und der Weinstock auf dem Feld wird euch nicht mehr fehltragen, spricht der HERR der Heerscharen.

Es ist ein Vorrecht, Gott etwas zurückzugeben. Wir müssen lernen, Geben aus dieser Sicht zu sehen. Wenn ich Vorträge bei verschiedenen Veranstaltungen halte, finde ich es interessant, zu sehen, wie Menschen Gott auf unterschiedliche Weise anbeten. Offensichtlich betrachten viele Menschen es als eine Last, dem Herrn, den wir lieben, laut und von Herzen zu singen. Sie scheinen die Einstellung zu haben, dass sie Gott loben und anbeten *müssen*. Stattdessen sollten sie sich bewusst machen, dass wir den König der Könige mit unserem ganzen Sein anbeten *dürfen*!

Psalm 150 ist ein gutes Beispiel, wie wir Gott anbeten sollten:

> Lobt den HERRN!
> Lobt Gott in seinem Heiligtum;
> lobt ihn in der Feste seiner Stärke!
> Lobt ihn wegen seiner Machttaten;
> lobt ihn nach der Fülle seiner Größe!
> Lobt ihn mit Posaunenschall;
> lobt ihn mit Harfe und Laute!
> Lobt ihn mit Tamburin und Reigen;
> lobt ihn mit Saitenspiel und Schalmei!
> Lobt ihn mit klingenden Zimbeln;
> lobt ihn mit schallenden Zimbeln!
> Alles, was Odem hat, lobe Jah!
> Lobt den HERRN!

Übrigens: Wenn wir sterben, *müssen* wir nicht in den Himmel gehen, sondern wir *dürfen* in den Himmel gehen! Ich bete dafür, dass der Heilige Geist dieses Buch benutzt, um deine Einstellung so zu ändern, dass du deinen Glauben andern nicht weitersagen *musst,* sondern dass du ihn möglichst vielen verlorenen Menschen so lange weitersagen *darfst*, bis du in den Himmel kommst.

Wenn du stirbst, *musst* du nicht allein in den Himmel kommen. Wenn du stirbst und in den Himmel gehen *darfst*, dann *darfst* du beliebig viele Menschen mitbringen! Diese Einstellung brauchen wir.

Noch etwas anderes müssen wir uns bewusst machen, wenn wir unseren Glauben bezeugen: den Wert anderer Menschen in den Augen des allmächtigen Gottes. Was ist eine Seele wert? Gott hat gesagt, dass Er den Menschen in seinem eigenen Bild und nach seinem Gleichnis gemacht hat (1. Mose 1,26). Jede Seele ist von unendlichem Wert für Gott. Wenn wir das einmal verstanden haben, werden wir nur noch auf der Stuhlkante sitzen und in ständiger Bereitschaft sein, die Frohe Botschaft von Jesus jeder verlorenen Seele auf diesem Planeten zu bringen.

In Markus 16,15 fordert Jesus uns auf: „Geht hin in die ganze Welt und predigt der ganzen Schöpfung das Evangelium." Ein großartiger Ort zum Zeugnisgeben sind Ereignisse wie Volksfeste. Auf einem Volksfest in Georgia hatte ich ein gutes Gespräch mit drei ziemlich wild aussehenden Teenagern. Sie hatten Tätowierungen, waren gepierct und trugen verrückte Klamotten. Gegen Ende des Gesprächs sagte ich ihnen, dass sie von Gott wunderbar gemacht seien – dass sie Stück für Stück in dem Leib ihrer Mutter zusammengewebt worden seien. Ich fragte sie: „Wie besonders macht euch das?"

Sie antworteten: „Ziemlich besonders."

Dann fragte ich: „Wisst ihr, dass ihr im Bild des Gottes dieses Universums gemacht seid? Wisst ihr, wie einmalig euch das macht?"

Sie antworteten: „Sehr einmalig."

Zustimmend sagte ich: „Ja, ihr seid etwas ganz Besonderes! Wenn irgendjemand euch einmal etwas anderes erzählen sollte, liegt er hundertprozentig falsch – vergesst das nie!"

Weil ich wusste, dass sie in den Augen Gottes etwas ganz Besonderes waren, wollte ich, dass sie die Wahrheit über seinen Sohn Jesus Christus hörten.

Du hättest sehen sollen, wie ihre Augen aufleuchteten! Ich sah nicht nur ihre äußere Erscheinung, ich sah den Wert der inneren Person. Weil ich wusste, dass sie in den Augen Gottes etwas ganz Besonderes waren, wollte ich, dass sie die Wahrheit über seinen Sohn Jesus Christus hörten.

Wie siehst du deine Arbeitskollegen? Wie siehst du die Menschen, die jeden Tag an dir vorbeigehen? Wir sollen sie als etwas Wertvolles sehen, so wie der Herr es tut; dann würden wir alles daransetzen, dass sie den Herrn Jesus Christus als ihren Retter kennenlernen. Es würde eine Freude sein, in die ganze Welt zu gehen und das Evangelium weiterzusagen.

Wenn du darüber nachdenkst, einfach zu irgendwelchen Fremden hinzugehen und ihnen Zeugnis zu geben, schüchtert es dich vielleicht ein, aber es ist eine großartige Möglichkeit, die Verlorenen zu erreichen – und es funktioniert!

Ich wurde gebeten, eine Freizeit für die Jugendgruppe einer großen Gemeinde zu gestalten. Der Jugendpastor und ich planten, die Freizeit in einem Hotel in der Nähe durchzuführen. Dann wollten wir mit den Teenagern zu einem Einkaufszentrum gehen, damit sie dort Zeugnis gäben. Als der Pastor von unseren Plänen erfuhr, war er jedoch nicht sehr begeistert. Er sagte dem Jugendpastor, dass diese Art des Zeugnisgebens nicht funktionieren würde. Christen müssten erst Beziehungen aufbauen und sollten nicht so ohne weiteres Zeugnis geben. Der Jugendpastor entschloss sich daraufhin, die Teenager in ein abgelegenes christliches Freizeitzentrum zu bringen, weit weg von der Zivilisation (und damit weg von den verlorenen Menschen), damit sie dort lernen konnten, ihren Glauben zu bezeugen. Am Sonntagnachmittag nach der Freizeit entschloss sich ein Teenager, in das besagte Einkaufszentrum zu gehen und dort Zeugnis zu geben, und kam mit einem Iraner ins Gespräch.

Der Mann sagte: „Es ist sehr interessant, dass du mit mir redest. Einer der Gründe, warum ich nach Amerika gekommen bin, ist der, dass ich mehr über das Christentum erfahren wollte. Um es direkt zu sagen: Ich habe mir gerade gestern eine Bibel gekauft."

Während der Unterhaltung fragte der Teenager: „Haben Sie schon einmal eine christliche Gemeinde besucht?"

Als der Iraner verneinte, fragte der Teenager weiter: „Würden Sie nächste Woche gern mit mir in die Gemeinde gehen, zu der ich gehe?"

Der Mann sagte: „Sehr gern!"

Schön, wenn man weiß, dass diese Art des Zeugnisgebens wirklich funktioniert!

Im nächsten Kapitel möchte ich dir etwas von dem weitergeben, was der Herr mir aufs Herz gelegt hat – eine Wahrheit, die aus mir Feigling einen viel mutigeren Zeugen für den Herrn gemacht hat. Gerade diese Wahrheit ist es, die bei meinen Vorträgen im ganzen Land das Leben vieler Leute verändert. Sie ermutigt Gläubige, aus ihrer eigenen Komfortzone herauszutreten, wenn es darum geht, Zeugnis zu geben, und in Gottes Komfortzone einzutreten. Danach sind sie nicht mehr dieselben! Wir wollen sehen, was so viele Leben verändert.

Kapitel 3
Gewinnen, Gewinnen, Gewinnen

„Wenn es irgendetwas gibt, wo die christliche Kirche ihren Eifer weißglühend halten sollte, dann in Bezug auf die Mission. Wenn es irgendetwas gibt, wo wir keinerlei Lauheit tolerieren dürfen, dann darin, einer sterbenden Welt das Evangelium zu bringen."

Charles Haddon Spurgeon

Es macht immer Freude, wenn man in einem christlichen Sommerlager mitarbeiten kann. Es ist eine Gelegenheit, selbst im Glauben zu wachsen und in das Leben anderer zu investieren. Eins der großen Ferienlager in Amerika ist „Kanakuk Kamps" in Branson, Missouri (www.kanakuk.com). Dort arbeitete ich vor ein paar Jahren als Betreuer.

Meine Gruppe bestand aus zehn Teilnehmern und drei Mitarbeitern. Jeden Abend hatten wir in unserer Blockhütte Andacht. Als ich eines Nachmittags um ein Thema für die Abendandacht betete, legte der Herr es mir aufs Herz, über Zeugnisgeben und Evangelisation zu sprechen. Ich hielt das für etwas merkwürdig, zumal ich nicht derjenige war, der seinen Glauben viel bezeugte. Aber eins habe ich gelernt: Wenn Gott anfängt zu führen, ist es gut, Ihm auch zu folgen! Also fragte ich die jungen Leute an dem Abend, als wir über das Zeugnisgeben sprachen: „Welche drei Möglichkeiten ergeben sich, wenn wir anderen unseren Glauben bezeugen?"

Die richtige Antwort, die sie gaben, war:

1. Die Person kann Jesus Christus annehmen;
2. die Person kann Jesus Christus ablehnen oder
3. wir können Samen säen.

Nachdem wir über jede der drei Möglichkeiten gesprochen hatten, malten wir ein Schaubild, das etwa so aussah:

Jesus angenommen	Samen gesät	Jesus abgelehnt
gut	gut	schlecht
gewonnen	gewonnen	verloren

Wir waren uns einig, dass „Jesus angenommen“ und „Samen gesät“ eine gute Situation ist, „Jesus abgelehnt“ eine schlechte Situation. Anders betrachtet: „Jesus angenommen“ ist ein Sieg, „Samen gesät“ ist ebenfalls ein Sieg, und eine Ablehnung ist eine Niederlage. Unsere Schlussfolgerung: In 66 Prozent der Fälle, wenn wir Zeugnis geben, haben wir gesiegt. Ist das keine geniale Quote? In zwei Dritteln aller Fälle, wo wir Zeugnis geben, können wir buchstäblich nicht verlieren!

Wenn du irgendetwas von Sport verstehst – würde Shaquille O'Neal[2] diese Quote nicht gern haben, wenn er einen Freiwurf beim Basketball hat? Natürlich! Er ist ein schlechter Freiwurfschütze, der mit einer Wahrscheinlichkeit von ungefähr 40 Prozent trifft. Er würde keine Sekunde überlegen und die 66 Prozent nehmen, wenn es um Freiwürfe ginge. Aber viele von uns würden die 66 Prozent nicht nehmen, weil sie solche Angst davor haben, abgewiesen zu werden, wenn sie für Jesus Christus einstehen. Die meisten Leute sagen, dass die größte Angst beim Zeugnisgeben die Angst vor Ablehnung ist.

---

[2] Shaquille Rashaun O'Neal (* 1972 in Newark, New Jersey) ist ein ehemaliger US-amerikanischer Basketballspieler. (Wikipedia)

Wie wenig ahnte ich, dass der Gott des Universums am nächsten Tag mein Leben für immer verändern würde. Ich saß auf einem Schiffsdock in der Mitte eines Sees, als Gott wie nie zuvor zu meinem Herzen sprach. Ich las gerade 1. Petrus 4,14, wo es heißt: „Wenn ihr im Namen Christi geschmäht werdet, glückselig seid ihr! Denn der Geist der Herrlichkeit und der Geist Gottes ruht auf euch." Denk einmal einen Augenblick darüber nach: Jedes Mal, wenn wir wegen des Namens Jesu geschmäht werden, werden wir gesegnet, und die Herrlichkeit Gottes ruht auf uns. Wenn in deinem Leben die Herrlichkeit Gottes scheinen und auf andere reflektiert werden würde – würdest du dir das wünschen? Wir alle würden uns das so viel wie möglich wünschen! Das geschieht, wenn wir wegen des Namens Jesu geschmäht werden.

Doch Gott war mit mir noch nicht fertig. In Lukas 6,22.23 heißt es: „Glückselig seid ihr, wenn die Menschen euch hassen und wenn sie euch ausschließen und schmähen und euren Namen als böse verwerfen um des Sohnes des Menschen willen; freut euch an jenem Tag und hüpft vor Freude, denn siehe, euer Lohn ist groß in dem Himmel; denn genauso taten ihre Väter den Propheten."

Ist dir bewusst, dass Gott, wenn du um des Namens Jesu willen geschmäht wirst, im Himmel eine Belohnung für dich bereithält, die jede irdische Belohnung wie einen Hungerlohn aussehen lässt? Das ist echt erstaunlich!

Nachdem ich an einer christlichen höheren Schule in Mobile, Alabama, gesprochen hatte, entschied sich eine Gruppe Studenten, in den Einkaufszentren und am Strand Zeugnis zu geben. Sie wurden nur selten von jemand beschimpft, aber wenn es so weit kam, machten sie cha-ching, ein Geräusch wie bei einer Registrierkasse. Sie meldeten ihre Belohnung im Himmel an, klatschten sich ab und wandten sich der nächsten Person zu. Sie nahmen das Wort Gottes wörtlich und ließen sich von nichts unterkriegen, sondern waren entschlossen, für den Herrn einzustehen.

Als ich auf einer Leiterkonferenz der Vereinigung christlicher Athleten *(Fellowship of Christian Athletes)* in Lexington, Kentucky, sprach, gingen die Teenager und die Studenten an einem Nachmittag von Tür zu Tür, um das Evangelium weiterzusagen. Eine Gruppe ging zu dem ersten Haus an der Straße und wurde abgelehnt. Sie meldeten ihre Belohnung im Himmel an, klatschten sich ab und gingen weiter. Beim nächsten Haus war niemand da. Beim übernächsten Haus wurden sie abgewiesen. Beim folgenden Haus war wieder niemand zu Hause. Nach acht Häusern wurden sie mutlos. Sie überlegten, ob sie abbrechen und an einem anderen Tag weitermachen sollten, doch sie dachten an ihre Belohnung im Himmel und machten weiter. Beim neunten Haus saß ein Mann auf seiner Veranda im Schaukelstuhl und trank ein Bier. Als sie zu sprechen begannen, sagte er ihnen kurzerhand, sie würden ihre Zeit verschwenden. Als sie nach dem Grund fragten, antwortete er: „Weil es keine Möglichkeit gibt, dass Gott mir alle meine Sünden vergeben kann."

Wir wissen, dass das nicht stimmt. Doch Satan belügt die Menschen, so dass sie denken, ihre Sünden seien so schlimm, dass sie nicht vergeben werden können. Die Studenten fragten den Mann, was er denn Schlimmes getan habe, dass Gott ihm nicht vergeben könne.

Er erklärte, dass er während seiner Zeit im Vietnamkrieg in Städte und Dörfer geschickt wurde, wo er wahllos Frauen und Kinder getötet habe. Manchmal habe er seine Knarre einfach hinter sich gehalten und Leute hinter sich erschossen, als wäre es ein Spiel.

Die Studenten nahmen sich seiner an und zeigten ihm die Liebe Gottes. Sie sprachen über Sünde und über das reinigende Blut Jesu. Eine Dreiviertelstunde später sagte der Mann: „Ich brauche wirklich diesen Jesus, von dem ihr redet."

Sie beteten mit ihm, und er nahm Jesus an. Später erzählten sie, er habe, als er den Kopf hob, ein Leuchten auf dem Gesicht gehabt, das sie vorher noch nie bei jemand gesehen hatten. Er sagte: „Ich möchte jetzt gern meine Bibel lesen! Ich habe jetzt den Wunsch, zur Kirche zu gehen! Das ist alles, was ich jetzt am liebsten tun würde."

Was für eine erstaunliche Geschichte! Aber sie wäre nicht passiert, wenn die jungen Leute aufgegeben und nicht in der Kraft des Herrn weitergemacht hätten und wenn sie sich mehr wegen der Ablehnung Gedanken gemacht hätten als wegen ihrer Belohnung im Himmel.

Nachdem Gott mich auf diese beiden Verse (1. Petrus 4,14 und Lukas 6,22.23) aufmerksam gemacht hatte, begann ich die nächste Abendandacht mit den Worten, dass ich ihnen am Abend vorher etwas Falsches gesagt hätte. Ich hatte ihnen gesagt, dass wir eine Chance von 66 Prozent hätten, einen Sieg zu erringen, wenn wir anderen unseren Glauben bezeugen. Dann sprach ich mit ihnen über die beiden Verse in 1. Petrus 4 und Lukas 6, und ihre Augen wurden groß, als auch sie den Fehler erkannten, den wir gemacht hatten. Wir wollen nun sehen, wie sich das Schaubild ändert, nachdem wir also diese beiden Verse kennen:

Jesus angenommen	Samen gesät	Jesus abgelehnt
gut	gut	gut
gewonnen	gewonnen	gewonnen

So lernten wir durch das Wort Gottes, dass wir *jedes Mal*, wenn wir unseren Glauben bezeugen, einen Sieg erringen. Ich brauche mir also keine Gedanken mehr darüber zu machen, dass Satan versucht, mir das Zeugnisgeben auszureden, denn das Wort Gottes sagt, dass ich nicht verlieren kann, wenn ich es tue. Es ist jedes Mal ein Sieg!

Lass Satan sie zusammenbringen

Als ich in einem Einkaufszentrum in Denver Zeugnis gab, begann ich ein Gespräch mit zwei Teenagern. Einer der beiden wollte nichts mit mir zu tun haben und stand deshalb abseits, während ich mich mit seinem Freund unterhielt. Dieser erzählte mir, dass sie erst kürzlich einen Satanskult verlassen hätten. Sie hatten auf manchen ihrer Treffen Tieropfer gesehen, also beschloss ich, ihm eine verrückte Frage zu stellen: „Habt ihr jemals bei einem eurer Treffen ein Menschenopfer gesehen?" Sei vorsichtig, was du fragst, denn es kann sein, dass du eine Antwort bekommst!

Er antwortete: „Doch, ja." Dann beschrieb er, was sie mit einem neugeborenen Baby gemacht hatten. Ich war geschockt über das, was er erzählte, doch ich konnte in seinen Augen sehen, dass er nicht spaßte.

Dann legte ich ihm Zeugnis ab über Sünde und sagte ihm, dass er Jesus Christus brauche. Ich konnte in dieser Situation, als ich meinen Glauben bezeugte, unmöglich verlieren, da es ja jedes Mal eine Gewinnsituation ist. Wir hatten nicht nur ein gutes Gespräch, sondern ich hatte auch die Gelegenheit, noch einmal mit ihm zu reden, bevor er das Einkaufszentrum verließ.

Bist du nicht erschrocken darüber, was Satan mit den 15- und 16-Jährigen in dieser Welt macht? Bist du wütend genug, dass du immer noch etwas dagegen tun möchtest? Wenn du einen guten Ort zum Zeugnisgeben suchst, dann gehe dorthin, wo Satan am Wirken ist: an Schülern der Mittelschulen und der höheren Schulen. Warum gehen wir nicht auf Nummer sicher und erreichen sie mit der Wahrheit, bevor Satan sie mit einer Lüge erreicht?

Ein Herr, den ich kenne, hat folgendes Motto, wenn es darum geht, den Herrn zu bezeugen: „Lass Satan sie zusammenbringen, und dann werden wir ihnen das Evangelium bringen." Was für ein Motto! Lass Satan die ganze Arbeit tun, um Menschen zusammenzubringen, und dann brauchen wir nur aufzutauchen und ihnen das Evangelium zu sagen. Einkaufszentren, Sportveranstaltungen, Cafés, Unis, Parkplätze vor Fußballspielen, Konzerte, Musikfestivals, allerlei andere Festivals, Parks, Strände, Bars, Waschsalons, Bushaltestellen usw. – all das sind gute Orte, wo wir das Evangelium weitersagen und Traktate weitergeben können.

In Atlanta, Georgia, findet jedes Jahr am ersten Maiwochenende ein großes Musikfestival statt, das sogenannte *Music Midtown*. Dort sind meist ein Dutzend Bühnen aufgebaut, und drei Tage lang treten dort einige der bekanntesten weltlichen Bands auf. Ich schreibe mir das jedes Jahr in meinen Kalender, um dort das Evangelium weiterzusagen. In diesem Jahr waren ungefähr 300.000 Menschen dort. Gott gab mir die Gelegenheit, mehr als fünfzig Leuten persönlich das Evangelium weiterzusagen und über 3.000 Traktate über Jesus weiterzugeben. Was für ein Wochenende! Es ist eins meiner Lieblingswochenenden im Jahr. Letztes Jahr während des Festivals zeigte ein Mann mit dem Finger auf mich und sagte: „Ich kenne Sie." Er sagte mir, dass ich ihm vor zwei Jahren auf dem Festival das Evangelium gebracht hätte und dass er mich auch vergangenes Jahr gesehen hätte. Dieses Jahr redete er aber nicht mit mir. Ich werde wohl nie erfahren, wie er sich nach einigen Jahren noch an mich erinnern konnte, aber wir dienen einem großen Gott, der auf eine Weise an den Herzen von Menschen wirkt, die wir uns nicht einmal vorstellen können.

Der Piedmont-Park in der Innenstadt von Atlanta ist Veranstaltungsort für vier richtig gute Festivals im Jahr. Das sind hervorragende Gelegenheiten zum Zeugnisgeben, denn Menschen, die dort abhängen und die Zeit totschlagen, warten nur darauf, sich zu unterhalten. Eins dieser Festivals, die im Piedmont-Park stattfinden, ist das zweitgrößte Schwulen- und Lesbenfestival in den Vereinigten Staaten. In den vergangenen Jahren war ich dort und legte Zeugnis ab. Du wirst wahrscheinlich denken, dass das doch kein besonders guter Platz dafür ist, aber es ist im Gegenteil ein sehr geeigneter Ort zum Zeugnisgeben. Es sterben viele in der Schwulenszene. Homosexuelle denken oft über die Ewigkeit nach, weil so viele ihrer Freunde sterben.

Ein Mann, mit dem ich 1999 auf dem Festival redete, erzählte mir, dass er und achtzig Freunde zwanzig Jahre zuvor in einer Schwulenbar in Atlanta ein Gruppenfoto hätten machen lassen. Vor einer Woche habe er sich das Foto noch einmal angeschaut. Er hielt fünf Finger in die Höhe, als er erklärte, dass von den achtzig Leuten nur noch fünf lebten! Am Ende unseres Gespräches sagte er: „Danke, dass Sie hier sind und das weitergeben, was Sie glauben, und *vielen* Dank für die Art und Weise, wie Sie es tun."

Wir sollten uns nicht von den Verlorenen abkapseln, sondern unser Licht in die Dunkelheit bringen und zuschauen, wie der Herr auf eine erstaunliche Weise wirkt.

Homosexuelle sind die einzige Gruppe, bei der Christen dazu neigen, auf sie herabzuschauen und sie als Abschaum der Erde zu behandeln. Mit

Lügnern, Dieben, Gotteslästerern, Gefangenen usw. gehen wir so nicht um, häufig aber mit Homosexuellen. Wenn wir einmal Homosexuellen Auge in Auge das Evangelium sagen und uns bewusst machen, wie sehr gerade sie Jesus brauchen, können wir ihnen Liebe zeigen, und sie werden empfänglich für unsere Botschaft.

Im vergangenen Jahr fand am gleichen Wochenende wie das Schwulenfestival das jährliche dreitägige CCM-Festival auf der anderen Seite der Stadt statt (*Contemporary Christian Music* = zeitgenössische christliche Musik). Das zeigt, wie viele Christen – *zu* viele Christen! – ihr Leben führen: Sie ziehen sich von den Verlorenen völlig zurück und machen sie nicht mit der Wahrheit bekannt. Wenn nur einige wenige Christen von diesem christlichen Musikfestival zum Schwulenfestival gegangen wären, hätte man in nur wenigen Stunden mit jedem dort über Jesus sprechen können. Anschließend hätten sie zu ihren christlichen Konzerten zurückkehren und sich darüber freuen können, dass sie die gute Botschaft weitergesagt hatten. Wir wollen uns nicht von den Verlorenen abkapseln, sondern unser Licht in die Dunkelheit bringen und zuschauen, wie der Herr auf eine erstaunliche Weise wirkt.

Leute ärgern

Als ich einmal von einem Festival im Piedmont-Park nach Hause fuhr, empfand ich, dass ich nicht genug Zeugnis gegeben hatte. Ich kam durch einen Stadtteil, wo Prostituierte herumhängen, und aus irgendeinem Grund entschloss ich mich anzuhalten. Ich ging auf eine Frau zu, unterhielt mich kurz mit ihr und bot ihr 10 Dollar an, um zehn Minuten mit ihr zu reden. Prostituierte arbeiten für Geld und werden nicht lange reden, wenn man ihnen kein Geld gibt.

Misstrauisch fragte sie: „Bist du Polizist?"

„Nein", antwortete ich.

„Nimmst du das jetzt auf?"

„Nein!"

Sie war einverstanden, ins Auto einzusteigen, und wir fuhren herum und unterhielten uns ein paar Minuten. Es lief nicht besonders gut, und so ließ ich sie wieder aussteigen. Ich empfand immer noch, dass ich noch nicht genug Zeugnis abgelegt hatte, und gabelte die nächste Prostituierte auf – und schließlich redeten wir dreißig Minuten lang miteinander! Diese Frau hatte ein sechsjähriges Kind. Glaubst du, dass Prostituierte ihr Leben genießen? Nein, sie hassen ihre Lebensweise.

Eine Frau erzählte mir, dass sie 500 Dollar am Tag durch Prostitution verdient und 300 Dollar am Tag für Crack (Kokain) ausgibt! Gott hat niemand von uns dazu geschaffen, solch ein Leben zu führen. Manche Prostituierte sind so unglücklich, dass sie gar nicht mehr aufhören zu weinen, wenn das Gespräch zu Ende ist.

Immer wenn ich diese Begebenheit erzähle, ärgert das die Leute. Jemand fragte mich: „Was ist, wenn jemand aus deiner Gemeinde vorbeifährt und sieht, wie du eine Prostituierte aufgabelst?"

Ich antwortete: „Wenn Leute aus meiner Gemeinde mich dabei sähen, würden sie wahrscheinlich sagen: ‚Da bringt Mark einer Prostituierten wieder das Evangelium; lasst uns für ihn beten.' Dann würden sie wahrscheinlich dafür beten, dass der Geist mich – falls ich die Prostituierte aus einem anderen Grund mitgenommen hätte – überführen möge, so dass ich nichts tue, was den Dienst für den Herrn Jesus Christus in Verruf bringt."

Warum kümmern wir uns so darum, was andere Leute von uns denken? Jesus hatte nichts dagegen, ein Freund der Zöllner, Prostituierten und Sünder zu sein, doch wir haben offensichtlich etwas dagegen.

Jesus hatte nichts dagegen, ein Freund der Zöllner, Prostituierten und Sünder zu sein, doch wir haben offensichtlich etwas dagegen.

Ich habe Briefe von Leuten bekommen, die schockiert darüber waren, dass ich andere ermutigte, Prostituierten das Evangelium zu bezeugen. Ich fragte eine von diesen Personen, ob sie Prostituierten das Evangelium bezeugen würde. Nein, macht sie nicht. Bezeugt irgendjemand in ihrer Familie Prostituierten das Evangelium? Nein. Bezeugt irgendjemand aus ihrer Gemeinde Prostituierten das Evangelium? Nein. Dann fragte ich sie, wer es dann tun soll, wenn sie ihnen das Evangelium nicht bezeugt und auch niemand aus ihrer Familie und niemand aus ihrer Gemeinde. Gott liebt diese Menschen genauso, wie Er uns „normale" Menschen liebt, und gerade die Prostituierten brauchen es, dass jemand ihnen die gute Botschaft von Jesus bringt.

Ich gebe zu, dass ich mit der Situation nicht richtig umging, als ich an dem Abend diesen Prostituierten das Evangelium bezeugte. Ich hätte jemand anderes mit im Auto haben sollen. Noch besser wäre es gewesen, aus dem Auto auszusteigen.

Ich denke, es wäre am besten, wenn Frauen und nicht Männer zu Prostituierten gingen und ihnen das Evangelium sagten. Aber verstehst du, was ich auf dem Herzen habe? Ich möchte, dass jeder, der mir begegnet, eine Beziehung zu Jesus bekommt.

Nachdem ich an der UCF *(University of Central Florida)* meinen Vortrag während einer Veranstaltung, die sich „Undivided" (Ungeteilt) nannte, beendet hatte, kamen ungefähr dreißig Leute zu mir. Sie sagten, dass sie an diesem Abend hinausgehen und Zeugnis ablegen wollten und dazu einige Traktate benötigten. Ich fragte sie, wohin sie gehen wollten. Zehn von ihnen wollten in einen Bezirk in Orlando gehen, wo die Bars sind, zehn weitere in einen Bereich mit Kneipen, und zehn wollten dorthin gehen, wo die Prostituierten herumhängen.

Ich fragte einen von ihnen: „Bist du dir sicher, dass du das tun willst?"

„Ja", versicherte er mir. „In meiner Gemeinde bringen wir den Prostituierten immer das Evangelium."

„Das wäre eine Gemeinde für mich!", sagte ich.

Wenn du entdeckst, dass jede Situation, in der du deinen Glauben weitergibst, ein Sieg ist, kannst du es gar nicht erwarten, verlorene Menschen zu finden, um mit ihnen zu reden.

Eines Sonntags predigte ich über die „Gewinnen-Gewinnen-Gewinnen"-Strategie in einer sehr netten, kleinen Kirche in St. Augustine in Florida. Unter den Zuhörern befand sich an diesem Morgen ein Professor eines örtlichen Colleges. Er war so gepackt von dem, was er hörte, dass er, als er nach dem Gottesdienst zusammen mit seiner Frau zu Wal-Mart (Supermarkt) gefahren war, gleich auf einen Motorradfahrer auf einer Harley Davidson zuging und von seinem Glauben Zeugnis gab. Seine

Frau sagte, dass es die längste Fahrt zu Wal-Mart war, die sie je gemacht hatten!

Der Pastor der Kirche erzählte mir, dass er und seine Frau Zeugnis ablegten, wenn sie essen gingen. Wenn man vorhat auszugehen und keine ernsteren Absichten hat, warum muss man bei solch einer Verabredung ins Kino oder auf eine Party gehen? Warum kann man bei einer Verabredung nicht miteinander ins Einkaufszentrum gehen, um dort Zeugnis zu geben?

Als ich am Sonntag- und Montagabend mit der Jugendgruppe ins Stadtzentrum von St. Augustine ging, um dort Zeugnis zu geben, ging der Pastor mit uns. Er sagte, dass er ganz vergessen habe, wie viel Freude es macht, Zeugnis zu geben!

Die Menschen hören zu

Eines Tages verteilte ich am Flughafen auf dem Weg zu meinem Flug Traktate. Nachdem ich einem Mann eins gegeben hatte, fragte er: „Erinnern Sie sich an mich?“

Ich antwortete entschuldigend: „Hm ... ich lerne eine Menge Leute kennen.“

Darauf sagte er: „Ich habe in Ihrem Wohnviertel in Stone Mountain Müll abgeholt.“

Wenn ich meine Eltern dort besuchte, sah ich manchmal diese Müllwerker vorbeigehen. Ich bin sehr dankbar, dass ich so etwas nicht tun muss, um meinen Lebensunterhalt zu verdienen, und so versuche ich, diese Menschen zu ermutigen, sooft ich kann. Ich gehe oft auf sie zu und rede mit ihnen, und manchmal gebe ich ihnen auch ein Traktat. Sie reden gern über Basketball, und deshalb redeten wir oft darüber.

Einmal zog ich etwas Geld und ein paar Traktate aus der Tasche und gab jedem der Müllwerker 7 Dollar und ein Traktat. Ich sagte, dass sie sich von dem Geld ein Mittagessen kaufen sollten, aber dass die Information in dem Traktat viel wichtiger sei. Ich frage mich, wer so etwas je für diese Leute getan hat. Wir müssen für die Verlorenen um uns herum mit Liebe ausgefallene Dinge tun. Das werden sie nie vergessen!

Auf dem Flughafen sagte der Mann zu mir: „Ich habe Sie neulich auf ESPN Classic[3] gesehen." (Man merkt, dass man alt wird, wenn man nicht mehr auf ESPN ist, sondern auf ESPN Classic!) ESPN Classic brachte eine einstündige Spezialsendung über Charles Barkley, einen berühmten Basketballspieler. Charles und ich spielten während unserer Zeit auf der Auburn-Universität im gleichen Team. Irgendwie hatten sie im Internet meinen Namen ausgegraben und wollten, dass ich ein paar neue Geschichten über Charles erzählte. Ich erinnere mich an zwei Dinge in dem Interview: Erstens versuchte ich, in jede meiner Antworten „Jesus" hineinzubringen. Egal, was sie rausschneiden würden, irgendwo würde der Name Jesus in dem Interview auf jeden Fall erwähnt werden. (Natürlich konnte ich das nicht ganz schaffen, aber ich versuchte es!) Zweitens war der Herr, der mich interviewte, Jude. Nach dem Interview stellte ich ihm eine Frage zu einem geistlichen Thema. Wir redeten etwa eine Viertelstunde darüber.

Dann fragte er: „Wieso wissen Sie so viel über das, was Sie glauben?"

Ich denke, das war eine sehr interessante Frage. Sollten wir nicht eine Menge über das wissen, was wir glauben? Je mehr wir wissen und je mehr wir das in Liebe weitergeben, desto mehr merken wir, dass die Leute wirklich zuhören. Später schrieb ich ihm einen Brief und schickte ihm das Buch *God Doesn't Believe in Atheists* (Gott glaubt nicht an Atheisten) von Ray Comfort. Eines Tages werden wir erfahren, was der Herr aus dieser Saat gemacht hat.

In einem Einkaufszentrum kam einmal ein Mann auf mich zu und fragte mich: „Erinnern Sie sich an mich? Sie haben mir vor zwei Jahren in diesem Einkaufszentrum von Jesus erzählt. Zwei Monate später habe ich mein Leben Jesus übergeben, und jetzt

---

[3] ESPN ist ein US-amerikanischer Fernsehsender, der rund um die Uhr ausschließlich Sportprogramme ausstrahlt. Die Abkürzung steht für *Entertainment and Sports Programming Network.* (Wikipedia)
ESPN Classic ist ein Fernsehsender, der sich historischen Sportereignissen widmet (Wikipedia).

lebe ich mein Leben für Ihn!" Er war voller Freude. Sei mutig, wenn es darum geht, deinen Glauben zu bezeugen. Die Menschen hören zu!

Gott öffnete mir eine weite Tür, dass ich zu der *Fellowship of Christian Athletes* (Gemeinschaft christlicher Athleten) an der Clemson-Universität sprechen durfte. Jedes Jahr fahren die Studenten während der Semesterferien im Frühling nach Daytona Beach zu einem Evangelisationseinsatz. Nun, hört sich das nicht nach guten Semesterferien an? – Man verschwendet keine Woche kostbarer Zeit, sondern nutzt sie für den Herrn. Die Studenten arbeiten in Obdachlosenheimen und Jugendstrafanstalten. Ich sprach zu ihnen über das Zeugnisgeben, und am Abend gingen wir hinaus, um mit Leuten zu reden. Der Abend, an dem wir ankamen, war ein Samstag: St. Patrick's Day.[4] Ein erstklassiger Tag zum Zeugnisgeben! Vier Studenten und ich gingen etwa gegen Mitternacht auf die Straße, um Zeugnis zu geben. Ungefähr um halb vier Uhr morgens gingen wir auf zwei Motorradfahrer zu. Der Mann, den ich ansprach, erzählte mir, er habe vor einem Jahr bei einer Geschwindigkeit von 190 km/h plötzlich die Kontrolle über sein Motorrad verloren und sei gegen einen Baum geprallt. Auch sei er schon zweimal angeschossen worden, einmal selbstverschuldet. In der vergangenen Woche sei sein Freund auf seinem Motorrad mit 190 km/h eine Straße in Daytona entlanggefahren, als kurz vor ihm ein betrunkener Fahrer ausscherte. Sein Freund sei gestorben, nachdem er die Seite eines Fords Explorer gerammt hatte, der sich danach viermal überschlug. Du wirst erstaunt sein über das, was dir begegnet, wenn du im Glauben hinausgehst und ein Gespräch beginnst.

Der Motorradfahrer war Atheist. Nachdem wir uns zehn Minuten unterhalten hatten, bat er mich, ihm zu beweisen, dass es einen Gott gibt. Als ich ihm einen der Basisbeweise erklärte,

---

[4] Dieser Gedenktag (17. März) wird, nicht nur in Irland, zu Ehren des irischen Nationalheiligen Patrick gefeiert. Er starb am 17. März 461 oder 493. Patrick gilt als der erste christliche Missionar in Irland. (Anm. d. Verl.)

die ich benutze (siehe dazu Kapitel 10), nickte er und stimmte mir zu: „Das ist wirklich ein gutes Argument." Als wir die Unterhaltung beendeten, sagte er zu mir: „Ich habe in diesem Gespräch sehr viel gelernt." Menschen warten darauf, die Wahrheit zu hören, wenn wir sie ihnen in Liebe sagen.

Um vier Uhr am frühen Morgen gingen die Studenten und ich zurück in unser Hotel. Eine halbe Stunde später ging ich noch einmal hinunter, um noch etwas aus meinem Auto zu holen. Im Foyer des Hotels waren vier Teenager, die mir hinterherstarrten, als ich an ihnen vorbei zu meinem Auto ging. Als ich zurückkam, waren sie immer noch da. So fragte ich sie, ob ich etwas für sie tun könnte. Einer fragte, ob ich ein 25-Cent-Stück für ein Telefongespräch hätte.

Ich suchte in meinen Taschen und stellte fest, dass ich all mein Kleingeld auf die Kommode in meinem Zimmer ausgeleert hatte. Ich sagte: „Nein, ich hab keine 25 Cent, aber ihr Jungs könnt mit hochkommen und mein Handy benutzen."

Sie sprangen begeistert auf und gingen mit mir zum Fahrstuhl. Als wir zu meiner Etage hochfuhren, sagte einer der Teenies: „Wissen Sie, wen wir anrufen wollen? Wir bestellen eine Stripperin!"

„Eine Stripperin!"

„Ja, wenn Sie wollen, können Sie mitmachen."

Ich sagte den Jungs, dass es da ein Problem gäbe – ich sei nämlich Pastor. Du hättest ihre Augen sehen sollen! Ich wünschte, ich hätte eine Videokamera dabeigehabt.

Einer der Jungs sagte: „Oh ... heißt das, dass wir Ihr Handy nicht benutzen können?"

Ich wollte diese Burschen nicht verlieren, denn es war offensichtlich, dass wir zusammen reden mussten. Also gab ich jedem ein evangelistisches Büchlein und sagte ihnen, dass sie mein Handy benutzen könnten, wenn sie das Büchlein gelesen hätten.

Sie erfüllten ihren Teil der Abmachung, und so gingen wir in mein Hotelzimmer und ich ließ sie ihren Anruf machen. Doch Gott wollte, dass sie die Stripperin nicht erreichten. Also fingen wir an, über das Leben zu reden. Genau in dem Augenblick, als ich das Gespräch auf das Übernatürliche lenkte, klopfte es an meiner Tür – zwei Burschen fragten nach der Stripperin. Unglaublich!

Irgendwie kannten sie sich alle, und so gingen zwei Teens hinaus, um mit ihnen zu reden. Die andern beiden blieben im Zimmer, und wir fingen eine ernsthafte Unterhaltung über Jesus an. Ein Teenager erzählte, dass er die Nacht davor mit einem Mädchen Sex haben konnte, indem er ihr einfach eine billige Halskette aus Plastik gab. Ich konnte die Leere in seinen Augen sehen. Als das Gespräch sehr ernst wurde, klopfte es wieder an der Tür. Es waren die beiden ersten Teenager, die nach ihren Freunden fragten.

Ich sagte ihnen: „Sie kommen gleich."

Ich schloss die Tür, und wir setzten das Gespräch fort. Es klopfte wieder an der Tür.

Ich rief: „Augenblick noch."

Dann klopfte es zum dritten Mal an der Tür. Der 18-Jährige, mit dem ich gerade sprach, ging zur Tür und sagte, dass er in ein paar Minuten käme, und schloss die Tür vor ihrer Nase zu. Gott wirkte an diesem Jungen; er wollte wirklich reden. Ich hörte Geräusche an meiner Tür, dachte aber nicht weiter darüber nach. Ich konnte mit diesen beiden Teens beten – nicht für die Errettung, denn sie wollten ihr Leben nicht dem Herrn übergeben, sondern nur, damit sie hörten, dass jemand für sie betete. Mach das, sooft du kannst. Das bedeutet den Leuten sehr viel.

Ich ging mit ihnen zurück zur Tür und verabschiedete mich von ihnen. Als ich mir die Tür von außen ansah, wusste ich, was die beiden andern Jungs gemacht hatten. Sie hatten mit einem dicken Stift auf meine Tür geschrieben: „Rauch einen Joint", „Der Antichrist", „Satan regiert", „666" usw.

Ich rief in die Halle hinunter und befahl den beiden Teens zurückzukommen. „Wollt ihr beiden mir das hier nicht mal erklären?"

Einer schob die Schuld auf einen Freund, der nicht da war. Ich sagte ihnen, dass ihre Freunde das nicht hätten tun sollen. Als ich mir Seife und ein Handtuch nahm und anfing, meine Tür zu säubern, sagte der Junge, an dem Gott offensichtlich wirkte: „Nein, das brauchen Sie nicht zu tun." Er ging in mein Zimmer, um sich einen Waschlappen und Seife zu holen, und fing an, die Tür für mich zu reinigen! Gott berührte offensichtlich das Herz dieses Jungen. Ich sagte ihm, es wäre in Ordnung, ich könnte die Tür ruhig zu Ende säubern; dann trennten wir uns.

Am nächsten Tag erzählte ich die Geschichte, als ich zu den Studenten sprach, und einer der Studenten meinte, Gott habe Satan aus dem Zimmer gehalten, direkt vor der Tür, so dass er die Unterhaltung drinnen im Zimmer nicht unterbrechen konnte. Ich glaube auch, dass Gott genau das tat. Je mehr du im Glauben hinausgehst und Gott vertraust, desto mehr erstaunliche Dinge wirst du Ihn tun sehen.

Beziehe Stellung

Als ich einige Tage später zu den Studenten in Daytona Beach sprach, schwoll mein linkes Knie an. Es wurde dicker und dicker, so dass ich mein Bein keinerlei Druck mehr aussetzen konnte. Und so bat ich – typisch Mann! – um einen Stuhl, damit ich mich setzen und meine Ansprache beenden könnte. Nachher schlug mir jemand vor, besser einmal zur Notaufnahme zu gehen, da ich nicht mehr laufen konnte.

Obwohl ich kein großer Freund von Ärzten bin, sah ich in diesem Augenblick keine andere Möglichkeit. Also quetschten sich etwa zehn Studenten in einen Transporter und brachten mich zur Notaufnahme. Auf dem Weg dorthin sagte ich den Studenten, dass ich mittlerweile alt und erfahren genug sei, um zu erkennen, dass die ganze Situation nichts mit meinem Knie zu tun hätte. Gott würde uns aus einem bestimmten Grund in die Notaufnahme schicken, und wir müssten herausfinden, weshalb.

Wir verlieren nur dann, wenn wir unseren Glauben nicht bezeugen. Jede andere Gelegenheit ist ein Gewinn.

Als die Studenten das dunkle Krankenhaus betraten, ließen sie ihr Licht hell leuchten und brachten den Menschen auf wunderbare Weise die gute Nachricht. Ein Mädchen fing an, mit einem Mann zu reden, der einen Selbstmordversuch unternommen hatte. Sie machte das großartig. Zwei andere durften zwei Menschen mitten in der Notaufnahme zu Jesus führen! Als ich vorn an der Anmeldung mit den Angestellten sprach, waren sie erstaunt über unsere liebevolle Ausstrahlung und darüber, dass wir nicht klagten wie viele andere.

Eine Frau sagte: „Ich war unzufrieden und hatte schlechte Laune, bis ihr hier hereinkamt!“ Sie wollte einen schlechten Tag erleben, aber wir hinderten sie daran! Als wir wieder gingen, schauten uns die sieben Angestellten von der Anmeldung nach.

Diese Studenten hatten entdeckt, dass sie nie verlieren konnten, wenn sie ihren Glauben bezeugten, also standen sie mutig und liebevoll für Jesus ein.

Wir haben nun direkt aus der Bibel gelernt, dass jede Situation, in der wir unseren Glauben bezeugen, ein Gewinn ist. Der Rest dieses Buches bringt dir nichts, solange du nicht folgende einfache Frage beantworten kannst: Wenn jede Gelegenheit, wo wir unseren Glauben bezeugen, ein Gewinn ist, was ist dann die einzige Gelegenheit, wo wir einen Verlust erleiden, wenn es darum geht, Zeugnis zu geben? Wir verlieren nur dann, wenn wir unseren Glauben *nicht* bezeugen! Alle anderen Gelegenheiten sind Gewinn.

Nachdem wir das nun wissen, wollen wir ein paar Ausreden unter die Lupe nehmen, die wir gebrauchen und die uns davon abhalten, mutig für den Sohn Gottes einzustehen, der sich auf dem Kreuz so mutig für dich und mich eingesetzt hat!

Kapitel 4
Entschuldigungen, Entschuldigungen

„Ich würde lieber einen Sünder zu Jesus Christus bringen, als alle Geheimnisse im Wort Gottes zu enträtseln, denn die Errettung ist die eine Sache, für die wir leben sollten."
Charles Haddon Spurgeon

Oswald J. Smith sagte: „O meine Freunde, wir sind mit unzähligen Gemeindeaktivitäten ausgelastet, während die eigentliche Arbeit der Gemeinde, nämlich der Welt das Evangelium zu verkünden und die Verlorenen zu gewinnen, nahezu völlig vernachlässigt wird!" Vernachlässige nicht die Berufung der Gemeinde, die Verlorenen zu erreichen. Ein Prediger hat es einmal so ausgedrückt: „Die Errettung jeder einzelnen Seele hat bei Gott oberste Priorität." Es sollte unser Wunsch sein, dass Gott uns in dem gebrauchen kann, was Ihm wirklich am Herzen liegt.

Und obwohl wir wissen, dass wir Zeugnis ablegen *sollten*, gibt es viele Gründe, warum wir nicht mutig hinausgehen und anderen unseren Glauben bezeugen. Wir wollen uns einmal ein paar dieser Gründe näher anschauen und sehen, ob einer davon Bestand hat, wenn wir eines Tages vor Gott stehen.

Die Angst, abgelehnt zu werden

Sorgst du dich mehr über das, was die Leute von dir denken, als über das, was Gott von dir denkt? Viel zu oft sorgen Gläubige sich über das, was andere von ihnen denken. Doch was ist das Schlimmste, was Menschen uns tun können, wenn wir Zeugnis geben? Sie können uns töten und so zum Himmel befördern. Ist das so schlimm? In Philipper 1,21 heißt es: „Das Leben ist für mich Christus, und das Sterben Gewinn." Wir leben für Christus, und wir sterben für Christus. Das ist das Leben eines echten Gläubigen und Jüngers Jesu Christi.

In Galater 1,10 sagt Paulus: „Denn suche ich jetzt Menschen zufriedenzustellen oder Gott? Oder suche ich Menschen zu gefallen? Wenn ich noch Menschen gefallen wollte, so wäre ich Christi Knecht nicht." Als Menschen, die an Jesus Christus glauben, sollten wir leben, um *Ihm* zu gefallen und niemand anderem. Sei in jedem Bereich deines Lebens auf Christus ausgerichtet, und Gott wird erstaunliche Dinge durch dich tun.

Wie wir in Kapitel 3 gelernt haben, zeigt Gott uns in der Heiligen Schrift, dass wir immer dann, wenn wir anderen von unserem Glauben erzählen, gewinnen. Diese Wahrheit hat mir, so wie auch vielen anderen im ganzen Land, die Furcht vor Ablehnung genommen. Lass diese Wahrheit das auch bei dir bewirken.

Ich weiß nicht, wie

Umfragen zufolge ist ein weiterer Grund häufig der, dass die Leute nicht wissen, *wie* sie es machen sollen. Aber bedenke dies: Hat dich nicht jemand zu Jesus geführt? Wenn ja, dann weißt du bereits, wie man jemand zum Herrn führt. Eine meiner Studentinnen im achten Semester führte eine ihrer besten Freundinnen zu Jesus. Gleich am nächsten Tag führte dieses Mädchen eine ihrer Schulfreundinnen zu Jesus – dabei war sie selbst erst seit einem Tag gläubig! Sie hatte von der Studentin, die sie zu Christus geführt hatte, gelernt, wie sie ihren Glauben weitersagen kann.

Die Bibel zeigt uns ein paar eindrucksvolle Methoden, wie wir unseren Glauben weitersagen können. In Johannes 4 sprach Jesus mit der Frau zuerst über natürliches Wasser und dann über lebendiges Wasser. Er wechselte von einem natürlichen Thema auf ein geistliches Thema. Als Paulus seine Rede auf dem Areopag hielt (Apostelgeschichte 17), erwähnte er einen Altar, den er gesehen hatte und der die Aufschrift trug: „Dem unbekannten Gott". Er benutzte etwas Natürliches aus der Umgebung als Anknüpfungspunkt, um zu einem Gespräch über übernatürliche Dinge überzuleiten. Was können wir daraus lernen?

Denk an ein Ereignis in deiner Nähe, wo Menschen zu Tode gekommen sind, und benutze dieses Ereignis als Auslöser für ein Gespräch über die Ewigkeit. Ich frage beispielsweise die Menschen, was sie über den Amoklauf an der Columbine High School[5] denken. Jeder hat etwas über diese Tragödie und über Gewalt an Schulen im Allgemeinen zu sagen. Wenn ich empfinde, dass es an der Zeit ist, das Gespräch auf ewige Dinge zu lenken, frage ich einfach: „Was passierte Ihrer Meinung nach mit den fünfzehn Menschen, als sie den Planeten verließen?" Und schon bist du in einem Gespräch über ewige Dinge und erfährst, was die Person glaubt.

Hat dich nicht jemand zu Jesus geführt? Wenn ja, dann weißt du bereits, wie man jemand zum Herrn führt.

Während eines Fluges von Los Angeles nach Atlanta saß ich neben einem Piloten, der zu seinem nächsten Arbeitseinsatz flog. Wir sprachen zuerst nur gelegentlich miteinander, was übrigens ein guter Einstieg für ein Gespräch ist. Dadurch entsteht eine Beziehung und Vertrauen, so dass die Leute dann eher zuhören, wenn

[5] Der Amoklauf an der Columbine High School wurde am 20. April 1999 von zwei Schülern der Columbine *High School* in Columbine, einem gemeindefreien Ort nahe Denver und Littleton im US-Bundesstaat Colorado, verübt. Eric Harris (18) und Dylan Klebold (17) ermordeten dabei zwölf Schüler im Alter von 14 bis 18 Jahren und einen Lehrer. Außerdem verwundeten sie 24 weitere Menschen und töteten anschließend sich selbst. (Wikipedia)

du das Gespräch auf ewige Dinge lenkst. Nach einer Weile fragte ich den Piloten nach seiner Meinung über den Absturz des Flugzeugs der Alaska Airlines vor einigen Jahren. Die Maschine hatte mechanische Probleme und stürzte in den Pazifik, wobei sie alle achtundachtzig Menschen an Bord in den Tod mitriss. Er sagte sehr bewegt: „Es macht mich krank und müde, dass ich diesen Mechanikern vertrauen muss. Wenn die Mechaniker keine gute Arbeit leisten, bin ich ihnen ausgeliefert."

Ich verstand, wie belastend das für einen Piloten sein kann. Daher fühlte ich mit ihm, als wir noch ein paar Minuten über die Umstände des Absturzes redeten. Dann fragte ich ihn: „Im Übrigen, was meinen Sie denn, was geschieht, wenn achtundachtzig Personen auf solch eine Weise den Planeten verlassen?"

Er erzählte mir, dass er an die Reinkarnation glaube. Wir sprachen die restliche Zeit des Fluges über Reinkarnation, Himmel und Hölle, die Wahrheit der Bibel usw.

Jetzt können wir natürlich ein Gespräch über die Terroranschläge vom 11. September beginnen. Jeder überall hat eine Meinung zu diesem Ereignis. Frage die Leute einfach, wo ihrer Meinung nach die dreitausend Opfer jetzt sind, und du wirst ein langes Gespräch mit ihnen führen können über das, was sie glauben.

Die folgenden Kapitel werden dir helfen zu lernen, wie du jedem deinen Glauben bezeugen kannst. Wir werden uns weitere Vorgehensweisen anschauen, wie man ein Gespräch über ewige Dinge beginnt, was man beim Zeugnisgeben eigentlich sagen soll, wie man Argumenten begegnet und Fragen beantwortet. Nach der Lektüre dieses Buches kann niemand mehr sagen, er wisse nicht, *wie* man seinen Glauben bezeugt!

Die Angst, einen Freund zu verlieren

Dies ist einer der Hauptgründe, den junge Menschen nennen, weshalb sie ihren Glauben nicht bezeugen. Doch was für eine Freundschaft ist das, wenn du nach dem Tod in den Himmel kommst, dein Freund aber in die Hölle? Wenn ihr zwanzig Jahre lang befreundet seid und dann für achthundert Millionen Jahre und mehr getrennt seid – was für eine Art von Freundschaft ist das? Wenn ihr keine Freunde für die Ewigkeit seid, seid ihr dann überhaupt echte Freunde?

Bei einem Rockkonzert stand ich draußen und gab den Leuten, die ins Konzert gingen, Traktate. Einer der Burschen, Ron, begann ein Gespräch mit mir. Er habe das Traktat gelesen und wisse, dass es die Wahrheit sage. Wir sprachen eine Weile miteinander, doch da sein Freund, der wie ein Rockstar aussah, nichts mit mir zu tun haben wollte, gingen sie ins Konzert. Ungefähr eine halbe Stunde später kam Ron wieder heraus und sagte, dass er das Gespräch gern fortsetzen wolle. Er hatte den Polizisten gebeten, ihn aus dem Konzert herauszulassen, damit er mit mir reden könnte! Er sagte über seinen Rockstar-Freund: „Ich denke, dass ich sein Freund bin, damit ich ihn für Gott erreiche." Gott erlaubt uns, Freundschaften mit Verlorenen zu haben, damit wir Samen in ihr Leben ausstreuen und ihnen helfen, dass wir Freunde für die Ewigkeit werden.

Vor ein paar Jahren sagte mir ein Studienkollege während eines Abendessens: „Du bist der Einzige meiner Freunde, der darum besorgt ist, wo meine Seele die Ewigkeit verbringen wird." Was für eine großartige Sache, so etwas von einem Freund zu hören! Ich bin echt froh darüber, dass ich während jenes Abendessens das Thema Ewigkeit angesprochen habe. Doch wenn ich, nach seinen Worten, der Einzige seiner Bekannten bin, der darum besorgt ist, wo er die Ewigkeit zubringen wird – glaub mir, Gott hat mich aus einem ganz bestimmten Grund dorthin gestellt: Er will mich als sein Werkzeug im Leben dieser Person benutzen.

Lies das folgende Gedicht und lass es auf dich einwirken:

Mein Freund

Mein Freund, ich steh nun im Gericht,
und schuldlos bist du daran nicht.
Den Erdenweg ging ich mit dir –
den Weg des Heils verschwiegst du mir.

Du kanntest Gottes Gnad′ und Wahrheit,
doch nie sprachst du von Ihm in Klarheit.
So war mein Wissen niemals klar;
nie hört' ich, wer Gott wirklich war.

Nie sprachst du in der Zeit auf Erden
von einem Neugeborenwerden.
Verurteilt stehe ich jetzt hier,
denn du sprachst nie vom Herrn zu mir.

Ich habe dich einst „Freund" genannt
und dir vertraut und dich gekannt.
Nun sag mir: Warum hast du bloß
mich nicht gewarnt vor diesem Los?

Bei allem Reden hast du nicht
den Weg gezeigt mir in das Licht.
Du sahst mich leben, lieben, sterben
auf einem Weg in das Verderben.

Ich durfte lange „Freund" dich nennen,
doch nun sich unsre Wege trennen:
Für dich geht es hinauf ins Licht;
mein Weg, er endet im Gericht.

Mach dir keine Sorgen, Freunde zu verlieren, wenn du ihnen das Evangelium bringst. Wenn die Menschen die Liebe Jesu an dir sehen und von dir hören, wirst du mehr Freunde haben, als du brauchen kannst. Ich möchte im Himmel viele, viele Menschen kennen! Das heißt, ich sollte lieber eine Menge Menschen in den Himmel einladen, solange ich hier bin.

Jemand hat einmal zu mir gesagt, dass er mit den ganzen Dingen über Jesus ernst machen wolle, aber er wolle auch „cool" sein. Ich fragte ihn: „Weißt du was ‚cool' ist? Wenn du stirbst und dann in den Himmel gehst – das ist ‚cool'. Weißt du, was ‚richtig cool' ist? Wenn du stirbst und dann in den Himmel kommst und viele Menschen mitbringst. Das ist ‚richtig cool'." Sorge dafür, dass du dein Leben „richtig cool" verbringst!

Sie haben es schon einmal gehört

Es ist sehr wichtig, sich darüber im Klaren zu sein, dass Wiederholung beim Zeugnisgeben wertvoll ist. Ich habe neulich gehört, dass Menschen im Durchschnitt sieben- bis achtmal das Evangelium gehört haben müssen, bevor sie ihr Leben Jesus übergeben. Und du weißt nicht, ob dein Gespräch mit jemand über den Glauben für ihn das erste, fünfte, sechste oder fünfundsiebzigste Gespräch ist! Es kann sein, dass Gott dich sendet, um etwas weiterzuführen, was bereits jemand anderes in dem Leben der Person begonnen hat. Der Schlüssel ist *Treue*. In 1. Korinther 3,6 heißt es: „Ich habe gepflanzt, Apollos hat begossen, Gott aber hat das Wachstum gegeben." Manche von uns pflanzen, andere gießen, aber nur Gott kann das Wachstum geben.

Hast du einmal darüber nachgedacht, dass genau jetzt der richtige Zeitpunkt sein könnte, dass eine Person das Evangelium hört? Aufgrund der Umstände im Leben dieser Person könnte gerade heute der Tag sein, an dem Gott dich sendet, damit du dich mit diesem Freund oder diesem Fremden unterhältst. Vielleicht hat die Person das Evangelium vorher schon einmal gehört, aber der richtige Zeitpunkt ist sehr wichtig.

Vor ein paar Jahren sagte mir ein Mann, dem ich in einem Einkaufszentrum in Atlanta das Evangelium bezeugte: „Sie sind die achte Person in diesem Jahr, die mir von Jesus Christus erzählt." Er hatte offensichtlich öfter über das Thema nachgedacht und konnte genau sagen, wie viele Personen ihn darauf angesprochen hatten.

Eines Tages sprach ich in einem Einkaufszentrum in Dallas drei Männer an: „Wenn Sie heute Nacht sterben würden – sind Sie hundertprozentig sicher, dass Sie in den Himmel kommen?" Alle drei antworteten mir sofort mit einem klaren „Nein" und wandten sich um, um weiterzugehen. Ich drückte jedem noch schnell ein Traktat in die Hand, und weg waren sie. Nachdem sie gegangen waren, fragte ich: Herr, wozu dieses Gespräch?

Ungefähr eine halbe Stunde später kam einer der Männer auf mich zu und sagte: „Etwa zwei Minuten nachdem Sie uns angesprochen hatten, blieb ich wie vom Blitz getroffen stehen und stellte mir selbst die Frage: Wenn ich heute Nacht bei einem Autounfall hier in der Emerson Road sterben würde, wäre ich dann hundertprozentig sicher, in den Himmel zu kommen? Meine Antwort war ‚nein'. In dem Moment fing ich an, zu Gott zu beten."

Nachdem er gebetet hatte, machte er sich auf die Suche nach mir. Wir setzten uns hin und unterhielten uns eine halbe Stunde lang. Das war Ende Januar. Für das neue Jahr hatte er sich bereits vorgenommen, seinen homosexuellen Lebensstil aufzugeben. Also redeten wir darüber, wie man Sünde bekennt und anfängt, für Gott zu leben. Du wirst staunen, wenn du siehst, was Gott tun kann, wenn du einfach treu den Samen ausstreust. Ich dachte zuerst, dass es Zeitverschwendung gewesen wäre, als ich die drei Männer in dem Einkaufszentrum ansprach, doch dann stellte sich heraus, dass es das perfekte Timing im Leben dieses jungen Mannes war.

Ich bin einfach faul

Ob du es glaubst oder nicht: Dies ist einer der Gründe, den Leute anführen, warum sie das Evangelium nicht weitersagen. Was meinst du, wie Gott darüber denkt, wenn wir sagen, dass wir faul sind – während jeden Tag unzählige Menschen sterben und in die Hölle kommen? Was ist für dich als Christ wichtiger, als zu sehen, dass Menschen aus deiner Familie, deiner Schule, deiner Stadt, deiner Region, deinem Land und deiner Welt zur Erkenntnis Jesu Christi kommen und gerettet werden?

Doch laut einer Umfrage sind 97 Prozent aller Gemeindeglieder in keiner Weise an irgendwelchen evangelistischen Aktivitäten beteiligt. Eine Umfrage der Zeitschrift *Christianity Today* hat festgestellt, dass nur *ein* Prozent ihrer Leser „in letzter Zeit" jemand das Evangelium bezeugt hatte. Lässt dich so etwas kalt? Das hört sich anders an als das, was ich über die Christen im Neuen Testament lese: Sie hatten solch einen Eifer für unseren Herrn, dass sie sogar bereit waren, für Ihn zu sterben.

Der Grund dafür, dass die meisten Menschen ihren Glauben nicht weitersagen, ist wahrscheinlich der, dass sie überhaupt keinen Glauben haben, den sie weitersagen können! Charles Spurgeon sagte: „Wenn du nicht den Wunsch hast, dass andere gerettet werden, dann bist du sicherlich selbst nicht gerettet." Lass bitte den Herrn in deinem Herzen einen Eifer für das Evangelium entzünden! Lauwarme Herzen sind nicht vom Herrn.

Samuel Chadwick (1860–1932) hat geschrieben: „Warum bleibt die Kirche drinnen? Weil sie eine Theologie hat, die zu einer Philosophie verkommen ist, in der man nicht vom Glauben durchdrungen ist, in der kein Schrecken vor der Verdammnis herrscht und in der man um Seelen nicht besorgt ist. Unglaube hat die Feuer der Leidenschaft ausgelöscht, und Weltlichkeit schmückt den Opferaltar mit kitschigem Glanz der Unwirklichkeit."

Lass den Herrn in deinem Herzen einen Eifer für das Evangelium entzünden! Lauwarme Herzen sind nicht vom Herrn.

Wenn Gott dir jedes Mal 1000 Euro geben würde, wenn du das Evangelium bezeugst, würdest du es dann tun? Wir wollen ehrlich sein: Viele von uns würden ihren Beruf aufgeben und Vollzeitevangelisten werden! Jeder von uns (und ich schließe mich ein) sollte Buße darüber tun, dass wir von Jesus erzählen würden, wenn wir dafür ein paar lumpige Euro bekämen, anstatt Ihn zu bezeugen, weil Er jeden von uns bedingungslos liebt. Würdest du das Evangelium eher für Geld oder für Gott mit größerer Begeisterung weitersagen? Würdest du deine Faulheit aus Liebe zum Geld überwinden, wenn du es aus Liebe zu Gott schon nicht schaffst? Wir können nicht Gott dienen und dem Mammon. Wir können Jesus niemals das zurückzahlen, was Er am Kreuz für uns getan hat. Aber welch ein großartiges Dankeschön können wir Ihm jedes Mal geben, wenn wir hinausgehen und den Verlorenen von unserem Glauben an Ihn erzählen!

Freundschaftsevangelisation

Viele Christen wollen, dass die Ungläubigen einfach ihr Leben anschauen und sehen, dass sie Jesus lieben. Vermutlich meinen diese Christen damit auch, dass die Ungläubigen daraus ableiten müssen, dass auch sie selbst Jesus lieben sollen. In 1. Johannes 2,6 heißt es: „Wer sagt, dass er in ihm bleibe, ist schuldig, selbst auch so zu wandeln, wie er gewandelt ist." Es gibt keinen Zweifel darüber: Jeder, der von sich selbst sagt, dass er ein Gläubiger ist, muss danach streben, so zu leben wie Jesus. Johannes 4 zeigt uns, dass Jesus den ersten Schritt tat, um mit der Frau am Brunnen zu reden. Um also so zu leben wie Er, müssen wir uns dem Geist Gottes zur Verfügung stellen, damit wir, wenn wir Zeugnis geben wollen, Gespräche mit Leuten beginnen können.

Wenn die Leute dich beobachten – wessen Leben sehen sie? Dein Leben oder das Leben Gottes? Wenn du ihnen nichts vom Glauben sagst, wissen sie nicht, warum du angeblich ein so guter Mensch bist; du würdest also nur *dein* Leben zeigen. Und wenn du einmal gesagt hast, dass du Christ bist, werden Ungläubige alles beobachten, was du tust. Sie sehen es gern, wenn ein Christ strauchelt. Wenn du also schlecht über den Trainer redest, der dich nicht lang genug auf dem Spielfeld lässt, wenn du Schimpfworte benutzt oder über andere hinter ihrem Rücken redest usw. – die Ungläubigen hören zu. Bist du sicher, dass du nur durch dein Verhalten ein Zeugnis sein willst? Ich möchte das ganz bestimmt nicht, denn manchmal stellt mein Verhalten meinen Retter in keinem guten Licht dar.

Vor einigen Jahren hatte ich die Gelegenheit, auf einer Missionskonferenz an der Biola-Universität in Los Angeles zu sprechen. Es war eine wunderbare Zeit. Viele Leute ließen sich durch die Botschaft ansprechen, die Gott durch mich überbringen wollte. Als ich eines Tages zu Mittag aß, luden mich einige Studenten ein, mich zu ihnen zu setzen. Nachdem wir ein bisschen miteinander geplaudert hatten, sagte eins der Mädchen: „Mark, ich habe alles gehört, was du heute gesagt hast, aber ich möchte meinen Glauben trotzdem nur durch mein Handeln zeigen."

Wenn Leute das sagen, erwidere ich darauf: „Oh, du denkst sicher an Römer 1,16: ‚Ich schäme mich des Evangeliums ...'"

Meistens antworten sie: „Aber das steht doch gar nicht da!" Das stimmt – der Vers lautet tatsächlich: „Denn ich schäme mich des Evangeliums *nicht*, denn es ist Gottes Kraft zum Heil jedem Glaubenden, sowohl dem Juden zuerst als auch dem Griechen."

Wenn wir über den Glauben nicht reden wollen, liegt das meistens daran, dass wir uns dessen schämen, was die Leute von uns denken könnten. Gott gibt uns jedoch den Auftrag, für Ihn einzustehen und uns Jesu Christi nicht zu schämen.

Ich fragte jeden einzelnen der Studenten, wie er errettet worden sei. Ihre Antworten waren genau so, wie ich es erwartet hatte: „Meine Eltern haben mich zu Jesus geführt.“ – „Ich hörte auf einer Evangelisation von Jesus und übergab mich Ihm.“ – „Ich war eines Sonntags in der Gemeinde und übergab mein Leben dem Herrn.“ – „Ein Freund führte mich zu Christus.“

Dann sagte ich: „Ihr habt gerade alle zugegeben, dass ihr Christen seid, weil euch jemand mit Worten von Jesus erzählt hat. Trotzdem wollt ihr, um euren Glauben zu bezeugen, mit einer neuen Möglichkeit daherkommen, bei der ihr keine Worte gebrauchen müsst?“ Auf einmal erkannten sie alle, wie wichtig es ist, mutig von dem zu reden, was man glaubt.

In Römer 10,13–17 schreibt Paulus:

> „Denn jeder, der irgend den Namen des Herrn anruft, wird errettet werden.“ Wie werden sie nun den anrufen, an den sie nicht geglaubt haben? Wie aber werden sie an den glauben, von dem sie nicht gehört haben? Wie aber werden sie hören ohne einen Prediger? Wie aber werden sie predigen, wenn sie nicht gesandt sind? – wie geschrieben steht: „Wie lieblich sind die Füße derer, die das Evangelium des Guten verkündigen!“ Aber nicht alle haben dem Evangelium gehorcht. Denn Jesaja sagt: „Herr, wer hat unserer Verkündigung geglaubt?“ Also ist der Glaube aus der Verkündigung, die Verkündigung aber durch Gottes Wort.

Die Menschen glauben, wenn das Evangelium gepredigt wird und der Geist Gottes ihre Herzen berührt. Predige also das Evangelium so, wie Gott es uns (durch Paulus) sagt!

Ich weiß zu wenig

Wenn eine Voraussetzung für das Weitersagen der Frohen Botschaft wäre, alles zu wissen, dann könnte keiner von uns anderen Menschen Zeugnis geben. Interessanterweise ist das dennoch eine der besten Möglichkeiten, mehr über den Glauben zu lernen, wenn wir unseren Glauben bezeugen. Wenn du mit Verlorenen redest und ihre Fragen nicht beantworten kannst, treibt dich das zur Bibel und zu anderen Büchern, um dort Antworten zu finden. Auch dein Gebetsleben verändert sich. Wenn du Menschen begegnest, die leiden, und möchtest, dass sie den Tröster kennenlernen, fängst du an, mehr für andere zu beten und nicht nur für dich selbst.

Du denkst vielleicht, dass du nicht genug weißt, um mit Worten ein glaubwürdiges Zeugnis abzulegen, aber bedenke: Du bist gerettet, und die Menschen, denen du Zeugnis ablegst, sind verloren; wer weiß also mehr über geistliche Dinge? Wenn du dich mit einem Ungläubigen unterhältst, weißt du immer mehr, als ein Verlorener über solche Dinge wissen kann. Als ein Gläubiger hast du den Heiligen Geist in dir lebend; Er hilft dir, Gottes Wort zu verstehen (1. Korinther 2,12). Du kannst geistliche Wahrheiten begreifen, ein verlorener Mensch kann das nicht.

Ich las einmal von einem Mann, der das komplette Neue Testament auswendig gelernt hatte. Für mich ist das eine bewundernswerte Leistung, besonders deshalb, weil ich manchmal schon mit einem einzigen Vers Probleme habe. Zwei Jahre später bekehrte der Mann sich und übergab Jesus sein Leben. Er hatte das Neue Testament auswendig gelernt, bevor er errettet war! Hättest du mit ihm geredet, bevor er von neuem geboren war, hättest du wahrscheinlich gedacht, dass er mehr wüsste als du, aber das wäre nicht der Fall gewesen. Du *kennst* Jesus mit dem Herzen und mit dem Verstand, und er wusste nur mit dem Verstand etwas *über* Jesus.

Sie wollen nicht darüber reden

An den meisten Tagen, an denen ich das Evangelium weitergebe, treffe ich nicht mehr als eine Person, die nicht mit mir reden möchte. Normalerweise ist jeder, den ich anspreche, an einem Gespräch interessiert. In dieser verrückten Welt, in der wir leben, sind die Verlorenen echt neugierig, was eigentlich los ist, und versuchen, hinter den Sinn der Dinge zu kommen. Wir Gläubigen sind in der Lage, ihnen zu helfen, indem wir Antworten auf viele ihrer Fragen haben.

Ich kann dir nicht sagen, wie viele Menschen mir schon gesagt haben: „Normalerweise diskutiere ich nicht über dieses Thema, aber Sie schaffen es irgendwie, dass ich gern darüber rede." Wenn du auf liebevolle, christusähnliche Weise Zeugnis ablegst, werden die Leute an dem interessiert sein, was du zu sagen hast.

Kürzlich fing ich während einer ärztlichen Untersuchung mit der Ärztin ein Gespräch über die Ewigkeit an. Nachdem wir eine kurze Zeit miteinander gesprochen hatten, sagte sie: „Es gibt zwei Themen, über die ich mit Patienten nicht rede: Religion und Politik. Doch da wir nun damit angefangen haben ...!" Wir hatten ein sehr gutes Gespräch. Geh immer davon aus, dass die Leute über die Ewigkeit reden *möchten*, und denke nicht, dass sie nicht darüber reden möchten. Deswegen ist es wichtig: Bete, bevor du das Haus verlässt, dass der Herr dich während des Tages zu verlorenen Menschen führt und dass Er die Herzen der Einzelnen bereit macht, bevor du ein Gespräch mit ihnen anfängst. Dann kannst du sicher sein, dass sie vorbereitet sind, wenn du zu ihnen kommst!

Ich kann ihre Fragen nicht beantworten

Dieser Gedanke ist für viele Menschen ein großer Hemmschuh. Sie fürchten, dass sie wie ein Dummkopf dastehen, wenn sie mal eine Frage nicht beantworten können. Doch hör einmal, was Gott uns in Psalm 14,1 sagt: „Der Tor spricht in seinem

Herzen: Es ist kein Gott!“ Ein Tor ist jemand, der nicht an Gott glaubt. Du bist also kein Tor, nur weil du die Antwort auf eine Frage nicht weißt.

Wenn ich nicht weiß, wie ich eine Frage beantworten soll, sage ich in etwa: „Das ist eine gute Frage, und ich kenne die Antwort nicht. Würden Sie die Antwort gern wissen?“ Die Leute sagen dann meistens ja, denn genau deshalb haben sie die Frage ja gestellt. Dann frage ich: „Wie ist Ihre E-Mail-Adresse, Ihre Telefonnummer oder Adresse, damit ich Ihnen die Antwort zukommen lassen kann, wenn ich sie gefunden habe?“ Auf diese Weise kann ich mit den Leuten in Kontakt bleiben.

Unser Wunsch, die Menschen im Himmel wiederzusehen, sollte so groß sein, dass wir bereit sind, alles für sie zu tun, damit sie Jesus kennenlernen.

Es bedeutet den Leuten viel, wenn Gläubige wirklich in Kontakt mit ihnen bleiben. Das zeigt, dass wir uns um sie sorgen. Ich versuche immer, von den Leuten, mit denen ich mich während eines Fluges unterhalte, eine Visitenkarte zu bekommen. Fast immer schicke ich ihnen eine Nachricht, manchmal auch ein Buch. Unser Wunsch, die Menschen im Himmel wiederzusehen, sollte so groß sein, dass wir bereit sind, alles zu tun, damit sie Jesus kennenlernen.

In einem späteren Kapitel werden wir einen Blick auf einige Fragen werfen, denen du beim Zeugnisgeben wahrscheinlich begegnen wirst, und wir werden auch sehen, dass diese Fragen eigentlich gar nicht so schwer zu beantworten sind.

Jetzt, wo du weißt, dass es eigentlich keine Ausrede gibt, das Evangelium weiterzusagen, wollen wir einen Blick auf eine sehr einfache Möglichkeit werfen, Samenkörner des Evangeliums auszustreuen: evangelistische Traktate.

KAPITEL 5

„HABEN SIE SCHON EINS BEKOMMEN?“

„Wenn keine Möglichkeit zu predigen oder zu einem persönlichen Gespräch besteht, solltest du ein Traktat bereithaben ... Besorge dir gute, zündende Traktate oder überhaupt keine. Ein bewegendes evangelistisches Traktat kann der Same für ewiges Leben sein. Geh deshalb nicht ohne ein Traktat nach draußen.“

CHARLES HADDON SPURGEON

Ein Traktat – das Evangelium in Kurzform auf einem kleinen Stück Papier, auf einer Postkarte, in einem Heftchen usw. – ist eins der besten Mittel, mit denen du das Evangelium weitersagen kannst. Viele Verlorene haben zwar eine Bibel, lesen sie jedoch nie. Doch über Jesus werden sie etwas lesen, wenn es nicht sehr lang ist. Traktate sind eine wirksame Art, Verlorene zu erreichen, damit sie das Wort hören, und Gott benutzt oft Traktate, um bei diesen Menschen Interesse am Lesen der Heiligen Schrift zu wecken. Traktate sind eine großartige Möglichkeit, den Samen des Evangeliums zu säen! Traktate zu verteilen ist außerdem eine einfache Art, um mit dem Zeugnisgeben anzufangen. Schüchterne Menschen möchten vielleicht mit dem Verteilen von Traktaten beginnen und später, wenn sie Fortschritte gemacht haben und ihr Selbstvertrauen gewachsen ist, im Gespräch Zeugnis geben.

Wenn ich unterwegs bin, um Zeugnis zu geben, und meine Umfragemethode anwende (über die ich in Kapitel 7 sprechen werde), habe ich Traktate in der Tasche. Am Ende des Gesprächs lese ich das Traktat entweder gemeinsam mit der Person durch oder ich sage ihr: „Ich habe ein Geschenk für Sie, weil Sie mir geholfen haben.“ Menschen lieben Geschenke – gib ihnen deshalb ein Geschenk, das über das wunderbarste Geschenk spricht, das je gemacht wurde: Jesus Christus!

Traktate sind auch dann nützlich, wenn du mündlich Zeugnis gibst. Vielleicht bist du so nervös und sagst Dinge nicht so, wie du möchtest. Ein gut geschriebenes Traktat erklärt Sünde und das Evangelium kurz und knapp.

Einmal ging ich in einem Einkaufszentrum auf eine Gruppe von Mädchen im Teenageralter zu, um ein Gespräch mit ihnen zu beginnen. Sie wollten nicht mit mir reden, drehten sich um und wollten weggehen. Ich sagte: „Gut, ihr bekommt ein Geschenk, obwohl ihr mir nicht geholfen habt.“ Sie kamen zurück, nahmen zwei Traktate und begannen, sich gegenseitig die Traktate laut vorzulesen, während sie durch das Einkaufszentrum gingen!

Ein anderes Mal sagte einer, nachdem ich mich ein paar Minuten lang mit einigen Leuten unterhalten hatte: „Einen Moment, bitte. Sie haben sich letztes Jahr hier im Einkaufszentrum mit mir unterhalten. Sie haben mir ein Heftchen über Jesus gegeben, und ich weiß noch, wo es ist.“

Ich wollte das nicht glauben und sagte: „Nein, das kann doch nicht sein.“

„Doch“, sagte er, „es liegt jetzt im obersten Fach meines Schreibtischs.“ Ich wunderte mich, dass er genau wusste, wo es war, und hatte das Gefühl, dass er es mehr als ein Mal gelesen hatte.

In Atlanta finden in der Philips Arena eine Menge Konzerte, Basketballspiele und andere Veranstaltungen statt. Ich verteile oft Traktate an Leute, wenn sie aus dem Zug steigen oder in die Arena gehen. Ich sage so etwas wie: „Genießen Sie das Spiel“, oder: „Ich wünsche Ihnen einen schönen Abend“, und halte ihnen dann ein Traktat hin. Wenn du freundlich bist und lächelst, antworten Menschen in der Regel ebenso freundlich. Je freundlicher du bist, desto wahrscheinlicher ist es, dass sie mit dir sprechen oder ein Traktat von dir annehmen. Eines Tages war ich im Stadtzentrum in der Nähe der Arena und verteilte Traktate, als ein Mädchen ankam und fragte: „Was haben Sie diesmal für mich?“

Sie beschrieb jedes der drei Traktate, die ich ihr bereits gegeben hatte, und wollte wissen, ob ich irgendwelche neuen Traktate hätte! Sie war nicht gläubig, doch die Traktate gefielen ihr. Einige Wochen nach den Anschlägen vom 11. September 2001 war ich wieder in der Stadt und verteilte Traktate. Sie kam auf mich zu und begann ein Gespräch, und wir sprachen mehr als eine Stunde miteinander. Aber wir hätten nie miteinander gesprochen, wenn ich ihr beim ersten Mal nicht ein Traktat überreicht hätte.

Wenn ich in die Stadt gehe, verteile ich die Traktate oft auf einer Seite der Arena oder des Fußballstadions an Menschen, die die Veranstaltung besuchen. Wenn dann die Veranstaltung beginnt, gehe ich auf die andere Seite der Arena und hefte Traktate an die Autos auf den Parkplätzen. Oft bitte ich einen Obdachlosen, mir zu helfen, und bezahle ihn dafür. Du kannst die Traktate unter die Scheibenwischer klemmen; aber eine noch bessere Idee ist es, wenn das Traktat nicht zu dünn ist, es zwischen das Gummi und das Fenster in Höhe des Griffs der Fahrertür zu schieben. Dadurch sehen die Leute es, wenn sie die Tür aufschließen, und können es einfach nehmen. Die meisten Menschen werfen ungern Abfall weg, deshalb nehmen sie das Traktat mit ins Auto und fahren weg. Ich habe schon viele Leute gesehen, die in ihrem Auto saßen und das ganze Traktat lasen, ehe sie wegfuhren. Ich möchte dich ermutigen: Die Verlorenen lesen die Traktate wirklich.

„Haben Sie schon eins bekommen?“ Das ist eine geschickte Frage, die die Leute denken lässt, ihnen würde noch etwas fehlen. Und das stimmt ja auch.

Wenn ich an Flughäfen bin, verteile ich gern Traktate, bevor ich ins Flugzeug steige. Ich frage die Menschen: „Haben Sie schon eins bekommen?“ Meistens antworten sie, sie hätten noch keins, und nehmen dann eins. Das ist eine geschickte Frage, denn die Leute meinen dann, ihnen würde noch etwas fehlen. Und das stimmt ja auch. Sie verpassen das Beste der jetzigen und der zukünftigen Welt: Jesus Christus. Stell diese Frage, und du wirst viele Traktate verteilen!

Der Wert einer Seele

Strände sind ebenfalls sehr geeignete Orte, um Zeugnis zu geben. Sei es am Tag, wenn die Menschen die Sonne genießen, oder nachts, wenn sie das Nachtleben genießen – die Menschen hängen herum und sind bereit für Gespräche. Eines Abends war ich in Myrtle Beach, South Carolina. Dort wollte ich zusammen mit einem jungen Mann, der mich bei einer Freizeit hatte sprechen hören, Zeugnis geben. Wir benutzten die Umfrage-Methode und hatten mit drei 18-jährigen Mädchen aus Kentucky ein etwa zwanzigminütiges, sehr gutes Gespräch. Am Ende der Unterhaltung sagte ich den jungen Mädchen, dass sie für ihr Mitmachen ein Geschenk bekämen. Den ersten beiden gab ich ein Traktat, aber das dritte Mädchen lehnte ab.

Ich fragte: „Nach dem guten Gespräch, das wir gerade hatten, willst du das Traktat nicht?“

Sie antwortete: „Nein, will ich nicht.“

„Okay“, sagte ich, „ich gebe dir einen Dollar, wenn du es liest.“

„Nö.“

„2 Dollar.“

Sie schüttelte den Kopf.

„Ich gebe dir 5 Dollar, wenn du es liest.“

Sie lehnte immer noch ab.

Ich blieb fest: „Ich gebe dir 10 Dollar, wenn du es liest!“

Schließlich willigte sie ein. Also legte ich einen 10-Dollar-Schein zu dem Traktat und hielt es ihr hin, zögerte aber noch ein wenig und sagte: „Schau, jeder, der zu dir kommt, um dir seinen Glauben zu bezeugen, ist überzeugt, dass er die richtige Antwort hat. Und jeder, der dir Geld gibt, damit du etwas über seinen Glauben liest, ist hundertprozentig sicher, dass er die richtige Antwort hat!“ Dann gab ich ihr das Geld mit dem Traktat. Du hättest ihren erstaunten Gesichtsausdruck sehen sollen. Ich bin ziemlich sicher, dass ihr vorher noch nie jemand Zeugnis gegeben hat; aber ich bin überzeugt, dass ihr noch nie jemand Geld gegeben hat, damit sie etwas über Gott liest. Diese Mädchen werden unser nächtliches Gespräch wohl niemals vergessen.

Damals – ich hatte erst kurz zuvor begonnen, öffentliche Vorträge zu halten – erhielt ich ein Jahresgehalt von etwa 4000 Dollar. Bei einem solchen Jahreseinkommen sind 10 Dollar sehr viel Geld. Aber meinst du nicht auch, dass Gott dir die 10 Dollar zurückgibt, wenn du 10 Dollar dafür ausgibst, dass jemand etwas über Jesus liest? Da kannst du ganz sicher sein! Gott ist treuer, als wir uns im Traum je vorstellen können. Der große Missionar Hudson Taylor sagte: „Gottes Werk, das auf Gottes Weise getan wird, hat immer die Unterstützung Gottes.“ Als ich einige Tage später gerade betete, machte Gott mir etwas klar. Er fragte mich unmissverständlich, was eine Seele wert sei. War sie 10 Dollar wert? 20 Dollar? 4000 Dollar? Gott machte mir klar: Wir müssen bereit sein, unser Bankkonto zu plündern, damit *eine* Person Jesus Christus kennenlernt! Wir können uns erst vorstellen, welchen Wert eine Seele für Gott hat, wenn wir zum Kreuz schauen.

Denk einmal darüber nach. Warum sind wir die einzige Generation in der Geschichte, die meint, dass wir erst 300.000 Dollar auf dem Rentenkonto haben müssen, um dann tatsächlich in Rente gehen zu können? Warum haben andere Generationen vor uns nicht so gedacht? Vertrauen wir dem Geld mehr als Gott, dass Er für unseren Lebensunterhalt sorgen wird? Ich will damit nicht sagen, dass wir nicht für die Zukunft planen sollten, aber warum erlaubt Gott manchen Menschen, dass sie so viel Geld haben?

Was werden wir vor dem Richterstuhl empfinden, wenn Gott uns fragt, was wir mit dem ganzen Geld auf unserem Rentenkonto vorhaben, jetzt, wo wir tot sind? Und dann erklärt Er uns, dass das Einkommen, mit dem Er uns gesegnet hat, dafür bestimmt war, Missionare zu unterstützen, Bibeln zu kaufen und zu helfen, das Evangelium bis ans Ende der Erde auszubreiten. Wir werden an jenem Tag beschämt sein.

Vor einigen Jahren hatte ich etwas Geld auf einem privaten Rentenkonto. Auch wenn es objektiv nicht viel war, war es doch für mich sehr viel. Schließlich wurde mir klar, warum ich dieses Geld hatte und dass es nicht dazu bestimmt war, dass ich mich darauf ausruhen sollte. Es war für mich als Rückhalt gedacht für den Fall, dass ich von den Spenden für meine Vorträge nicht leben konnte! Das ist ziemlich oberflächlich gedacht und nicht sehr fromm, daher legte Gott es mir aufs Herz, das Geld abzuheben und wegzugeben. Wenn du wüsstest, wie schwer das für mich war! Zu der Zeit geizte ich wie sonst keiner mit einem Dollarschein. Es war eine qualvolle Entscheidung, doch ich wusste, was ich tun sollte: Ich löste das Rentenkonto auf und begann, das Geld wegzugeben. Ich unterstützte Missionare in anderen Ländern, kaufte Bibeln für China und den Sudan, gab Hungrigen zu essen usw. Es hat solch eine Freude gemacht, alles wegzugeben!

Einige Monate später musste ich allerdings meine Steuern zahlen. Ich hatte ganz vergessen, dass ich Steuern auf das abgehobene Geld bezahlen musste, und ich hatte nichts davon beiseitegelegt, um die Steuern bezahlen zu können. Aber Gott, der alle unsere Bedürfnisse kennt, veranlasste jemand, mir genug Geld zu geben, so dass ich die Steuern bezahlen konnte! Durch diese Erfahrung hat Gott mich gelehrt, ein Gebender zu sein. Nun weiß ich wirklich, was Er meint, wenn Er sagt: „Geben ist seliger als Nehmen" (Apostelgeschichte 20,35). Bitte, sei ein Gebender! Das ist die einzige Art und Weise, dieses Leben zu leben!

Gott hat mich gelehrt, ein Gebender zu sein. Jetzt weiß ich wirklich, was Er meint, wenn Er sagt: „Geben ist seliger als Nehmen."

Es gibt wenige Dinge im Leben, die ich hasse, doch das Einkaufen von Lebensmitteln gehört dazu. Da ich aber gern esse, ist es nun einmal eins der notwendigen Übel. Einmal war ich in einem Lebensmittelgeschäft der Nächste in der Schlange, der bezahlen musste. Ich hörte an der Sprache, dass die Familie vor mir aus einem anderen Land kam. Sie sahen nicht so aus, als hätten sie viel Geld, daher kam mir der Gedanke, dass ich ihren Einkauf bezahlen sollte. Als der Kassierer ihre Lebensmittel erfasste, schaute sich ihr Sohn interessante Dinge in den Regalen an. Er griff nach unten und brachte eine riesige Wasserpistole, einen

Supersoaker, zum Vorschein. Sein Vater ließ ihn die Wasserpistole wieder zurückbringen, da er sie sich offensichtlich nicht leisten konnte. Also kaufte *ich* dem Jungen den Supersoaker! Er war ganz außer sich vor Freude. Als ich meinen Beleg prüfte, stand dort 79 Dollar – und dabei hatte ich nur zwei Artikel gekauft!

Danach unterhielt ich mich mit der Familie und fand heraus, dass nur eine einzige Person in der Familie Englisch sprechen konnte. Errätst du, wer? Es war der Junge mit seinem brandneuen Supersoaker!

Also sprach ich mit dem Jungen über das Evangelium, gab ihm ein Traktat und bat ihn, es seinen Eltern zu übersetzen. Hör nicht auf, außergewöhnliche, liebevolle Dinge für unseren Gott zu tun. Er kann deine Freigebigkeit benutzen, um Menschen für die Ewigkeit zu gewinnen.

Bereite Menschen eine Überraschung

Ein Grund dafür, dass ich es hasse, in Lebensmittelgeschäfte zu gehen, ist: Ich kann dort nicht so viel Zeugnis geben, wie ich gern tun würde. Um die Gelegenheiten möglichst gut auszunutzen, parke ich am äußersten Ende des Parkplatzes und stecke Traktate an die Autos, während ich zum Geschäft gehe. Im Geschäft gehe ich geradewegs in die Bierabteilung und stecke jeweils ein kleines Traktat (5cm x 7,5cm) in die 12er-Packs und in die Bierkästen. Dann gehe ich hinüber zu den 12er-Cola- und Pepsi-Packungen. Die Firmen sind so rücksichtsvoll, dass sie sogar einen Spalt an den Seiten ihrer Kartons anbringen, so dass Traktate dort hervorragend hineinpassen! Ich denke, wenn Cracker Jacks[6] für Leute eine Überraschung hat, warum ich dann nicht?

Als ich eines Tages aus einer Bank herauskam, bemerkte ich drei Burschen in einem Lieferwagen. Ich ging zu ihnen hin und überreichte ihnen Traktate. Als ich dem dritten Burschen eins der kleinen Traktate gab, sagte er: „Oh, so eins hab ich schon mal gesehen!“

[6] Cracker Jacks: Süßigkeiten. Vgl. Überraschungsei.

Überrascht fragte ich: „Du hast so eins schon mal gesehen?“ Ich war gerade erst dorthin gekommen, deshalb konnte ich mir nicht erklären, wie er eins gesehen haben sollte.

Er sagte: „Vor ein paar Tagen habe ich eine 18er-Packung Bier gekauft, und das Ding war genau dort hineingerutscht!“

Erstaunlich! Nur ein paar Tage nachdem er ein Traktat in seiner Bierpackung gefunden hatte, traf er den Mann, der es hineingetan hatte! Wir dienen einem großen Gott. Streu weiter diesen Samen aus. Gott wird dir kreative Ideen geben, um die verlorenen Menschen zu erreichen.

Als ich zu meinem ersten Vortragstermin in Kanada unterwegs war, hatte ich ein besonderes Erlebnis. Die Reise von Atlanta nach Medicine Hat erforderte ein dreimaliges Umsteigen. Ich werde nicht oft krank, aber an diesem Tag fühlte ich mich nicht wohl. In Calgary angekommen, benötigte ich einen Pass, um durch den Zoll zu kommen. Leider hatte ich meinen nicht dabei und musste mich deshalb in einer anderen Schlange anstellen. Als ich durch die Schlange war, lief ich, um meinen Anschluss zu bekommen, und kam gerade am Flugsteig an, als die Tür zum Einsteigen geschlossen wurde. Ich setzte all meine Überredungskünste ein, um in das Flugzeug zu gelangen, aber vergebens. Ich musste zwei Stunden auf den nächsten Flug warten und war nicht gerade begeistert!

Während ich vor mich hin schmollte, beschloss ich, im Flughafen herumzugehen und Traktate zu verteilen. Ich betrat einen Geschenkladen, sah mich dort etwas um und reichte dem Mann hinter der Theke beim Hinausgehen ein Traktat. Eine Weile später ging ich denselben Gang entlang, und der Mann aus dem Geschenkladen sah mich. Er rief mich zu sich herüber, um sich mit mir zu unterhalten, und erzählte mir, er sei Christ und sein Vater arbeite hier als Flughafenseelsorger. Da nicht alle Seelsorger Nachfolger Jesu sind, bohrte ich erst einmal nach, um sicherzugehen, dass dieser Mann sich wirklich Christus übergeben hatte.

Er sagte: „Gestern tippte mein Vater auf die Brusttasche meines T-Shirts und meinte: ‚Das ist eine Traktattasche.‘“ Sein Vater meinte, dass dies eine Tasche zum Aufbewahren von Traktaten sei, die er dann verteilen könne. „Ich wusste nicht, was ein Traktat ist", fuhr er fort. „Jetzt weiß ich es, da Sie mir eins gegeben haben; ich weiß nun auch, woher ich welche bekomme!" Wenn du einmal zu spät dran bist und den Anschlussflug oder etwas anderes verpasst hast, danke Gott und erlebe, wie Er dich benutzen kann, um Ihn zu verherrlichen und sein Reich zu fördern.

Nachdem ich in einer christlichen Schule in Augusta, Georgia, gesprochen hatte, lud mich einer der Lehrer zum Essen ein. Wir fuhren in die Innenstadt, parkten das Auto und machten uns auf den Weg zum Restaurant. Neben einem Auto bemerkte ich eine Frau, lief zu ihr hin und fragte sie: „Haben Sie schon eins bekommen?"

Sie sagte: „Nein." Ich überreichte ihr ein Traktat, wünschte ihr einen guten Abend und ging weiter in Richtung Restaurant.

Als wir im Restaurant saßen und gerade bestellen wollten, sah der Lehrer auf und meinte: „Mark, es ist Zeit für etwas Nacharbeit."

Ich fragte: „Nacharbeit? Ich habe doch noch gar nicht Zeugnis gegeben."

Er zeigte zur Tür, als diese Frau ins Restaurant eintrat. Wie sie uns fand, werde ich nie erfahren; das Restaurant, in dem wir saßen, war ein ganzes Stück von der Stelle entfernt, wo ich ihr das Traktat gegeben hatte. Sie trat an unseren Tisch, hielt mir das Traktat hin und fragte: „Haben Sie mir das gegeben?"

Ich antwortete: „Ja, das habe ich."

Sie sagte: „Sie wissen gar nicht, wie sehr ich das gebraucht habe, was darin steht." Ich ergriff ihre Hand und erzählte ihr, was der Herr in meinem Leben getan hatte und was Er in ihrem Leben tun könnte.

Sie fuhr fort: „Meine Zimmerkollegin ist mein Felsen. Sie ist Christin. Sie ist Kellnerin in einem Restaurant hier am Ort, doch früher war sie Tänzerin wie ich." Diese Frau war Stripperin in einem Stripteaselokal am Ort! Sie zeigte auf das Traktat und sagte: „Das ist jetzt die dritte Sache, die Gott gebraucht, um mir die richtige Entscheidung klarzumachen, die ich treffen muss, und das ist das i-Tüpfelchen!"

Tränen stiegen ihr in die Augen, deshalb fragte ich sie, ob ich sie umarmen dürfe. Als ich aufstand und mich vorbeugte, um sie zu umarmen, bemerkte ich, dass uns einige Leute im Restaurant beobachteten. Mit ihrer knappen kurzen Hose und dem Anorak über ihrem Top passte diese Frau nicht zum Ambiente des Restaurants.

Wenn Gott im Leben dieser Frau ein Papier im Wert von fünf Cent gebrauchen kann, kann Er es im Leben jedes Menschen gebrauchen.

Was dachten all diese Leute? Vielleicht dachten sie, dass ich eine besondere Gefälligkeit dafür bekam, dass ich ihr in dem Club, in dem sie arbeitete, ein großzügiges Trinkgeld gegeben hätte! Wie wenig wussten sie davon, dass ich das Vorrecht hatte, zu sehen, wie die Ewigkeit das Herz dieser Frau berührte – und all das aufgrund eines Stück Papiers im Wert von fünf Cent. Ich kümmerte mich nicht darum, was diese Leute dachten; ihre Meinungen spielten keine Rolle. Das, was zählt, ist, dass wir im Glauben hinausgehen und uns vom Herrn gebrauchen lassen. Wenn Gott im Leben dieser Frau ein Papier im Wert von fünf Cent gebrauchen kann, kann Er es im Leben jedes Menschen gebrauchen. Zieh im Glauben hinaus und stell dich dem Herrn als ein brauchbares Gefäß zur Verfügung, um den Verlorenen die Ewigkeit, die Errettung und die Übergabe an Christus zu bringen. Es gibt nichts Einfacheres, als das mit Traktaten zu tun.

Wir brauchen, wie Spurgeon sagte, „gute, zündende Traktate“, wenn wir Zeugnis geben. Meine Lieblingstraktate bestelle ich bei *Living Waters Publications* (www.livingwaters.com >Store >Tracts). *Chick Publications* stellen ebenfalls gute Traktate her (siehe www.chick.com).

Als ich damit begann, das Evangelium weiterzusagen, habe ich nie Traktate benutzt. Ich habe gelernt, wie man einer verlorenen Person in einem persönlichen Gespräch das Evangelium weitersagen kann. Bis heute ist der aufregendste Teil beim Zeugnisgeben ein gutes Gespräch mit jemand, der Jesus nicht kennt.

Die folgenden Kapitel werden dir die notwendigen Hilfsmittel an die Hand geben, wie du mit jedem, dem du begegnest, solche Gespräche führen kannst.

Kapitel 6

„Solange Sie atmen, brauchen Sie Jesus“

„Es ist das größte Glück der Welt, ein Seelengewinner zu sein. Und mit jeder Seele, die du zu Jesus Christus führst, erscheint es dir, als käme ein neuer Himmel hier auf die Erde.“
Charles Haddon Spurgeon

Der ehemalige Beatle George Harrison sagte einmal in einem Interview: „Es gibt nichts Wichtigeres, als herauszufinden, was nach dem Tod ist. Was geschieht mit uns, wenn wir gestorben sind?“ Der Reporter bemerkte: „Es war Harrisons Glaube, der ihm bei seinem Kampf gegen den Krebs durchhalf.“ Einer seiner großen Solohits hieß „My sweet Lord“. Dabei war Harrison kein Christ; sein Herr war ein Hindugötze! Auch wenn sein Glaube ihm durch die Krankheit half – am Tag des Gerichts wird er ihm nicht helfen.

Als Gläubige wissen wir, was nach dem Tod mit uns geschieht. In 2. Korinther 5,8 heißt es: „Wir sind aber guten Mutes und möchten lieber ausheimisch von dem Leib und einheimisch bei dem Herrn sein.“ Der einzige wahre Herr ist natürlich Jesus Christus.

Wie können wir Leute, mit denen wir sprechen, dazu bringen, über das nachzudenken, was nach dem Tod geschieht? Ich bin überzeugt, dass jemand über seine ewige Bestimmung nachdenken muss, bevor er Jesus annehmen kann. Wir wollen uns ein paar

Möglichkeiten anschauen, wie wir Menschen helfen können, über ewige Dinge nachzudenken und das auch weiterhin zu tun.

Das Beispiel mit dem Grabstein

Eine Möglichkeit, Menschen zu veranlassen, über die Ewigkeit nachzudenken, ist, sie nach den drei Dingen zu fragen, die man auf einem Grabstein lesen kann. Die Antwort ist: der Name des Verstorbenen, das Geburtsdatum und der Tag des Todes.

Sage dann: „Eines kann ich Ihnen garantieren: Sie werden viel länger tot sein, als Sie leben werden. Deshalb sollten Sie versuchen herauszufinden, was auf der anderen Seite ist, anstatt hier unten nach Dingen zu suchen, die vorübergehen, die zeitlich begrenzt sind – denn Sie werden viel länger dort sein als hier auf der Erde.“

Der große Prediger Dwight Moody sagte, er könne eine Person zu Christus führen, wenn er sie dazu bringen könne, fünf Minuten über die Ewigkeit nachzudenken. Ich glaube, es ist eine der besten Listen Satans, die Menschen dazu zu bringen, sich auf das Studium, die Arbeit, die Familie, den Ruhestand, Geldkonten usw. zu konzentrieren und es zu vermeiden, über die Ewigkeit nachzudenken. Wir müssen den Leuten helfen, darüber nachzudenken, was mit ihnen geschieht, wenn sie sterben.

In 100 Jahren ...

Stelle jemand die Frage: „Spielt es in 100 Jahren eine Rolle, ob Sie eine Million Dollar verdient, ein Mercedes Cabrio gefahren, einen Uni-Abschluss gehabt oder irgendwo im Halbfinale teilgenommen haben? Nein. Das Einzige, was dann wichtig sein wird, ist, ob Sie den Gott kennen, der Sie erschaffen hat, weil Sie dann für immer an einem von zwei Bestimmungsorten sein werden – und das für immer und ewig.“ Es ist sehr wichtig, die Menschen dazu zu bringen, dass sie erkennen: Nicht die zeitlichen, sondern die ewigen Dinge sind von Bedeutung.

„Und dann?"

Eines Tages sprach ich mit einem 17-Jährigen, der im Einkaufszentrum arbeitete. Wir sprachen über das Leben, also fragte ich ihn, was er nach seinem Schulabschluss machen würde.

Er antwortete: „Ich habe mich schon nach einigen Universitäten umgesehen und werde wahrscheinlich studieren."

Ich fragte: „Und dann?"

„Nun", „antwortete er, „wenn ich mein Studium abgeschlossen habe, werde ich wahrscheinlich eine Arbeitsstelle bekommen."

Und dann?"

„Ich werde wahrscheinlich heiraten und Kinder haben."

„Und dann?"

„Ich vermute, dass ich dann in den Ruhestand gehe."

Ich fragte weiter: „Und dann?"

„Dann werde ich wohl sterben."

„Und dann?"

„Das ist eine gute Frage", sagte er.

Das *ist* eine gute Frage, und zwar eine, die jeder von uns eines Tages beantworten muss. Der junge Mann hatte in diesem Augenblick keine Antwort, doch er kannte die Antwort, bevor unser Gespräch zu Ende war. Diese „Und-dann?"-Fragen sind eine sehr einfache, gute Methode, um mit jemand über die Ewigkeit zu sprechen.

„Die Ewigkeit ist eine entsetzlich lange Zeit – vergewissern Sie sich, dass Sie die richtige Antwort haben."

Auf einem Flug hatte ich ein kurzes Gespräch mit einem Mann auf der anderen Seite der Gangreihe. Eigentlich verlief das Gespräch denkbar schlecht. Ich gab ihm ein Traktat; er las es und gab es mir zurück. Er war Atheist und wollte nichts mit mir zu tun haben.

Als wir aufstanden, um das Flugzeug zu verlassen, versuchte ich, ihm ein paar ermunternde Worte zu sagen. Dann fügte ich hinzu: „Denken Sie dran, dass die Ewigkeit eine entsetzlich lange Zeit ist; vergewissern Sie sich, dass Sie die richtige Antwort haben.“ In seinen Augen konnte ich sehen, dass dieser Gedanke seine Wirkung nicht verfehlte. Er hatte nie darüber nachgedacht, wie lang die Ewigkeit ist. Nun änderte sich das.

Als ich mit einem Studenten an der Universität von Georgia sprach, fragte ich ihn, warum er hier an der Universität sei. Er sagte: „Na ja, so was macht man nach der höheren Schule.“

Ich erwiderte: „Nein, warum bist *du* hier?“

„Um ein Diplom zu bekommen.“

Zehn von zehn Menschen werden sterben. Hab keine Scheu, die Menschen daran zu erinnern.

Ich bohrte weiter: „Nein, warum bist du *wirklich* hier?“

„Damit ich etwas aus meinem Leben machen kann“, antwortete er.

„Genau“, sagte ich. „Du willst aus der Reise, die wir Leben nennen, etwas machen. In Hiob 16,22 heißt es: ‚Denn die zählbaren Jahre gehen vorüber, und ich werde einen Weg gehen, auf dem ich nicht wiederkehren werde.‘ Wenn du studierst und versuchst, aus deinem Leben etwas zu machen, warum beschäftigst du dich dann nicht mit der Reise in die Ewigkeit, die jeder von uns antreten muss?“

Das Licht ging an. Er wusste, dass er einmal sterben würde, und er wusste, dass die Ewigkeit eine lange Zeit sein wird, so dass es klug wäre, herauszufinden, was ihn erwartete.

„Die Wahrscheinlichkeit, dass Sie sterben, liegt bei hundert Prozent.“

Als ich einmal mit einem Mann sprach, fragte ich ihn: „Sind Sie sich im Klaren darüber, dass die Wahrscheinlichkeit, dass Sie sterben, bei hundert Prozent liegt?“ Dann fügte ich hinzu: „Und sind Sie sich im Klaren, dass Sie viel länger tot sein werden, als Sie leben werden?“ Der Mann schaute mich an und sagte: „Sagen Sie das noch einmal.“ Diese beiden Sätze machten ihn so nachdenklich, dass er mich bat, sie zu wiederholen! Zehn von zehn Leuten werden sterben. Hab keine Scheu, die Menschen daran zu erinnern.

„Können Sie garantieren, dass Sie morgen früh aufwachen? Legen Sie sich nicht schlafen, bevor Sie nicht genau wissen, wo Sie die Ewigkeit verbringen werden.“

Auf einem beliebten Kunstfestival unterhielt ich mich mit drei Leuten. Dabei bemerkte ich einen jungen Mann, der etwa drei Meter entfernt saß und uns beobachtete. Als ich einige Minuten später mein Gespräch mit dieser Gruppe beendet hatte, saß der junge Mann noch immer da. Also ging ich zu ihm und fragte ihn, ob ich ihm helfen könne. Er fragte: „Erinnern Sie sich an mich? Sie haben vor einigen Monaten mit mir und einigen meiner Freunde im Piedmont-Park gesprochen.“

Bei jenem Festival hatte ich mich zu einer Gruppe Teenager gesetzt und mich mit ihnen unterhalten. Das Gespräch verlief meiner Meinung nach nicht besonders gut. Doch jetzt nach drei Monaten erkannte mich dieser 17-Jährige und wollte reden.

Ich fragte ihn nach dem Gespräch, das wir damals hatten, und er gab unsere Unterhaltung fast Wort für Wort wieder.

Ich fragte dann: „Woran erinnerst du dich noch am besten?“ Er antwortete: „An das, was Sie zuletzt gesagt haben. Sie haben mich gefragt, ob ich garantieren könnte, dass ich morgen aufwachen würde. Seitdem denke ich jeden Morgen daran, wenn ich aufwache!“

Sein erster Gedanke morgens ist, wo er wäre, wenn er nicht aufgewacht wäre! Gott war dabei, am Herzen dieses jungen Mannes zu arbeiten!

Einige Tage später, als ich gerade betete und mich darüber wunderte, wie dieser junge Mann sich nach drei Monaten immer noch an alles erinnern konnte, sprach Gott mit leiser, sanfter Stimme zu meinem Herzen: „Wenn du ein Samenkorn ausstreust, werde ich etwas damit machen!“ Unser Gott ist so treu; Er nimmt die dürftigen Samenkörner, die wir ausstreuen, und lässt sie wachsen (1. Korinther 3,7). Hör nicht auf, diese Samenkörner zu säen!

Die Bibel enthält grundlegende Informationen, die man wissen sollte, bevor man die Erde verlässt

BIBEL = **B**asis-**I**nformation **bi**s (zum) **E**nde (des) **L**ebens[7] – das ist eine kernige Abkürzung, die den Leuten wirklich gefällt, und eine, die sie behalten. Ich versuche, den Leuten zu erklären, dass es keine Rolle spielt, wer man ist, ob Michael Jordan[8], der Präsident, du oder ich – wir alle werden eines Tages die Erde verlassen. Wer die richtige Information über die Ewigkeit hat und entsprechend handelt, wird am richtigen Ziel ankommen; wer aber die falsche Information hat, wird am falschen Ziel ankommen!

Ich schrieb die Abkürzung *BIBEL* einmal auf die Rückseite eines Traktates, das ich jemand gab. Der Mann warf einen Blick darauf und sagte: „Wow." Dann wiederholte er: „Wow!" Es brachte ihn wirklich zum Nachdenken. Benutze das Kürzel ruhig ab und zu und beobachte, wie die Leute reagieren.

„Es ist mir nicht gleichgültig, wo Sie die Ewigkeit zubringen werden." Oder: „Es ist mir sehr wichtig, wo Sie die Ewigkeit zubringen werden."

Wenn du jemand in die Augen schauen und das sagen kannst und es auch so *meinst*, wird das eine gewaltige Wirkung haben.

---

[7] Auf Englisch: BIBLE – **B**asic **I**nformation **B**efore **L**eaving **E**arth. Wörtlich übersetzt: Grundlegende Information vor dem Verlassen der Erde. (Anm. d. Verl.)

[8] Michael Jeffrey Jordan (*1963 in Brooklyn, New York) ist ein berühmter ehemaliger US-amerikanischer Basketballspieler. Er spielte zwischen 1984 und 2003 – mit Unterbrechungen – in der Profiliga NBA. Er gehört zu den populärsten Sportlern weltweit. (Wikipedia)

Viele Menschen sorgen sich um andere in Bezug auf das Diesseits, aber nur wenige in Bezug auf die Ewigkeit. Wenn du den Menschen zeigst, dass du um ihr ewiges Wohlbefinden besorgt bist, werden sie dir bereitwillig zuhören, wenn du über geistliche Wahrheiten sprichst.

Nach einem Vortrag an der Citadel, einem Militärcollege in Charleston, South Carolina, ging ich mit einigen Kadetten ins Kneipenviertel der Stadt, um Zeugnis zu geben. Einer der Kadetten blieb stehen, um mit einem Mann zu reden, der draußen vor einer Kneipe saß. Als sie sich unterhielten, fragte der Mann den Kadetten: „Was machen Sie hier draußen?“

Der Kadett antwortete: „Ich bin bloß hier, um Leute kennenzulernen und mich mit ihnen zu unterhalten.“

Der Mann bohrte nach: „Nein, was machen Sie *wirklich* hier?“

„Ich glaube an Jesus Christus“, antwortete der Kadett, „und weil ich Gott liebe, liebe ich auch Sie, und es ist mir nicht egal, wo Sie die Ewigkeit zubringen werden. Ich möchte Sie eines Tages im Himmel wiedersehen.“

Das beeindruckte den Mann so sehr, dass er aufstand, den Kadetten ergriff (er war ein sehr großer Kadett in voller Uniform) und ihn umarmte. Zwanzig Minuten später beugte sich dieser vor Gott und übergab sein Leben dem Gott des Universums.

Ich rief einen meiner Kumpel, Doug, zu seinem Geburtstag an. Er ist ein junger Mann, der schon viel durchgemacht hat und auch nicht immer im richtigen Fahrwasser fährt. Doch er gehört zu den Menschen, die ich wirklich liebe und einmal im Himmel sehen möchte. Nachdem ich ihm einige der Fragen gestellt hatte, die in diesem Buch stehen, sagte ich zu ihm: „Ich sage dir das alles, weil es mir sehr wichtig ist, wo du die Ewigkeit zubringst, und ich hoffe, Doug, dass dir das etwas bedeutet.“

Doug antwortete merklich gerührt: „Das tut es. Das tut es wirklich.“ Wenn die Leute merken, dass wir uns Sorgen um sie machen, werden sie uns zuhören, wenn wir ihnen etwas sagen.

Gewinne einen Freund, sei ein Freund, führe einen Freund zu Christus!

Untersuchungen haben gezeigt, dass 87 Prozent aller Menschen, die zu Jesus kommen, durch einen Freund zu Ihm geführt wurden. Wir müssen es uns zur Aufgabe machen, Freunde zu gewinnen, die Jesus nicht kennen – nicht, damit sie uns von Ihm abziehen, sondern damit der Herr uns benutzen kann, sie zu Ihm zu ziehen.

Ich selbst habe gar keine Zeit für zeitweilige Freundschaften (das heißt, mit Leuten herumzuhängen, die den Herrn nicht kennen). Ich habe zwar eine Menge vorübergehender Freundschaften, jedoch mit dem Ziel, Freunde für die Ewigkeit zu gewinnen. Das heißt nicht, dass ich 24 Stunden am Tag mit ihnen über Jesus rede. Obwohl ich das gern tun würde, tue ich es nicht, weil es sie abstoßen würde. Sie sind meine Freunde, weil es mein ausdrückliches Ziel ist, sie zu lieben, wie Jesus sie liebt, und ihnen von Jesus zu erzählen, wann immer ich die Gelegenheit dazu habe, und weil ich sie schließlich für alle Ewigkeit im Himmel sehen will.

Übrigens ermahnt Epheser 4,15 uns, wahrhaftig in Liebe zu sein. Wenn du deinen Glauben bezeugst und ihn deinem Gegenüber einhämmern willst, ist der beste Rat, den ich dir geben kann: Behalte deinen Glauben für dich. Wir brauchen niemand den Glauben *einzuhämmern*, sondern wir sollen den Glauben in ihn *hineinlieben*.

Wenn du deine Freunde im Himmel sehen willst, so lade sie ein; wenn du deine Freunde nicht im Himmel sehen willst, so lade sie nicht ein.

Die besten Liebenden auf der Erde sollten die Christen sein. Unsere Bibel sagt: „Gott ist Liebe" (1. Johannes 4,8), und wir haben eine Beziehung zu Ihm. Lass dich von niemand dieser Liebe berauben, sondern lass die Liebe Gottes durch dich scheinen.

Eine Budweiser Bierwerbung lautet: Ein echter Freund lässt seinen Freund nicht betrunken Auto fahren. *Ein echter Freund lässt seinen Freund nicht zur Hölle gehen. Ein echter Freund erzählt seinem Freund von Jesus!*

Es ist ganz einfach: Wenn du deine Freunde im Himmel sehen willst, so lade sie ein; wenn du deine Freunde nicht im Himmel sehen willst, so lade sie nicht ein. Bedenke: Es ist *unsere* Verantwortung, andere in den Himmel einzuladen; es ist *ihre* Verantwortung, wie sie auf die Einladung reagieren. Sie können die Einladung in den Müll werfen oder sie annehmen, doch es ist *unsere* Aufgabe, die Einladung auszusprechen.

Basketball war ein Großteil meines Lebens. Wie ich bereits erwähnt habe, habe ich an der Auburn-Universität vier Jahre Basketball in der SEC (Southeastern Conference = Südostliga) gespielt. Während dieser Zeit war auch Charles Barkley[9] drei Jahre in Auburn. Wir wurden ziemlich gute Freunde und teilten uns auf Fahrten oft ein Zimmer. Wir hielten den Kontakt über die Jahre aufrecht und hatten dabei jede Menge Spaß.

Einmal besuchte ich ihn in Birmingham, Alabama, und mit einer Gruppe von sechs Leuten gingen wir zum Essen. Als wir im Restaurant saßen, warf ich eine geistliche Frage in die Runde.

Ehe ich mich versah, redete die gesamte Gruppe über ewige Dinge.

Charles zeigte von der anderen Seite des Tisches auf mich und sagte: „Mark ist der Einzige meiner Freunde, der es mit allem, was Gott und religiöse Dinge betrifft, wirklich ernst meint."

Woher weiß Charles, dass ich mich dafür interessiere? Ich rede darüber. Ich rede nicht die ganze Zeit mit Charles darüber, doch ich rede darüber. Warum? Ich möchte Charles im Himmel sehen. Und weil das so ist, muss ich ihn eben einladen!

Charles ist ein großer, kräftiger Mann; er könnte mich jederzeit niederschlagen, wenn er wollte. Einmal packte er mich tatsächlich und warf mich über seine Schulter; dabei bin ich selbst gar nicht mal so klein geraten! Doch er schätzt es, dass ich das

---

[9] Charles Wade Barkley (* 1963 in Leeds, Alabama) zählt zu den besten Basketballspielern der Geschichte. (Wikipedia)

Thema Religion anspreche, da er weiß, wie viel Mumm es erfordert, darüber zu reden.

Ist dir aufgefallen, dass er sagte, ich sei der *Einzige* seiner Freunde, der es mit der Religion wirklich ernst meint? Es könnte sein, dass du der einzige gläubige Freund von jemand bist, der (noch) verloren ist, und dass Gott dich zu einem ganz bestimmten Zweck strategisch in sein Leben gestellt hat. Die Frage ist: Was willst du daraus machen? Du bist da, um ein Samenkorn in das Leben dieser Person zu legen, also fang an! Du wirst es nicht bereuen! Ich bereue es nie, das Thema auf Gott gebracht zu haben. Ich bereue es nur, wenn ich das nicht tue.

Als Charles und ich später an diesem Tag Golf spielten, sprachen wir wieder über ewige Dinge. An einer Stelle sagte ich: „Um ehrlich zu sein: So offen habe ich dich bei dem Thema Gott und Jesus Christus noch nie erlebt.“

Charles antwortete: „Mark, wenn man etwas älter wird und es mit der Karriere langsam bergab geht, fängt man an, über diese Dinge nachzudenken.“ Denk daran: Wenn Gott möchte, dass du einer Person Zeugnis gibst, ist das möglicherweise genau der richtige Zeitpunkt, diese Unterhaltung zu führen.

Charles und ich kehrten zum Haus seiner Mutter zurück und befanden uns zusammen mit seinem jüngeren Bruder Darryl in der Küche. Als Charles in einen anderen Raum ging, sagte Darryl zu mir: „Ich hatte ja vor einigen Monaten einen Herzinfarkt.“

Dann fügte er hinzu: „Ich habe etwas gesehen.“

Wahrscheinlich hast du schon einmal von Nahtoderfahrungen gehört, wo Menschen, die klinisch tot waren, angeblich einen Tunnel und ein weißes Licht gesehen haben. Aber viele Menschen sehen ganz andere Dinge, und Darryl hatte keine typische Nahtoderfahrung. Er erzählte, sein Geist sei aus seinem Körper herausgetreten, als sein Herz zu schlagen aufhörte, und er habe seinen Körper auf dem Operationstisch sehen können. Sein Geist habe eine Reise unternommen. Plötzlich habe er brennende Bäume gesehen; um die Bäume her schwelte der Boden, und vor sich sah er einen Feuersee. Ich fragte: „Was hast du gesehen?“

„Ich habe die Hölle gesehen.“

„Du hast die Hölle gesehen? Darryl, wenn du gestorben wärst, wohin wärst du gegangen?“

Er antwortete überzeugt: „Ich wäre in die Hölle gekommen.“

„Möchtest du in die Hölle?“

Er antwortete: „Auf keinen Fall.“

„Möchtest du in den Himmel kommen?“

„Ja, klar.“

„Darryl“, fügte ich schnell hinzu, „weißt du, was du tun musst, um in den Himmel zu kommen?“

„Ja, weiß ich.“

„Was musst du denn tun?“

Er sagte: „Mein Herz und mein Leben Jesus Christus übergeben.“

„Darryl, da du jetzt weißt, dass du sterben und in die Hölle kommen wirst – bist du bereit, dein Herz und dein Leben Jesus Christus zu übergeben?“

Was meinst du, was er sagte? Er antwortete: „Nein.“

Ich fragte: „Warum nicht?“

Er gab mir die Antwort, die die meisten Menschen geben: „Ich liebe die Dinge der Welt mehr als die Dinge Gottes.“ Er wollte lieber in der Sünde leben, als für den Gott dieses Universums zu leben.

Ich versuchte, die Ernsthaftigkeit seiner Entscheidung zu hinterfragen: „Bist du dir dessen bewusst, dass du keine Entschuldigung hast, wenn du am Tag des Gerichts vor Gott stehst?“

„Ja“, erwiderte er, „ich weiß es.“

Das war eines der traurigsten Gespräche, die ich je hatte. Darryl weiß, was er zu tun hat, um nicht eine Ewigkeit in der Hölle zuzubringen, doch die Dinge der Welt sind ihm im Augenblick wichtiger.[10]

Er erzählte mir, dass das, was er sah, kein Traum gewesen sei, sondern die echteste und realste Sache, die er je gesehen habe. Es war noch viel realer als das Buch, das du gerade liest, oder als der Stuhl, auf dem du sitzt.

[10] Darryl Barkley starb 2009 im Alter von 42 Jahren. (Anm. d. Verl.)

Als Darryl mir dieses Erlebnis erzählte, sah ich, wie seine Augen größer wurden, als er diese Erfahrung noch einmal durchlebte. Glaub es oder lass es bleiben: Seine Geschichte ist nur eine von vielen, die ich von Leuten gehört habe, die statt des Tunnels und des hellen Lichts die Hölle gesehen haben. Einige haben berichtet, dass sie Menschen sahen, die in Feuergruben standen und deren Haut an ihren Körpern schmolz, dann wieder heil wurde und erneut schmolz. Diese Geschichten hören sich unglaublich an, doch unsere Bibel spricht tatsächlich vom Feuersee für solche, die einmal den zweiten Tod erfahren werden.

Ich habe eine Frage an dich: Wenn heute einer deiner Freunde stürbe, wäre er die ganze Ewigkeit im Feuersee? Wenn du so bist wie die meisten Leute, wäre deine Antwort: „Ja.“ Die Frage ist nun: Was wirst du jetzt tun? Willst du deine Freunde wirklich sterben und für alle Ewigkeit zur Hölle gehen lassen? Du darfst sie nicht dorthin gehen lassen. Jesus hat vor zweitausend Jahren seinen Teil erfüllt, und jetzt ist es an der Zeit für dich, dass du deinen Teil erfüllst. Beginne ein Gespräch mit deinen Freunden oder schreibe ihnen einen Brief, und alle – du und Gott und auch *sie* – werden froh sein, dass du es getan hast!

Michael Jordans Seele

Als ich auf einer Konferenz in Phoenix, Arizona, sprach, wo Charles wohnt, rief ich ihn an, um zu fragen, ob wir uns treffen könnten. Er fragte mich: „Willst du heute Abend nicht mit uns abhängen?“ Charles bleibt abends gern lange aus, und ich musste an diesem Abend und am nächsten Morgen einen Vortrag halten. Doch bevor ich ablehnte, fragte ich:

„Wir? Wer ist denn dabei?“

Er antwortete: „Michael Jordan ist da.“

Ich dachte nach: *Ich bin sicher, dass das doch irgendwie klappen muss!* Ich gebe zu, dass ich ab und zu leichtsinnig bin, und dies war solch ein Moment. Was machte es also, wenn ich am nächsten Tag ein bisschen müde wäre? Ich wollte die Gelegenheit nicht verpassen!

Nach meinem Vortrag am Abend traf ich mich mit Charles und Michael in einer Raucherkneipe. Charles und seine Freunde saßen im hinteren Teil auf der Couch und auf Stühlen, umringt von Leibwächtern, damit sie von niemand belästigt würden. Als ich dort war, hatte ich den Eindruck, dass der Herr wollte, dass ich dem Mann neben mir Zeugnis gebe.

Da er aber nicht einer der Prominenten war, dachte ich: *Ich will nicht mit ihm reden – ich will mit IHM reden (Michael Jordan)!* Doch Gott gab mir keine Ruhe: Ich sollte mit dem Mann neben mir reden. Als ich ein paar Tage später betete, ließ Gott mir wieder keine Ruhe. Ich hasse es, wenn Er das tut, doch Er tut es nur, weil Er uns liebt und uns zu den Menschen formen will, zu denen Er uns berufen hat. Gott legte mir aufs Herz: „Mark, war die Seele neben dir für mich weniger wert als die Seele von Michael Jordan?"

O Mann! Mir wurde bewusst, dass ich an diesen Ort gegangen war, um etwas erzählen zu können: Denn während der Konferenz hatte ich den Teilnehmern gesagt, dass ich heute Abend Michael Jordan meinen Glauben bezeugen würde. Das würde das dritte Mal sein, dass ich die Gelegenheit hätte, mit ihm und Charles zusammen zu sein; doch bisher war ich nie mutig genug gewesen, mit ihm über Jesus zu sprechen. Wir hatten immer über andere Dinge geredet, aber nicht über die Ewigkeit. Wie traurig ist der Gedanke, dass ich an diesem Abend nicht hingegangen bin, um mich einfach von Gott gebrauchen zu lassen, sondern um etwas erzählen zu können. Ist es nicht wunderbar, dass wir dem Gott dienen, der uns eine zweite Chance gibt? Mach dir bewusst: *Jede* Seele ist wertvoll für Gott. Sein Sohn ist das Preisschild für jede einzelne Seele.

Jesus hat vor zweitausend Jahren seinen Teil erfüllt, und jetzt ist es an der Zeit für dich, dass du deinen Teil erfüllst.

Als ich mich neben diesen Mann setzte, unterhielt ich mich kurz mit ihm und wechselte dann zu ewigen Dingen. Wir hatten ein gutes Gespräch. Fünf Monate zuvor war er gläubig geworden, und nun befand er sich auf seinem christlichen Lebensweg in einer richtigen Wachstumsphase. Er stellte mir eine sehr interessante Frage: „Was glaubst du, wie Gott darüber denkt, dass wir an einem Ort wie diesem hier rumhängen?“ Wir waren an einem Ort, wo die Leute tranken, Zigarren rauchten und tanzten; es war kein Ort, der Gott wohlgefällt.

Ich sagte ihm, ich glaubte, dass für Gott nur eines wichtig sei: unser Motiv, warum wir da sind. „Wenn du nur hergekommen bist, um mit ein paar berühmten Menschen rumzuhängen“, sagte ich, „dann hast du einen guten Abend vergeudet. Ich bin aus einem ganz besonderen Grund hergekommen: Es gibt einen in dieser Bar, mit dem ich über Jesus Christus sprechen möchte.“ Warum sonst sollte Satan Bars haben? In diesen Bars kommen verlorene Menschen zusammen, und so können wir ihnen unseren Glauben bezeugen! Wir hatten ein sehr ermutigendes Gespräch.

Als gegen ein Uhr nachts die Lichter im Club angingen, sagte Charles mir, dass die Bar bald geschlossen würde. Er liebt es, lange auszubleiben, deshalb konnte ich mir auch nicht vorstellen, warum er ausgerechnet da lebte, wo alle Clubs schon so früh schließen. Doch Phoenix hat eine Menge guter Golfplätze, und Charles liebt es, Golf zu spielen! – Dann kam der Inhaber herüber und sagte zu Charles, dass er und seine Freunde bleiben könnten, wenn alle anderen gegangen wären.

Von da an begann die Party. Der Barkeeper brachte Charles einen Kasten von dem Bier, das er immer trank, und Michael Jordan ging zur Theke und schüttete sich ein paar Pinnchen Tequila hinunter. Wir sollten uns darüber im Klaren sein, dass das, was wir im Fernsehen von den Promis sehen, oft nicht dem entspricht, wie sie im wirklichen Leben sind. Werbespots sagen dir: „Sei wie Mike.“ Darum ist es wichtig, eben *nicht* wie Mike zu sein, sondern in allem, was wir tun, wie Jesus zu sein.

Michael kam zu uns herüber und goss Charles einen ordentlichen Schuss Tequila ein. Charles schüttelte den Kopf, als würde er ihn nicht trinken wollen. Ich schaute zu ihm hinüber und signalisierte ihm: „Tu's nicht!“ Michael stachelte ihn an, es doch zu tun. Also trank Charles. Sein Gesichtsausdruck danach verriet, dass er es wahrscheinlich besser nicht getan hätte. Es ist verblüffend, wie unser Stolz uns dabei im Weg stehen kann, das Richtige zu tun.

Als Nächstes schenkte der Barkeeper einem Mädchen neben mir ein Gläschen ein. Sie trank, doch ihr Gesichtsausdruck verriet, dass sie es ebenso wenig hätte tun sollen. Dann goss der Barkeeper erneut ein Gläschen ein und reichte es mir. Das war überhaupt keine Versuchung für mich. Ich habe früher auch Alkohol getrunken, doch wenn wir Gott etwas vollständig übergeben, kann Er uns das Verlangen danach völlig wegnehmen. Daher machte ich eine ablehnende Handbewegung und sagte: „Ich trinke nicht." Plötzlich hob auch Charles die Hand, schaute den Barkeeper an und sagte: „Hey Mann, er trinkt wirklich nicht."

Macht euch das klar, Leute. Einige von euch haben schon klar Position bezogen, wenn es ums Trinken, um Drogen oder unmoralischen Sex usw. geht. Macht keinen Rückzieher. Denn wenn es hart auf hart kommt, dann sind es nicht selten Ungläubige, die für dich einstehen, schneller, als Gläubige es tun. Sie respektieren deine Einstellung, auch wenn sie es vielleicht nicht sagen.

Mach also keinen Rückzieher; beziehe Stellung und bleibe standhaft. Der Barkeeper nahm das Glas und trank es selbst aus! Es war eine verrückte Nacht.

Ein paar Minuten später kündigte Michael an, es sei Zeit, zu gehen. Als wir zu unseren Autos gingen, war Michael lediglich ein paar Schritte vor mir. Ich bat Gott, dass Er ihn veranlassen möchte, sich umzudrehen, damit ich mit ihm reden könnte. Das war doch der Grund, weshalb ich an diesem Abend überhaupt mitgekommen war! Ich dachte: *Gott, was soll ich machen? Soll ich ihm auf die große Glatze klopfen und sagen: „Dreh dich um!"?*

Dann, genau in dem Augenblick als Michael bei seinem Auto ankam, drehte er sich um! Also beschloss ich, zu ihm zu gehen. Meinst du, dass ich in diesem Augenblick nicht nervös war? Und wie nervös ich war! Wenn wir von unserem Glauben reden, werden wir zwar manchmal nervös, doch das darf uns nicht davon abhalten. Wir haben die einzig richtige Antwort auf die Frage nach der Ewigkeit, und wir können sie nicht für uns behalten. Wir müssen der Welt von Jesus erzählen.

Als ich auf Michael zuging, kam Charles herüber und sagte: „Michael, vergiss nicht, Mark ist er ein guter Freund von mir aus dem College." Ich war zu nervös, um zu verstehen, was Charles

meinte, aber als ich später darüber nachdachte, war mir klar, dass Charles wusste, dass ich Michael das Evangelium bezeugen wollte. Das hieß in seinem kumpelhaften Jargon, Michael solle mich ernst nehmen, weil ich Charles' Freund war.
Als ich Michael die Hand schütteln wollte, stellte ich fest, dass wir genau gleich groß waren. Und alles, was mir einfiel, war: *Wir sind gleich groß, aber du kannst viel höher springen als ich!* Dann dachte ich: *Lass das weg – du solltest Zeugnis geben!* Also sagte ich: „Michael, ich bin hier als Redner auf einer Konferenz und möchte dir gern eine Frage stellen.“

Er antwortete: „Okay.“

Aber es ist doch völlig unwichtig, ob sie uns mögen oder nicht. Jesus war vollkommen, liebte jeden Menschen vollkommen und wurde trotzdem ans Kreuz genagelt!

Ich fragte: „Michael, wenn du stirbst, was glaubst du, was auf der anderen Seite ist? Was meinst du, ist da drüben, wenn wir von hier weggegangen sind?“ Seine Augen bekamen einen ernsten Ausdruck, und er begann zu nicken und dachte nach. Zehn Sekunden blieb es still – eine lange Zeit in einem Gespräch. (Ich nenne es „Ewigkeit plus“!) Doch wenn Leute schweigen und nachdenken, rede nicht dazwischen; lass den Herrn an ihnen wirken.

Michael antwortete schließlich: „Ich denke, wenn wir sterben, sind da diese Perlentore.“

Ich wusste, dass ich nicht viel Zeit hatte, also fragte ich ihn: „Michael, hast du jemals dein Herz und dein Leben Jesus Christus übergeben?“ (Ich wünschte, ich hätte etwas anderes gesagt, aber so geht das manchmal.) Und schneller als dieser Mann vom Hallenboden aufspringen konnte, antwortete er: „Ja, das habe ich.“ Aber noch schneller fügte er hinzu: „Hast du mit Charles schon über dieses Thema gesprochen?“

Ich sagte: „Ja, wir haben vor ein paar Monaten darüber gesprochen.“ Michael schüttelte nur den Kopf und ging langsam weg. Ich gab ihm noch ein Traktat, und das war's.

Weil Charles den Parkservice in Anspruch genommen und ich auf den „Billigplätzen“ geparkt hatte, wollte er mich noch bis zu meinem Wagen mitnehmen. Als ich mich auf den Rücksitz seines Wagens zwängte, saß auf der einen Seite neben mir Quinn Buckner[11], der an der Indiana-Universität Basketball gespielt hatte und früher Trainer der Dallas Mavericks war. Auf der anderen Seite saß Alex Rodriguez[12], der Shortstop[13] bei den Seattle Mariners gewesen war und nun zu den Texas Rangers gehörte.

Obwohl es nicht so gut gelaufen war, wie ich gehofft hatte, so hatte ich doch Michael Jordan Zeugnis gegeben; ich schwebte auf Wolke sieben! Daher fragte ich Alex: „Darf ich dich was fragen?“ Was danach kam, kannst du dir denken – ich sprach mit Alex und Quinn über die Ewigkeit! Als wir bei meinem Auto ankamen, gab ich ihnen noch ein paar Traktate und sprang aus dem Auto. Charles begleitete mich zu meinem Wagen und lud mich für den nächsten Abend zum Abendessen ein, bevor ich zu einem Vortragstermin in Tucson abreisen musste.

Als ich am nächsten Abend zu Charles' Haus kam – wen sah ich dort? Michael Jordan! Ich ging auf ihn zu. Er blickte kurz zu mir auf und schaute dann weg, als wolle er meine Anwesenheit nicht bemerken. Nebenbei bemerkt: Ist das in Ordnung? Ja, ist es. Das Einzige, was Michael über mich weiß, ist, dass ich Jesus so sehr liebe, dass ich versuche, ihm von Jesus zu erzählen; er war lediglich nicht in der Lage, ein Gespräch über das Thema „Gott“ zu führen.

Manchmal machen wir uns solche Sorgen darüber, dass die Leute uns möglicherweise nicht mehr mögen, wenn wir für Jesus einstehen. Aber es ist doch völlig unwichtig, ob sie uns mögen oder nicht. Was zählt, ist, ob wir ein Leben führen, das dem Herrn wohlgefällt. Jesus war vollkommen, liebte jeden Menschen vollkommen und wurde trotzdem ans Kreuz genagelt! Daher ging ich hinüber zu Michael, sagte „Hallo“ und fragte, wie sein Tag auf dem Golfplatz war.

---

[11] William Quinn Buckner (* 1954 in Phoenix, Illinois), früherer amerikanischer Basketballspieler und Trainer. (Wikipedia)

[12] Alexander Emmanuel Rodríguez (* 1975 in New York City) ist einer der besten US-amerikanischen Baseballspieler seiner Generation. (Wikipedia)

[13] „Shortstop“ ist eine wichtige Defensivposition beim Baseball. (Wikipedia)

Später am Abend saßen Charles, Michael und ein paar Freunde am Küchentisch, tranken Bier, rauchten Zigarren und spielten Karten. Es war nur eine Spaßrunde zwischen Freunden mit kleinen Geldeinsätzen. An einer Stelle verlor Charles innerhalb von zehn Minuten 4000 Dollar an Michael! Als ich begann, Vorträge zu halten, war dieser Geldbetrag mein Jahreseinkommen!

Von meinem sicheren Platz auf der Couch aus bemerkte ich: „Charles, das ist eine ganze Stange Geld, was du gerade verloren hast.“

„Schon okay, Mark“, erwiderte er. „Gestern Abend habe ich 5000 Dollar gewonnen!“

Sie hatten am Abend zuvor in Michaels Privatjet eine Runde Karten gespielt, als sie von Houston hierherflogen. Für diese Leute war es wie Geld von Monopoly.

Als ich sie näher beobachtete, erschienen ihre Augen so leer. Das Geld, die Zigarren und das Bier konnten sie nicht zufriedenstellen. Nichts im Leben kann uns zufriedenstellen, außer völlig und von ganzem Herzen für Jesus zu leben.

Da ich auf der Couch saß, entschloss ich mich, mich mit einer Frau zu unterhalten, die in meiner Nähe saß. Sie stammte aus Chicago, wo sie Michael kennengelernt hatte, und wohnte nun in Phoenix. Ich erfuhr, dass sie sich fünf Monate zuvor Jesus übergeben hatte. Sie schien sehr fest in ihren Überzeugungen zu sein. Ich erzählte ihr, dass ich am Abend vorher ein geistliches Gespräch mit Michael beginnen wollte, er jedoch nicht daran interessiert war.

Sie erklärte mir: „Seitdem Michaels Vater gestorben ist, vermeidet er Gespräche über Jesus.“ Was glaubst du, was Michael wohl denkt? Es kann sein, dass er sich wegen des Todes seines Vaters über Gott ärgert oder dass er verbittert ist. Das ist in gewisser Weise verständlich. Sie sagte auch, dass Michael öfter mit Horace Grant[14] von den Chicago Bulls über Religion gesprochen habe, nun aber nicht mehr viel damit zu tun habe. Ich bin froh, dass ich an jenem Abend Michael Jordan Zeugnis gegeben habe. Ich bete nun mehr für ihn als je

[14] Horace Junior Grant (* 1965) ist ein ehemaliger US-amerikanischer Basketballspieler der Chicago Bulls. (Wikipedia)

zuvor. Wenn du anfängst, deinen Glauben zu bezeugen, wird sich dein Gebetsleben verändern. In deinen Gebeten wird es um die Verlorenen gehen, um Leute, denen du nie begegnet wärst, wenn du nicht hinausgegangen wärst und Zeugnis gegeben hättest.

Die Endgültigkeit des Todes

Als ich noch in der neunten und zehnten Klasse einer christlichen Schule unterrichtete, las ich morgens immer die Zeitung, um auf dem Laufenden zu sein und um Bonusfragen für meine Tests zu bekommen. Auf diese Weise ermutigte ich meine Schüler, ebenfalls die Zeitung zu lesen, damit sie mit den Ereignissen aus aller Welt vertraut wären.

Eines Morgens war ich mit der Titelseite und dem Wirtschaftsteil durch und las gerade den Sportteil. (Ich lese den Sportteil immer zuletzt, da er das Sahnehäubchen auf der Torte ist!) Nach dem Sportteil war eine Seite mit Todesanzeigen, und aus irgendeinem Grund entschied ich mich an diesem Morgen, sie zu lesen. Die meisten Anzeigen betrafen alte Leute, doch mir fiel auf, dass auch einige junge Leute gestorben waren.

In diesem Moment empfand ich deutlich, dass der Herr zu meinem Herzen sprach. Ich hörte zwar keine Stimme, aber im Geist war diese Stimme genauso deutlich wie bei dem „Gewinnen-Gewinnen-Gewinnen“-Konzept, das Gott mir gezeigt hatte. Gott legte mir aufs Herz: „Alle diese Leute sind gestern gestorben. Alle diese Leute haben gestern ihren letzten Atemzug getan. Und, Mark, es gibt nichts, was du noch tun könntest. Du kannst kein einziges Samenkorn mehr säen. Du kannst kein Gespräch mehr mit einem von ihnen führen. Jeder von ihnen ist nun entweder im Himmel oder im Hades und später in der Hölle, und sie werden für immer und ewig dort bleiben.“ Ich war wie betäubt. Die Endgültigkeit dessen, was ich gerade auf der Seite mit den Todesanzeigen gelesen hatte, hatte mich vorher noch nie so getroffen wie in diesem Augenblick.

Mein Herz raste, als ich mich fertigmachte und zur Schule fuhr. Meine erste Stunde an diesem Tag war ein Bibelkurs in der neunten Klasse. Ich erzählte den Schülern, was ich am Morgen erlebt hatte, und wir sprachen gemeinsam darüber. Wir stellten fest: Wenn wir den Namen eines Freundes auf einer Todesanzeige lesen oder wenn wir erst einmal auf der Beerdigung eines Freundes sind, ist es zu spät, die wichtigste Information über ihn herauszufinden: ob er Jesus Christus als seinen Retter kannte. Uns fiel ein Leitspruch ein, nach dem ich mein Leben ausrichte: „Solange die Menschen atmen, brauchen sie Jesus!“

Nutze den Atem, den Er dir gegeben hat, um sein Reich hier auf der Erde zu fördern, bis der Herr Jesus wiederkommt.

Denk darüber nach. Jede Person, die noch atmet und der du je begegnest, braucht Jesus. Wenn sie gläubig sind, wissen sie bereits, wie sehr sie Ihn in ihrem Leben brauchen. Wenn sie noch ungläubig sind, brauchen sie Ihn auf jeden Fall, sowohl für den Rest dieses Lebens als auch für das kommende ewige Leben. Da nun alle diese Leute, die noch atmen, Jesus brauchen und du Ihn persönlich kennst (du *weißt*, was ich sagen will), mach einfach weiter und erzähle jedem, dem du begegnest, vom Sohn Gottes, bis du selbst deinen letzten Atemzug tust!

Nebenbei bemerkt: Bist du dir bewusst, dass der Gott des Universums buchstäblich deinen Atem in seiner Hand hält? Daniel schrieb über diesen „Gott, in dessen Hand dein Odem ist und bei dem alle deine Wege sind“ (Daniel 5,23). Warum dankst du Gott also nicht für den Atem, den Er dir heute zum Leben geschenkt hat? Und dann nutze den Atem, den Er dir gegeben hat, um sein Reich hier auf der Erde zu fördern, bis der Herr Jesus wiederkommt.

KAPITEL 7
WAS SOLL ICH SAGEN?

„Wenn Sünder einmal verdammt werden, dann sollen sie nur über unsere Körper in die Hölle springen. Und wenn sie sterben, lasst sie nur sterben, indem wir unsere Arme um ihre Knie schlingen und sie anflehen, zu bleiben. Wenn die Hölle gefüllt werden muss, dann nur gegen den Widerstand unserer Anstrengungen und nur wenn wir sie gewarnt und für sie gebetet haben."

CHARLES HADDON SPURGEON

Der häufigste Grund dafür, dass Menschen ihren Glauben nicht bezeugen, ist die Angst, abgewiesen zu werden. Diese Ausrede wird durch die Schrift widerlegt – wir wissen nun, dass wir jedes Mal, wenn wir den Glauben bezeugen, „gewinnen". Der nächste wichtige Grund dafür, dass Menschen ihren Glauben nicht bezeugen, ist, dass sie nicht wissen, wie sie das machen sollen.

Wenn jemand dich zu Christus geführt hat, dann weißt du auch, wie du jemand anderes zu Christus führen kannst. Jetzt, wo du diese Hindernisse überwunden und dich dazu entschlossen hast, hinauszugehen und deinen Glauben zu bezeugen, hast du vielleicht jemand zum Nachdenken über die Ewigkeit gebracht. Wie leitest du nun zum Evangelium über?

Wir wollen auf einige Fragen eingehen, die du einer Person stellen kannst, um etwas über ihren „Glauben" zu erfahren. Man kann ein Gespräch beginnen, indem man ganz einfach die Frage stellt: „Glauben Sie an Ostern (oder Weihnachten)? Was halten Sie davon?" Du kannst auch nach dem Weg fragen. Wenn ich jemand an der Tankstelle (oder sonst wo) anspreche, frage ich: „Ich suche einen bestimmten Weg, könnten Sie mir dabei helfen?" Die Leute antworten dann immer: „Sicher, wohin möchten Sie denn?" – „Ich versuche, in den Himmel zu kommen", antworte ich. „Wissen Sie, wie ich dahin komme?"

Wenn die Person „Ja" sagt, finde heraus, warum. Wenn sie „Nein" sagt, frage, ob sie gern den Weg dahin kennenlernen möchte, oder frage sie, was ihrer Meinung nach passiert, wenn sie stirbt. Diese Frage ruft in der Regel eine entscheidende Reaktion hervor; achte auf den Gesichtsausdruck der Person, wenn du nach dem Weg zum Himmel fragst!

Eine andere gute Möglichkeit, um auf ein geistliches Thema überzuleiten, sind Fragen wie: „Darf ich Ihnen eine interessante Frage stellen?", oder: „Darf ich Ihnen eine schwierige Frage stellen?" Das weckt die Neugier der Leute und bringt sie zum Nachdenken, noch bevor du die Hauptfrage stellst. Danach stelle einfach eine der folgenden Fragen, um etwas über ihre spirituellen Überzeugungen zu erfahren.

„Wo befinden Sie sich auf Ihrer spirituellen Reise?" Oder: „Was geschieht gerade spirituell in Ihrem Leben?"

Jeder befindet sich auf irgendeiner spirituellen Reise, doch die Frage ist, wo das Endziel dieser Reise liegt. Carl Sagan, ein bekannter Atheist, war während seines Lebens auf einer spirituellen Reise. Nun, wo er tot ist, ist er hundertprozentig sicher, was dort drüben ist – aber es ist zu spät für ihn, um irgendetwas daran zu ändern. Wir wollen dafür sorgen, dass Menschen wissen, was sie erwartet, *bevor* sie unseren Planeten verlassen.

Auf einem Flug von Los Angeles nach Atlanta setzte sich ein großer Mann mit ungepflegtem Haar neben mich. Und ich sagte nicht ein einziges Wort zu ihm! Normalerweise bin ich sehr freundlich, und deshalb weiß ich gar nicht, warum ich nichts gesagt habe. Er schlief bald ein. Ich bezeuge vielen Menschen meinen Glauben, aber selbst ich würde jemand, der schläft, meinen Glauben nicht bezeugen.

Ich war selbst sehr müde, weil ich nach einem Missionseinsatz in China gerade von Hongkong zurückgekommen war. Ich lief deshalb ein bisschen im Flugzeug umher, um mich wach zu halten.

Ich wusste, dass ich mit dem Mann neben mir sprechen musste, daher betete ich: *Herr, wenn Du möchtest, dass ich mit diesem Mann rede, dann musst Du ihn wecken*. Keine fünf Minuten nachdem ich mich wieder gesetzt hatte, war er so wach, als hätte er zwei Tassen Kaffee getrunken!

Als wir anfingen, uns zu unterhalten, merkte ich, dass er ein sehr interessanter Mann war. Er war Kameramann und arbeitete bei MTV, davor bei VH1, Super Bowl usw.[15], also musste er in seinem Fach sehr gut sein. Übrigens: Sage einem Verlorenen etwas Nettes, wann immer du die Gelegenheit dazu hast. Die Bibel sagt, dass Gläubige Ermutigung brauchen (1. Thessalonicher 5,11: „Deshalb ermuntert einander und erbaut einer den anderen“), und wenn wir als Gläubige das brauchen, dann sicherlich auch die Verlorenen.

Ich nutzte die Gelegenheit, um ihn zu ermutigten, und fragte dann: „Darf ich Ihnen eine interessante Frage stellen? Was passiert in spiritueller Hinsicht in Ihrem Leben?“

Er antwortete: „ Nun, so ziemlich gar nichts.“

Ich dachte: *Du musst mir schon mehr Infos geben als das!*, und fuhr fort: „Sind wir nicht alle irgendwie auf einer spirituellen Reise?“

Dann fügte er hinzu: „Nun, wenn ich meine Mutter in New York besuche, nimmt sie mich jeden Sonntag mit zur Kirche.“

Bingo! Das war mein Auftakt. Den Rest des Fluges sprachen wir über geistliche Dinge, Gott und Jesus. Du siehst, warum das eine gute Frage ist.

---

[15] MTV: Music Television, ein privater Musikfernsehsender. VH1 („Video Hits One“) ist ein Fernseh- und Tochtersender von MTV. Der Super Bowl ist das Finale der US-amerikanischen American-Football-Profiliga. (Wikipedia)

Ein weiterer Vorteil dieser Frage ist, dass der Name „Jesus" nicht darin enthalten ist. Der Name „Jesus" ist ein kraftvoller Name, und wenn du ihn zu früh in einem Gespräch benutzt, können Menschen abgeschreckt werden. Es ist wichtig, zu Anfang einer Unterhaltung Vertrauen und Freundschaft aufzubauen.

„Falls Sie heute Nacht sterben – sind Sie hundertprozentig sicher, dass Sie in den Himmel kommen?"

Ich hörte von einem Mann in Australien, der auf Menschen zuzugehen pflegte und sagte: „Entschuldigen Sie, falls Sie heute Nacht sterben – sind Sie hundertprozentig sicher, dass Sie in den Himmel kommen?" Und dann gab er der Person ein Traktat. Das war alles, was er sagte. Er versuchte, täglich zehn Personen auf diese Weise anzusprechen, und machte das vierzig Jahre lang! Das ist echte Treue. Nach diesen vierzig Jahren hatte er nicht von einer einzigen Frucht seines Dienstes gehört. Als ein Pastor mit einigen Menschen in Kontakt kam, die durch den Samen, den dieser Mann gesät hatte, errettet worden waren, forschte er nach und fand heraus, dass die Anzahl der Geretteten in die Zehntausende ging! Das zeigt, wie machtvoll diese Frage ist. Sie kommt direkt auf den Punkt und bringt Menschen zum Nachdenken.

Kann es sein, dass Menschen, mit denen du dich unterhältst, heute sterben könnten? Die Antwort ist „Ja". Die einzige Frage ist: Wo werden sie sein, wenn sie heute sterben? Ich sprach in meinem Büro einmal mit einem meiner Studenten. Ich wollte mehr Zeit in ihn investieren und fragte ihn, ob er in der folgenden Woche gern mit zum Essen gehen würde. Er sagte: „Sehr gern, Mr. Cahill." Da wusste ich noch nicht, dass er sechs Stunden später eine geladene Pistole an seinen Kopf halten und abdrücken würde. Mir blieben nur noch sechs Stunden mit diesem Studenten, nicht eine Woche.

Es haben mir schon Leute berichtet, dass Gott es ihnen aufs Herz gelegt hatte, jemand Zeugnis zu geben, und dass sie es nicht taten; und diese Person starb am gleichen Tag. Ich hatte nicht den Eindruck, dass ich jenem Studenten gerade an diesem Tag Zeugnis geben sollte; ich hatte bereits früher mit ihm über seine Errettung gesprochen. Doch ich frage mich, ob ich an diesem Tag Gottes Plan verpasst habe, weil ich bereits meinen eigenen Plan hatte. Hör auf die ruhige, leise Stimme des Herrn, damit du am Richterstuhl nichts bereuen musst.

Eine gute Methode, ein Gespräch mit einem Fremden anzufangen, ist eine „Umfrage". Das Wort „Umfrage" hat einen negativen Klang, deshalb nenne ich es oft ein „Projekt". Du kannst dir deine eigenen Fragen für die Umfrage ausdenken und deine Jugendgruppe oder Bibelstudiergruppe jede Woche mit einer bestimmten Anzahl von Personen sprechen lassen.

Um ihre Antworten aufzuschreiben, verwende ich einen Notizblock statt eines großen Klemmbretts, das die Leute, mit denen ich sprechen will, einschüchtern könnte. Das ermöglicht mir, ihnen Informationen zu geben, zum Beispiel den Titel eines Buches, das sie lesen sollten. Manche Gläubige, die so vorgehen, benutzen kleine Kärtchen oder einen kleinen Spiralblock.

Falls Sie heute Nacht sterben sollten – sind Sie hundertprozentig sicher, dass Sie in den Himmel kommen? Das ist eine gute Frage bei einer Umfrage, weil Menschen darauf antworten! Einmal ging ich in einem Einkaufszentrum auf einen Herrn zu und fragte ihn: „Können Sie mir helfen? Ich arbeite an einem Projekt." Er sagte kein Wort!

Ich fuhr fort: „Nun, ich stelle Leuten die Frage: Falls Sie heute Nacht sterben – sind Sie hundertprozentig sicher, dass Sie in den Himmel kommen?"

Er wandte sich mir zu und antwortete: „Sie haben diese Frage dem falschen Mann gestellt."

So sollte das Gespräch nicht weitergehen, deshalb fragte ich ihn: „Warum?"

Er antwortete: „Weil ich Atheist bin. Wenn wir sterben, sterben wir, und das war's dann."

Eine Dreiviertelstunde später redeten wir immer noch miteinander! Es ist leicht, mit Atheisten über Gott zu sprechen. Sie haben keine Möglichkeit, ihren Standpunkt zu verteidigen. Sie können nicht beweisen, dass es keinen Gott gibt. Der Mann erzählte mir, dass sein engster Freund einige Jahre zuvor sein Leben Jesus übergeben hatte und zwei Wochen später bei einem Autounfall starb! Wir hatten ein sehr gutes Gespräch. Zum Schluss fragte er mich, ob die Umfrage nur dazu diente, dass ich über Jesus sprechen könnte.

„Ich benutze die Daten für Vorträge, die ich halte", antwortete ich, „aber, ja, im Grunde dient sie dazu."

Er sagte: „Das ist eine gute Idee!" Viele verlorene Menschen haben schon bestätigt, dass die „Umfrage-Methode" eine gute Idee ist.

Übrigens, können Menschen, die an Jesus glauben, hundertprozentig sicher sein, dass sie in den Himmel kommen, wenn sie heute sterben? Ich wundere mich über die große Anzahl Menschen, die denken, man könne das nicht wissen. Noch verwunderlicher ist es, wie viele verlorene Menschen sagen, dass sie sicher sind, sie würden in die Hölle kommen, wenn sie heute sterben.

Wenn die Verlorenen das wissen können, warum können wir als Gläubige dann nicht wissen, ob wir in den Himmel kommen, wenn wir sterben? Schauen wir, was die Bibel dazu sagt:

- Wahrlich, wahrlich, ich sage euch: Wer an mich glaubt, hat ewiges Leben (Johannes 6,47).
- Wenn du mit deinem Mund Jesus als Herrn bekennst und in deinem Herzen glaubst, dass Gott ihn aus den Toten auferweckt hat, wirst du errettet werden (Römer 10,9).

Die Bibel sagt nicht, dass du errettet werden *könntest*, sondern dass du errettet werden *wirst*!

- Denn jeder, der irgend den Namen des Herrn anruft, *wird* errettet werden (Römer 10,13).
- Wer den Sohn hat, hat das Leben; wer den Sohn Gottes nicht hat, hat das Leben nicht. Dies habe ich euch geschrieben, damit ihr wisst, dass ihr ewiges Leben habt, die ihr glaubt an den Namen des Sohnes Gottes (1. Johannes 5,12.13).

Wir können *wissen*, wo wir die Ewigkeit zubringen werden. Das ist sehr wichtig, wenn wir Zeugnis geben. Wenn wir wissen, dass wir in den Himmel kommen, wenn wir sterben – spielt es da eine Rolle, was ein Verlorener zu uns sagt, wenn wir unseren Glauben bezeugen? Nein, es spielt keine Rolle. Vergiss das nie, wenn du mutig für Jesus eintrittst.

Paulus schreibt in Philipper 1,21: „Denn das Leben ist für mich Christus und das Sterben Gewinn." Paulus wusste: Er sollte sein Leben so leben, dass es Jesus gefiel, und wenn er starb und in den Himmel kam, wäre das viel besser, als auf der Erde zu leben. Deshalb konnte Paulus in jede Stadt gehen, auch wenn die schlimmsten Dinge geschahen – das war für ihn nicht entscheidend. Er wusste, dass er für immer und ewig in den Armen Jesu sein würde, wenn er seinen letzten Atemzug tat. Hast du dieselbe Sicherheit? Wenn ja, so ist das Leben voller Freude! Bleib nahe bei Jesus, so dass Er dich bis zu deinem letzten Atemzug auf der Erde gebrauchen kann!

„Wenn Sie heute Nacht sterben müssten und vor Gott stehen würden und Er fragen würde: ‚Warum sollte ich dich in den Himmel lassen?', was würden Sie Ihm sagen?"

Das ist eine ausgezeichnete Frage, die man sehr gut im Anschluss an die vorherige Frage stellen kann. Weil es keine Ja- oder Nein-Antwort auf diese Frage gibt, bekommst du mehr Informationen von der Person, so dass du weißt, in welche Richtung du das Gespräch führen musst. Es ist auch deshalb eine gute Frage, weil wir alle wissen, dass wir sie eines Tages beantworten müssen. Wenn alles gesagt und getan ist, wissen wir, dass wir Rechenschaft über unser Leben ablegen müssen. Mussten die fünfzehn Menschen an der Columbine High School diese Frage beantworten?

Paulus wusste, dass er für immer und ewig in den Armen Jesu sein würde, wenn er seinen letzten Atemzug tat. Hast du dieselbe Sicherheit?

Ja, das mussten sie. Zwei Menschen dachten nicht besonders über diese Frage nach, sonst hätten sie nicht getan, was sie getan haben.

Musste Frank Sinatra, der berühmte Sänger, diese Frage beantworten? Ja sicher! Sein berühmtestes Lied war: „I Did It My Way“ („Ich tat es auf meine Weise“). Frank Sinatra fand sehr schnell heraus: Wenn man vor Gott steht, hilft es einem wenig, etwas auf die eigene Weise getan zu haben.

Tust du es auf Gottes Weise? Die einzige Weise, dieses Leben zu leben, ist – dem Gott des Universums wohlgefällig zu leben.

In der Regel antworten Menschen auf diese Frage, dass sie gut genug für den Himmel seien. Doch die Bibel sagt: „Denn durch die Gnade seid ihr errettet, mittels des Glaubens; und das nicht aus euch, Gottes Gabe ist es; nicht aus Werken, damit niemand sich rühme“ (Epheser 2,8.9). Gott hat uns die Errettung als ein freies Geschenk gegeben, und es ist unsere Entscheidung, es anzunehmen. Wenn wir aufgrund unserer Werke in den Himmel kämen und nicht aufgrund dessen, was Jesus für uns getan hat, würden wir es uns zuschreiben, statt dem, der seine Hände und Füße von Nägeln durchbohren ließ.

Und wenn schon die Taten, die wir für gerecht halten, unflätig sind, wie böse und schlecht sind dann erst unsere Sünden?

Jesaja 64,5 sagt: „Und wir sind allesamt wie ein Unreiner geworden, und alle unsere Gerechtigkeiten wie ein unflätiges Kleid.“ Sei dir bewusst: Für einen heiligen und reinen Gott sind alle unsere gerechten Taten wie „unflätige“ Kleider. Und wenn schon die Taten, die wir für gerecht halten, unflätig sind, wie böse und schlecht sind dann erst unsere Sünden? Sie sind hässlich und ekelhaft vor unserem heiligen, reinen und gerechten Gott. Du siehst also, dass unsere guten Taten uns nicht in das Reich des allmächtigen Gottes bringen.

Eines Tages klopfte es morgens ziemlich früh an meiner Wohnungstür. Normalerweise ist das kein gutes Zeichen. Mein Nachbar aus der Etage über mir fragte: „ Waren Sie schon bei Ihrem Auto?“ So etwas möchte niemand gern frühmorgens hören! Als ich zu meinem Auto ging, sah ich, dass in der vergangenen Nacht jemand doch tatsächlich meinen CD-Player haben wollte – der Dieb hatte die Scheibe zerschlagen und den CD-Player gestohlen! In dem Player befand sich zu der Zeit die Hörbibel auf CD. Ich hoffte nur, dass der Dieb, wenn er den Player einschaltete, so etwas hören würde wie: „Du sollst nicht stehlen!" Der Gedanke daran ließ mich schmunzeln!

Ich rief die Polizei an, um den Vorfall zu melden. Es regnete, als der Polizist kam, deshalb standen wir unter meinem großen Golf-Regenschirm. Da es stark zu regnen anfing und er auf jeden Fall gezwungen war, mir zuzuhören, begann ich, Zeugnis zu geben. Als ich ihn fragte, was er Gott sagen würde, falls er heute Nacht sterben würde und einen Grund anführen müsste, warum Gott ihn in den Himmel lassen solle, erzählte er mir, was für ein guter Kerl er sei und dass am Tag des Gerichts folglich alles in Ordnung wäre.

Daraufhin sagte ich zu ihm: „Ich möchte Ihnen gern etwas zum Nachdenken geben. Gesetzt den Fall, Ihre Großmutter besucht Sie an Ihrem Geburtstag und schenkt Ihnen ein Paar brandneue Nike-Air-Jordan-Tennisschuhe im Wert von 120 Dollar. Sie freuen sich sehr und zücken Ihr Portemonnaie, nehmen 120 Dollar heraus und geben das Geld Ihrer Großmutter. Was würde Ihre Großmutter wohl denken?"

„Sie wäre ziemlich beleidigt", antwortete er.

„Genau", fuhr ich fort. „Sie versucht, Ihnen ein Geschenk zu machen, und Sie wollen für das Geschenk bezahlen. Das Einzige, was Sie mit einem Geschenk tun können, ist, es anzunehmen. Das ist genau das, was Gott versucht, für Sie zu tun. Er bietet Ihnen aufgrund des Blutes Jesu, das am Kreuz vergossen wurde, die Vergebung der Sünden als Geschenk an, und Sie versuchen, dieses Geschenk zu bezahlen. Das können Sie nicht; Sie können es nur als ein Geschenk annehmen."

Der Polizist nickte und sagte: „Das ist das beste Beispiel, das ich je gehört habe." Dieses Beispiel mit den Nike-Schuhen leuchtet den Leuten wirklich ein. Probier es aus!

Ein Freund von mir benutzt folgendes Beispiel, wenn Menschen sagen, dass sie gut genug für den Himmel seien: Wenn Sie einen verbrannten Kuchen mit weißem Zuckerguss überziehen, wie sieht der aus? Klar, der Kuchen sieht *gut* aus – doch wenn Sie hineinbeißen, wie schmeckt er? Die meisten von uns haben sicher schon einmal in einen Keks oder ein Stück Kuchen gebissen, die teilweise verbrannt waren, und es hat ihnen geschmeckt, bis sie an die verbrannte Stelle kamen. Dann schmeckt's furchtbar. Nun, so ist es auch mit guten Taten: Wir versuchen, äußerlich gut auszusehen, aber im Innern sind wir böse und ekelhaft – tot in unseren Sünden (Epheser 2,1). Wir können unsere Sünde nicht einfach überdecken, wir müssen sie loswerden. Etwas muss uns von innen heraus verändern!

In Kapitel 8 werde ich dir zeigen, was für eine ausgezeichnete Antwort du geben kannst, wenn Menschen sagen, dass sie gut genug für den Himmel seien. Diese Antwort stammt direkt aus dem Brief an die Römer; sie wird die Weise, wie du deinen Glauben bezeugst, im wahrsten Sinne des Wortes verändern.

Gibt es übrigens eine richtige Antwort, wenn wir vor dem Richterstuhl des Christus stehen? Gewiss gibt es sie: „Ich bin rein durch das Blut." In 1. Johannes 1,7 heißt es: „Wenn wir aber in dem Licht wandeln, wie er in dem Licht ist, so haben wir Gemeinschaft miteinander und das Blut Jesu Christi, seines Sohnes, reinigt uns von aller Sünde." Wenn du verschiedene Religionen studierst, wirst du schnell feststellen, dass es nur eins gibt, was uns von unseren Sünden befreien kann: das reinigende Blut Jesu.

Wie kannst du das bekommen? In 1. Johannes 1,9 steht: „Wenn wir unsere Sünden bekennen, so ist er treu und gerecht, dass er uns die Sünden vergibt und uns reinigt von aller Ungerechtigkeit." Wenn sein Blut dich von all deinen Sünden gereinigt hat – danke Ihm heute dafür!

„Wenn Sie sterben, was denken Sie, was auf der anderen Seite ist? Was meinen Sie, was dort ist, wenn wir von hier weggehen?"

Das ist wahrscheinlich meine Lieblingsfrage bei Umfragen oder in einem Gespräch. Ich mag diese Frage, weil sie ergebnisoffen ist. Sie setzt nichts voraus. Viele Menschen, mit denen ich spreche, sagen mir, dass sie diese Frage gut finden. Es ist erstaunlich, wie viele Menschen diese Frage mögen, ohne die richtige Antwort zu kennen! Aber an der Stelle können wir einhaken und ihnen die richtige Antwort geben.

Wenn du diese Frage stellst, wirst du alle möglichen Antworten hören: Himmel und Hölle, Himmel und keine Hölle, gar nichts, Reinkarnation, unsicher, eine Energiequelle da draußen, weißes Licht usw. Vor kurzem bekam ich von ein paar College-Studenten folgende Antwort: „Außerirdische." (Ich weiß nicht, was denen dort im College beigebracht wird, es klingt jedenfalls nicht gut!) Sprich mit den Menschen eine Weile über ihre Glaubensvorstellungen, um mehr über das herauszufinden, was sie glauben. Lass dir von Gott zeigen, wann du überleiten kannst, um über die ewige Wahrheit der Bibel und über Jesus zu sprechen.

Als ich einmal an der Emory-Universität in Atlanta die Umfrage-Methode benutzte, um ein Gespräch mit einer Studentin zu beginnen, stellte ich ihr diese Frage. Sie sagte mir, dass sie an Reinkarnation glaube.

Ich fragte sie dann: „Woher haben Sie Ihre Information über die Reinkarnation?" Diese Frage war der Einstieg für ein halbstündiges Gespräch über das, was sie glaubte. Sie interessierte sich für eine seltsame Form des Buddhismus und war sogar nach Frankreich geflogen, um bei einem buddhistischen Lehrer zu studieren.

Als ich eine günstige Gelegenheit sah, zur Wahrheit überzuleiten, redeten wir noch einmal eine halbe Stunde über die Wahrheit der Bibel, über Jesus, Sünde usw. Am Ende des Gesprächs gab ich ihr ein Traktat und ein Buch. (Wenn Menschen wirklich nach der Wahrheit suchen, gebe ich ihnen gern ein gutes Buch zu diesem Thema.) Sie sagte zu mir: „Ich möchte Ihnen danken. Meine Glaubensvorstellungen sind ziemlich merkwürdig; das haben mir meine Freunde auch schon gesagt. Aber dieses Gespräch mit Ihnen habe ich als angenehm empfunden, und deshalb möchte ich Ihnen wirklich danken."

Sie hatte recht – ihre Glaubensvorstellungen waren wirklich ziemlich merkwürdig! Aber wir müssen Menschen dazu bringen, dass sie ein Gespräch über den Glauben als angenehm empfinden. Dann werden sie uns auch zuhören, wenn wir zum Evangelium überleiten.

Weil ich mir Zeit nahm, um eine Beziehung zu ihr aufzubauen, hörte sie mir zu, als ich über die ewige Wahrheit sprach. Wenn du gut zuhörst, hilft das auch dir, etwas über den Glauben anderer Leute zu erfahren, so dass du weißt, wo du die Lügen entlarven kannst, mit denen Satan sie gefüttert hat.

„Warum tragen Sie dieses Kreuz?"

Eine einfache Möglichkeit, mit Menschen in ein Gespräch zu kommen, ist, danach zu fragen, warum sie etwas tragen wie z. B. ein T-Shirt, ein bestimmtes Schmuckstück oder ein Tattoo usw. Du kannst auch irgendetwas in deiner Umgebung benutzen, um ein Gespräch auf die Ewigkeit zu lenken: ein Bild an der Wand, die Natur, ein aktuelles Ereignis usw. Wenn du eine Person fragst, warum sie ein Kreuz trägt, bekommst du meistens die Antwort, dass es gut aussieht. Das hat mit der richtigen Antwort nicht viel zu tun. Deshalb frage ich gewöhnlich: „Wussten Sie, dass jemand an diesem Kreuz starb?" Die Antwort ist oft „Nein".

Dann füge ich hinzu: „Wussten Sie, dass das Kreuz ein Todesinstrument ist?" Wieder sagen Leute oft „Nein". Manchmal frage ich: „Würden Sie einen elektrischen Stuhl um den Hals tragen?" Das bringt die Menschen echt zum Nachdenken. Das Kreuz ist der „elektrische Stuhl" von vor 2000 Jahren. Satan hat die bedeutendste und herrlichste Tat der Weltgeschichte auf ein bloßes Schmuckstück reduziert. Ich glaube nicht, dass unser Heiland mit dem Gedanken ans Kreuz genagelt wurde: *Würde dieses Kreuz in Zukunft nicht ein hübsches Schmuckstück abgeben?*

Diese Art von Fragen ist wirklich gut geeignet, ein Gespräch in Gang zu bringen. Ich habe erlebt, wie Menschen nach einem Gespräch, das mit der Frage nach dem Kreuz um ihren Hals begonnen hatte, ihr Leben Jesus übergaben.

Als ich eines Tages in einem Joghurtgeschäft war, bemerkte ich, dass der junge Mann hinter der Theke eine Halskette trug, auf der „Nr. 1" stand. Ich fragte: „Darius, wer ist übrigens Nummer 1?"

„Das bin ich", prahlte er. „Was meinen Sie wohl, warum ich diese Kette trage?" Er schien von dem Gedanken ziemlich begeistert zu sein. Er war fünfzehn Jahre und meinte, die ganze Welt drehe sich um ihn.

Also forderte ich ihn heraus: „ Darius, wer, denkst du, wird die Nummer 1 sein, wenn du stirbst?" Er hatte keine Antwort, aber als ich wieder ging, hatte er die.

Ein anderes Mal war ich in einem Einkaufszentrum und bemerkte einen Typen, der einen langen, dunklen Trenchcoat anhatte und eine Kette mit einem echten Schädel trug. Ich ging auf ihn zu, deutete auf seine Kette und fragte: „Was in aller Welt ist das?" Er sagte mir, dass dies der Schädel einer Bisamratte sei – und er lief damit in aller Öffentlichkeit herum!

Er studierte Philosophie und Religion als Hauptfach an der Georgia-State-Universität. Auf die Frage nach der Ewigkeit wusste er jedenfalls nicht die richtige Antwort, und indem ich seine Kette als Gesprächseinstieg benutzte, konnte ich eine halbe Stunde mit ihm darüber reden.

Einer meiner Freunde besorgte mir einmal ein Flugticket für einen Flug um 7 Uhr morgens. (Tut ein echter Freund so etwas?) Ich kam ziemlich früh am Flughafen an und versuchte gerade, wach zu bleiben, als ich ungefähr zwanzig Plätze weiter einen Burschen im College-Alter sich hinsetzen sah. Er hatte ein Regenbogenband auf dem Hemd und noch eins um seinen Rucksack gebunden. Das Regenbogenband ist ein Zeichen der Homosexuellenbewegung. Ich nahm den Kopf in die Hände und dachte: *Gott, es ist viel zu früh zum Zeugnisgeben!* Ich bin kein Freund des frühen Morgens! Aber mir war klar, dass ich mit diesem Burschen reden musste, deshalb ging ich hin und setzte mich zu ihm.

Unsere Antworten sind wichtig; warum dann nicht auch unsere Fragen?

„Schönes Band", bemerkte ich. „Wofür steht das?" Jemand fragte mich einmal: „Ist das nicht eine Fangfrage?" Ja, natürlich ist das eine Fangfrage! Wir können Fangfragen stellen. Unsere Antworten sind wichtig; warum dann nicht auch unsere Fragen?

Der Student erzählte mir, dass das Band für „Diversität" (= Vielfalt) stehe. Ich fragte ihn, warum er es trage, und er antwortete: „Wir hatten eine ‚Vielfalts-Woche' an unserer katholischen Universität. Ich bin der Meinung, dass wir andere Leute einfach das glauben lassen sollten, was sie glauben *möchten*, und dass wir aufhören sollten, ihnen zu erzählen, was sie glauben *sollen*."

Ich fragte: „Darf ich dir eine persönliche Frage stellen? Bist du homosexuell?" Er sagte „Nein", deshalb fragte ich: „Warum trägst du dann dieses Band?" Er wiederholte, dass man Leute das glauben lassen muss, was sie glauben möchten.

Das war der perfekte Einstieg, um mit ihm über das Thema „Absolute Wahrheit contra relative Wahrheit" zu sprechen (was wir in Kapitel 10 behandeln werden). Als die Fluglinie zwanzig Minuten später zum letzten Mal seinen Flug aufrief, sagte er: „Vielen, vielen Dank für dieses Gespräch über absolute Wahrheit contra relative Wahrheit." Er nahm ein Büchlein mit, bevor er an Bord ging. Das war wieder solch eine großartige Gelegenheit, Gottes Wahrheit weiterzusagen; und als Einstieg diente etwas, was die Person trug.

Während meines Aufenthaltes in Miami ging ich mit einem High-School-Kollegen einmal zu Starbucks. Das Mädchen hinter der Theke war im College-Alter. Da sie ein paar Tattoos am Hals hatte, fragte ich sie, was diese Tattoos bedeuteten. Sie erklärte, dass es ägyptische Symbole seien; eins symbolisiere die Erde und eins die Ewigkeit.

Das war der Anfang eines guten, zehnminütigen Gesprächs. Sie sagte, dass sie an einem Punkt ihres Lebens sei, wo sie wirklich suche. Ich wollte gern, dass sie ein bestimmtes Buch las, und so gab ich ihr 10 Dollar, damit sie sich das Buch kaufen konnte. Ich redete ihr gut zu, gab ihr die Hand, drehte mich um und ging.

Als mein Freund und ich draußen waren, fragte er mich: „Mark, hast du ihre Augen gesehen, als du dich umgedreht hast und gegangen bist?"

„Bruce, ich habe mich umgedreht und bin gegangen; natürlich habe ich ihre Augen *nicht* gesehen!"

Er sagte: „Ihre Augen wurden riesig!"

Sie konnte wohl nicht glauben, dass ein Kunde sich die Zeit nehmen würde, ihr das Evangelium zu sagen, besonders nicht, dass er ihr auch noch 10 Dollar geben würde, damit sie sich ein Buch kaufte. Sie konnte das Geld nehmen und damit machen, was sie wollte. Aber es ist wichtig, dass den Worten Taten folgen, wenn es um den Glauben geht.

„Möchten Sie in den Himmel kommen?"

Das ist eine großartige Frage, weil jeder darauf mit „Ja" antwortet oder mit „Wenn es einen Himmel gibt". Dann kannst du weiterfragen: „Wissen Sie, wie man dahin kommt?", oder: „Darf ich Ihnen den Weg dahin zeigen?" Ein paar Fragen, und schon kannst du jemand das Evangelium bringen.

Ich unterhielt mich mit einem Norweger und fragte ihn: „Möchten Sie in den Himmel kommen?"

Er antwortete: „Natürlich möchte ich das."

Ich fragte: „Wissen Sie, wie man dahin kommt?"

„Ich habe keine Ahnung!", entgegnete er.

„Wissen Sie, wie Sie von hier aus zurück nach Norwegen kommen?"

„Ja, ich steige ins Auto und fahre zum Flughafen. Ich steige in ein Flugzeug und fliege nach Norwegen. Dann steige ich in mein Auto und fahre nach Hause."

Dann sagte ich: „Sie wissen, wie Sie nach Norwegen kommen, aber Sie wissen nicht, wie Sie in den Himmel kommen?"

„Nein."

„Nun, heute ist Ihr Glückstag", sagte ich, „weil ich weiß, wie man dahin kommt!"

Eigentlich glaube ich nicht an „Glück"; ich glaube an die leitende Hand eines allmächtigen Gottes. Aber kann es nicht sein, dass heute ein „glücklicher" Tag ist für jemand, der ins Einkaufszentrum oder zur Arbeit gehen will, aber zu dem der Gott des Universums dich schickt, damit du ihm Informationen über die Ewigkeit gibst, die er doch so dringend nötig hat?

Geh im Glauben hinaus und weise jemand auf den einzigen Weg zum Himmel hin – Jesus. Du könntest eine Antwort auf ein Gebet sein!

„Was ist für Sie das Wichtigste auf der Welt? Was meinen Sie, was wird an dem Tag, an dem Sie sterben, das Wichtigste für Sie sein?“

Das ist eine weitere fantastische Frage für eine Umfrage. Sie zeigt dir unmittelbar, was Menschen im Leben schätzen. Auf die erste Frage wirst du häufig als Antwort bekommen: Geld, Familie, Gesundheit usw. Erstaunlicherweise geben Leute auf die zweite Frage oft dieselbe Antwort wie auf die erste Frage.

An einem Flughafen saß ich neben einem Herrn und fragte ihn, ob er mir wohl bei einem Projekt behilflich wäre. Er willigte freundlich ein. Ich fragte: „Was ist für Sie das Wichtigste auf der Welt?“

Er gab eine sehr allgemeine Antwort: „Meine Familie.“

Ich fuhr fort: „An dem Tag, an dem Sie sterben, was wird dann das Wichtigste für Sie sein?“

Seine Antwort war wieder: „Meine Familie.“ Ich fragte ihn, was er damit meine, und er erklärte mir: „Ich hoffe, dass ich dann genug Geld für meine Familie hinterlasse, dass für sie gesorgt ist, wenn ich nicht mehr da bin.“

Geh im Glauben hinaus, weise jemand auf den einzigen Weg zum Himmel hin – Jesus. Du könntest eine Antwort auf ein Gebet sein!

Ich fragte: „Sollte das Wichtigste an diesem Tag nicht die Frage sein, wo Sie hingehen, und dass Sie sich vergewissern, dass Ihre Familie auch dorthin kommt?“

„Darüber habe ich noch nie nachgedacht“, antwortete er. Wir hatten ein sehr gutes Gespräch, weil diese Fragen ihn dazu brachten, über ewige Dinge nachzudenken.

Benutze Bilder zur Veranschaulichung

Wenn du mit Verlorenen sprichst, kann es sinnvoll sein, zur Veranschaulichung der geistlichen Begriffe Bilder zu benutzen. Wenn ich mit jemand über Sünde, Buße und das Blut Jesu gesprochen habe, vergleiche ich das häufig mit folgender Situation: „Stellen Sie sich vor, Sie haben ein Sicherheitsetikett an Ihrer Hose und verlassen das Kaufhaus. Was passiert?"

Wenn die Person antwortet, dass dann der Alarm ausgelöst wird, sage ich: „Genau das. Stellen Sie sich das beim Himmel ebenso vor: Sensoren an der Himmelspforte, wenn Sie versuchen hineinzugehen. Was ist das Einzige, was den Alarm auslösen wird, wenn Sie versuchen hineinzugehen?"

Die übliche Antwort ist: „Meine Sünde."

„Das ist richtig. Wenn Sie einmal die Erde verlassen, wird Ihre Sünde den Alarm auslösen. Aber wenn Sie durch das Blut Jesu Christi von allen Ihren Sünden gereinigt sind, können Sie dann durch dieses Tor gehen?"

Die Person sagt dann immer „Ja" – meist mit einem breiten Lächeln! Die meisten haben schon einmal mitbekommen, wie ein Alarm im Kaufhaus losging, und keiner möchte der Schuldige sein, der ihn auslöst.

Natürlich will keiner von uns das im Blick auf die Ewigkeit erleben. Die Leute verstehen dieses Beispiel gut.

Als ich einem Jugendlichen in einem Einkaufszentrum Zeugnis gab, hatte ich den Eindruck, dass das Kreuz ihm nichts sagte. Auf einer Schaufensterscheibe sah ich den Hinweis auf einen Ausverkauf, der dort stattfand. Ich fragte: „Wenn dein Lieblingsladen heute 50 Prozent Ermäßigung auf alle Kleidungsstücke gäbe, würdest du etwas kaufen?"

Er erwiderte: „Na klar."

„Wenn sie 99 Prozent Ermäßigung auf alles geben würden, würdest du dann etwas kaufen?"

„Ich würde nicht nur für mich, sondern auch für meine Freunde etwas kaufen!" (Das glaube ich auch, weil dann alle Kleidung pro Stück etwa 50 Cent kosten würde!)

„Wenn du ein Angebot von 99 Prozent Ermäßigung auf irgendwelche Kleidungsstücke annehmen würdest, warum in aller Welt nimmst du dann nicht das 100-Prozent-Nachlass-Angebot auf alle deine Sünden an – auf frühere, jetzige und zukünftige Sünden –, reingewaschen durch das Blut Jesu Christi?" Ich sah, dass er das endlich begriff.

Es ist buchstäblich das beste Angebot im gesamten Universum! Stell es den Menschen auf diese Weise vor. Jeder mag ein gutes Geschäft. Das Werk Jesu ist das Beste, was jemals in der Geschichte des Universums geschehen ist. Sorge dafür, dass Menschen das erkennen!

Im nächsten Kapitel geht es um die biblische Art und Weise, wie man das Evangelium vorstellt, so dass die Ungläubigen es verstehen können. Lies das Kapitel unter Gebet und lass es die Art und Weise verändern, wie du deinen Glauben bekennst.

Kapitel 8
Schuldig!

„Lasst uns Gott danken, wenn das Gesetz so wirkt, dass es dem Sünder alles Vertrauen auf sich selbst wegnimmt! Wenn der Aussätzige zum Bekenntnis kommt, dass er unheilbar ist, ist das ein guter Schritt in Richtung auf den göttlichen Heiland, der allein in der Lage ist, ihn zu heilen. Das ist das Ziel des Gesetzes bei Menschen, die Gott retten will."

Charles Haddon Spurgeon

Dieses Kapitel ist überaus wichtig, wenn du deinen Glauben weitersagen willst. Die Information in diesem Kapitel ist eine wesentliche Hilfe, um den Verlorenen verständlich zu machen, dass sie einen Retter brauchen.

Wenn du deinen Glauben bezeugst, achte auf drei Dinge, die du in jedem Gespräch erwähnen solltest: Sünde, Vergebung und das Kreuz. Wenn du nicht erklärst, was Sünde ist, werden die Menschen nicht verstehen, dass sie einen Retter brauchen. Wenn du nur über Jesus sprichst, ohne auch über Sünde zu sprechen, wird Er nur zu einer weiteren religiösen Figur wie Mohammed oder Buddha – die Leute werden nicht verstehen, warum Jesus die einzige Antwort ist oder warum sie Ihn brauchen.

Die meisten Gläubigen zitieren Römer 3,23, wenn sie über Sünde sprechen: „Denn alle haben gesündigt und erreichen nicht die Herrlichkeit Gottes." Damit die Ungläubigen diesen Vers verstehen, müssen wir ihnen ein ganz bestimmtes Wort aus diesem Vers erklären: Sie müssen wissen, was „Sünde" ist.

Das griechische Wort für *Sünde* ist ein Begriff, der ursprünglich mit dem Bogenschießen zu tun hatte, und bedeutet „das Ziel verfehlen“ – es gibt eine bestimmte Norm, einen Maßstab, und du hast ihn verfehlt. Stell dir das Schwarze in der Mitte einer Zielscheibe vor. Wenn du einen Pfeil auf die Zielscheibe abschießt und den Mittelpunkt verfehlst, hast du das Ziel verfehlt: Sünde!

Um es auf den Punkt zu bringen: Die Ungläubigen müssen das Ziel kennen, damit sie wissen, ob sie es getroffen oder verfehlt haben. Eine sehr gute Methode bei dem Versuch, biblische Begriffe zu verstehen, ist es, wenn man die Bibel mit der Bibel erklärt. Die Erklärung ist wahrscheinlich irgendwo in der Bibel enthalten, wir brauchen nicht die Meinung von irgendjemand. Deshalb müssen wir das Wort des allmächtigen Gottes mehr als alles andere kennen. Was Römer 3,23 betrifft: Wir brauchen nur die vorhergehenden Verse zu lesen. Dort finden wir die Antwort.

In Römer 3,19.20 heißt es: „Wir wissen aber, dass alles, was das Gesetz sagt, es zu denen redet, die unter dem Gesetz sind, damit jeder Mund verstopft werde und die ganze Welt dem Gericht Gottes verfallen sei. Darum, aus Gesetzeswerken wird kein Fleisch vor ihm gerechtfertigt werden; denn durch Gesetz kommt Erkenntnis der Sünde.“

Das Gesetz ist überaus wichtig: Es verstopft nicht nur den Mund jedes Menschen (hält die Menschen von dem Versuch ab, sich selbst zu rechtfertigen), sondern es zeigt ihnen auch, dass sie vor Gott schuldig sind. Es ist das Gesetz, das zur Erkenntnis der Sünde führt. Um also zu verstehen, was Sünde ist, müssen wir wissen, was dieses Gesetz ist.

Psalm 19,8 belehrt uns: „Das Gesetz des HERRN ist vollkommen und erquickt [o. stellt wieder her] die Seele.“ Dieses Gesetz ist vollkommen und stellt die Seele wieder her. Was ist das für ein Gesetz?

In 1. Johannes 3,4 lesen wir: „Jeder, der die Sünde tut, tut auch die Gesetzlosigkeit, und die Sünde ist die Gesetzlosigkeit.“ Gesetzesbruch ist Sünde. Punkt!

Den entscheidenden Schlüssel bei unserer Suche finden wir in Römer 7,7, wo es heißt: „Was sollen wir nun sagen? Ist das

Gesetz Sünde? Das sei ferne! Aber die Sünde hätte ich nicht erkannt als nur durch Gesetz. Denn auch von der Begierde hätte ich nichts gewusst, wenn nicht das Gesetz gesagt hätte: ‚Du sollst nicht begehren.'"

Wenn das Gesetz sagt: „Du sollst nicht begehren", was ist das eigentlich für ein Gesetz? „Du sollst nicht begehren" ist das letzte Gebot der Zehn Gebote. Das Gesetz muss sich daher auf die Zehn Gebote beziehen. Um also zu wissen, was Sünde ist, müssen wir wissen, was die Zehn Gebote sind.

Die Zehn Gebote

Die Zehn Gebote finden sich sowohl in 2. Mose 20 als auch in 5. Mose 5. Sie müssen also sehr wichtig sein, wenn Gott sie zweimal in den Heiligen Schriften erwähnt. Wir wollen einen Blick auf diese Zehn Gebote werfen (aus 2. Mose 20,3–10):

1. „Du sollst keine anderen Götter haben neben mir" (V. 3).

   Das bedeutet, dass Gott im Zentrum deiner Zuneigung stehen sollte. Der Gott des reichen Jünglings war das Geld. Wem gehört deine Zuneigung? Worüber denkst *du* beständig nach? Worüber denkst du nach, wenn du zu Bett gehst?

2. „Du sollst dir kein geschnitztes Bild machen noch irgendein Gleichnis dessen, was oben im Himmel und was unten auf der Erde und was im Wasser unter der Erde ist. Du sollst dich nicht vor ihnen niederbeugen und ihnen nicht dienen; denn ich, der HERR, dein Gott, bin ein eifernder Gott, der die Ungerechtigkeit der Väter heimsucht an den Kindern, an der dritten und an der vierten Generation derer, die mich hassen; und der Güte erweist auf Tausende hin an denen, die mich lieben und meine Gebote halten" (V. 4–6).

   Das klassische Beispiel für ein „geschnitztes Bild" ist nach der Bibel wahrscheinlich das Goldene Kalb, auch wenn ein Götze nicht unbedingt ein greifbarer Gegenstand sein muss. Menschen machen sich auch jedes Mal einen Götzen, wenn sie sich einen Gott machen, der ihrer Vorstellung entspricht. Kürzlich sprach ich mit einem jungen Mädchen, das vorgab, Christ zu sein. Sie sagte, dass der Gott, an den sie glaube, keine Hölle geschaffen hätte. Das ist nicht der Gott der Bibel; ihr Gott existiert nicht. Manche Menschen wünschen sich einen Gott, der keine Gesetze gegeben hat. Auch dieser Gott existiert nicht.

3. „Du sollst den Namen des HERRN, deines Gottes, nicht zu Eitlem [o. zur Lüge] aussprechen; denn der HERR wird den nicht für schuldlos halten, der seinen Namen zu Eitlem [zur Lüge] ausspricht" (V. 7).

   Ist es nicht unglaublich, wie Satan den heiligsten Namen im Universum in einen Namen verwandelt hat, den wir leichtsinnig oder sogar in Verbindung mit einem Fluch benutzen?

4. „Gedenke des Sabbattages, ihn zu heiligen" (V. 8).

   Was immer du darunter verstehst, „den Sabbat zu heiligen", du hast ihn gebrochen – und jeder andere ebenso.

5. „Ehre deinen Vater und deine Mutter, damit deine Tage verlängert werden in dem Land, das der HERR, dein Gott, dir gibt" (V. 12).

   Das ist eine bedingungslose Aussage. Sie bedeutet nicht, dass du deine Eltern nur dann ehren sollst, wenn sie dir abends so lange Ausgang erlauben, wie du es willst, oder wenn du denkst, dass sie es wert sind oder so.

   Eltern müssen geachtet werden, einfach weil sie Eltern sind. Dieses Gebot hat nichts mit der Würdigkeit der Eltern zu tun, sondern es ist allein eine Sache des Gehorsams der Kinder.

6. „Du sollst nicht töten" (V. 13).

   Im Hebräischen heißt es „morden" und nicht „töten". Gott hat dieses Gebot schlicht und einfach ausgedrückt. Wir mögen Abtreibung als einen „Ausweg" sehen, er bleibt jedoch Mord. Dadurch wird unschuldiges Leben weggenommen. Jesus erklärte in der Bergpredigt, dass sogar Zorn und Ärger über jemand wie Mord ist (Mt 5,21.22). Er richtet das Innere (unser Herz) genauso wie das Äußere (unsere Taten).

7. „Du sollst nicht ehebrechen" (V. 14).

   In der Bergpredigt sagt Jesus, dass sogar der begehrliche Blick auf eine Frau wie Ehebruch ist (Mt 5,27.28). Für Gott ist die Absicht von Bedeutung, auch wenn sie uns bedeutungslos scheint.

8. „Du sollst nicht stehlen" (V. 15).

   Diebstahl ist Diebstahl, unabhängig vom Wert des Gestohlenen. Ob etwas Kleines oder Großes gestohlen wird – in den Augen Gottes ist es Diebstahl. Von jemand anderem beim Test eine Antwort abzuschreiben oder die Zeit des Arbeitgebers zu stehlen, ist ebenso Diebstahl.

9. „Du sollst kein falsches Zeugnis ablegen gegen deinen Nächsten" (V. 16).

   Lügen ist in den Augen Gottes falsch. Er hat gesagt: „Ihr werdet die Wahrheit erkennen, und die Wahrheit wird euch frei machen" (Joh 8,32). Große Lügen, kleine Lügen, Notlügen – in den Augen Gottes sind das alles Lügen.

10. „Du sollst nicht begehren das Haus deines Nächsten; du sollst nicht begehren die Frau deines Nächsten noch seinen Knecht, noch seine Magd, noch sein Rind, noch seinen Esel, noch alles, was dein Nächster hat" (V. 17).

Wir begehren, bevor wir stehlen. Wir begehren, bevor wir Ehebruch begehen. Begehren öffnet die Schleusen der Sünde.

Nachdem wir uns nun die Zehn Gebote angeschaut haben, denken wir vielleicht, dass wir nicht so schlecht sind, wenn wir nur ein paar von ihnen gebrochen haben. Wir haben vielleicht das Ziel verfehlt, doch wir denken, dass wir uns das nächste Mal etwas mehr anstrengen. Die Bibel sagt hingegen: „Wer irgend das ganze Gesetz hält, aber in *einem* strauchelt, ist aller Gebote schuldig geworden" (Jakobus 2,10). Wenn wir nur eins der Zehn Gebote gebrochen haben, ist das so, als hätten wir alle gebrochen. Das ist ein sehr hoher Standard, den wir erfüllen müssen. Daran gemessen wären Adolf Hitler, Jack the Ripper, Osama bin Laden, Billy Graham, Mutter Theresa und du und ich alle gleichermaßen schuldig. Das würde uns alle in eine ewige Welt der Schmerzen bringen, wenn Gott nicht einen Weg gefunden hätte, alle Sünden, die wir begangen haben, auszulöschen.

Nachdem wir uns nun die Zehn Gebote angeschaut haben, denken wir vielleicht, dass wir nicht so schlecht sind, wenn wir nur ein paar von ihnen gebrochen haben.

In 4. Mose 32,23 werden wir gewarnt: „Siehe, so habt ihr gegen den HERRN gesündigt; und wisst, dass eure Sünde euch finden wird." Wir versuchen vielleicht, dann und wann unsere Sünden hinter guten Werken zu verbergen, aber unsere Sünde wird uns sicher finden, wenn wir eines Tages vor dem Thron des allmächtigen Gottes stehen.

Gibt es einen Ausweg aus dieser trostlosen Realität, oder sind wir durch dieses Gesetz verdammt? Ja, es gibt Hoffnung! Und diese Hoffnung liegt im Sohn Gottes und in seinem Blut.

Unser Erzieher

Galater 3,24 erklärt, dass „das Gesetz unser Erzieher gewesen [ist] auf Christus hin, damit wir aus Glauben gerechtfertigt würden". Das ist der Zweck des Gesetzes: Es bringt uns direkt zu Jesus. Die Menschen versuchen, durch ihre Werke gerechtfertigt zu werden, aber das Gesetz führt uns zu Jesus, so dass wir durch den Glauben und nicht durch unsere Werke gerechtfertigt werden können.

Das Griechische ist eine sehr anschauliche Sprache. Das griechische Wort für „Erzieher" in Galater 3,24 kann auch gut mit „Lehrer" übersetzt werden. Es bezeichnet jemand, der ein Kind zur Schule begleitet oder trägt, um sicherzugehen, dass es dort auch ankommt. Siehst du nun, wie das Gesetz wirkt? Es bringt einen Menschen buchstäblich zum Kreuz, und genau dahin wollen wir in jedem Gespräch, in dem wir Zeugnis geben, auch kommen.

Als ich der Predigt eines Pastors zuhörte, der in der Werbebranche arbeitete, ließ mich eine Aussage besonders aufhorchen.

Im Wirtschaftsleben, erklärte er, sagen die Werbefachleute niemals, warum ihr Produkt besser ist als das der Konkurrenz. Stattdessen wecken sie Interesse an ihrem Produkt, so dass die Leute es kaufen *wollen*. Warum stellen sie in der Werbung eine attraktive Frau neben das Auto? Sie versuchen, ein Verlangen in dir zu wecken, damit du ihr Produkt kaufst.

Mir wurde klar, dass das genau das ist, was das Gesetz Gottes, die Zehn Gebote, mit einem Sünder tut. Wenn das Gesetz Sündern dabei hilft, ihre persönliche Schuld vor einem heiligen und gerechten Gott zu erkennen, weckt es in ihnen ein Verlangen nach etwas, was sie von ihrer Sünde befreien kann. Sie haben dann ein Verlangen nach Jesus und seinem reinigenden Blut.

Römer 2,15.16 spricht von Menschen, „die das Werk des Gesetzes geschrieben zeigen in ihren Herzen, wobei ihr Gewissen mitzeugt und ihre Gedanken sich untereinander anklagen oder auch entschuldigen".

Hier sagt Gott ganz klar, dass Er sein Gesetz in das Herz der Menschen geschrieben hat; ihr Gewissen bezeugt das. *Gewissen* bedeutet eigentlich „mit-wissen" [lat. *con-scire*]. Die Verlorenen haben dann ein Bewusstsein ihrer Sünde.

Wenn wir Menschen unseren Glauben bezeugen und dabei mit ihnen die Zehn Gebote durchgehen, können wir helfen, dieses Bewusstsein zu wecken, und dann werden sie erkennen, dass sie das Kreuz nötig haben.

Ich war zu einem Dienst an einem christlichen College und wartete darauf, dass ich an der Reihe war zu reden. Es wurde noch das Video eines Missionars dieses Colleges gezeigt, der in Papua-Neuguinea arbeitete. Der Missionar sprach davon, dass die Menschen in diesem Gebiet keine Schriftsprache hätten; alles würde mündlich überliefert. Interessanterweise hätten sie einen Verhaltenskodex, nach dem sie lebten. Eine ihrer Regeln wäre, nicht die Frau des Nächsten zu berühren.

Das klingt nach dem siebten Gebot, keinen Ehebruch zu begehen. Eine weitere Regel verbot, sich den Besitz eines anderen anzueignen. Das ist es, was das achte Gebot sagt, wenn es uns gebietet, nicht zu stehlen. Andere Regeln waren, nicht zu morden oder nicht Unwahrheiten über jemand zu sagen. Sie hatten keine Schrift, aber das Gesetz Gottes war in ihre Herzen geschrieben, und sie konnten zwischen Richtig und Falsch unterscheiden.

In die Praxis umsetzen

Wie wenden wir nun diese Weise, über Sünde zu reden, in einem Gespräch an? Eigentlich ist das sehr einfach. Eines Sonntagmorgens, als ich in einer Kirche in Hilton Head, South Carolina, sprach, gab ich jedem die Aufgabe, mit jemand über seinen Glauben zu reden, bevor sie abends wieder zur Kirche kämen.[16] Wenn ich eine Aufgabe gebe, möchte ich sie auch selbst befolgen. Als ich zu dem Haus zurückfuhr, wo ich untergebracht war, sah ich einen jungen Mann auf einem Skateboard. Ich unterhalte mich gern mit Skateboardfahrern – sie sind selten Christen und im Allgemeinen sehr offen für Gespräche. Ich beginne immer mit der Bitte, dass sie mir ihren besten Skateboardtrick zeigen. Sie geben gern damit an, und das hilft, eine freundschaftliche Beziehung anzuknüpfen, bevor man ein Gespräch beginnt.

Dieser junge Mann, 18 Jahre alt, war Schüler der Oberstufe. Nachdem wir ein paar Minuten miteinander geredet hatten, sagte ich: „Darf ich dir eine interessante Frage stellen?"

[16] In vielen Kirchen in den USA finden auch abends Gottesdienste statt (Anm. d. Verl.).

„Klar“, antwortete er.

Ich fragte: „Wenn du heute Nacht sterben würdest, bist du hundertprozentig sicher, dass du in den Himmel kommen würdest?“

Er antwortete sofort: „Ja.“

„Woher weißt du das?“

„Weil ich ein ziemlich guter Kerl bin.“

„Gott hat uns einen Maßstab gegeben, um festzustellen, ob wir gut sind“, erklärte ich, „und dieser Maßstab heißt *Die Zehn Gebote*. Hast du schon einmal davon gehört?“

Er antwortete „Ja“, also sagte ich: „Gut, dann lass uns mal sehen, wie du abschneiden würdest. Hast du schon einmal gelogen?“

„Ja.“

„Was bist du also?“ fragte ich.

„Ein Lügner.“

„Das ist richtig. Hast du schon einmal etwas gestohlen?“

„Ja.“

„Was macht aus dir?“

„Einen Dieb“, antwortete er.

„Hast du jemals in deinem Herzen jemand begehrt?“

Er antwortete: „Natürlich.“

„Jesus sagte, dass das wie Ehebruch ist. Nun, du hast selbst zugegeben, dass du ein Lügner, ein Dieb und im Herzen ein Ehebrecher bist. Das klingt nicht halb so gut, wie du noch vor ein paar Minuten behauptet hast.“

Plötzlich sank sein Kopf. Als die Wahrheit herauskam, war er nach Gottes Standard gar nicht so gut. Keiner ist das. Als ich dann zum Kreuz überleitete, ergab das Kreuz für ihn plötzlich Sinn.

Eine der größten Lügen, die Satan den Verlorenen erzählt, ist, dass sie am Gerichtstag gut genug vor Gott sind.

Eine der größten Lügen, die Satan den Verlorenen erzählt, ist, dass sie am Gerichtstag gut genug vor Gott sind. Wenn sie einer alten Frau über die Straße geholfen, ein paar Euro in die Kollekte geworfen, den bestgepflegten Garten der Nachbarschaft gehabt haben usw., dann wird am Gerichtstag schon alles in Ordnung sein. Erkennst du, wie das Gesetz funktioniert, um genau diese Lüge zu entlarven?

Kürzlich habe ich einen Teil des Films *Der Soldat James Ryan* mitbekommen. Am Ende des Films ist der Soldat Ryan, der die Schlachten des Zweiten Weltkrieges überlebt hat, ein älterer Herr. Um sich bestätigen zu lassen, dass er ein Versprechen erfüllte, das er einem sterbenden Soldaten gegeben hatte, bat er seine Frau: „Sag mir, dass ich ein gutes Leben geführt habe. Sag mir, dass ich ein guter Mensch bin." Er versuchte, sein Leben dadurch zu rechtfertigen, dass er „ein guter Mensch" war. Aber das Problem war, dass er seine Frau fragte. Eine andere Person kann nicht beurteilen, ob wir gut genug sind.

Die Bibel sagt ausdrücklich, dass wir vor Gott stehen werden – nicht vor irgendjemand anderem –, wenn wir sterben (Römer 2,16; 2. Korinther 5,10; Offenbarung 20,11–15). Nur Gottes Urteil zählt, und nach seinem Maßstab stecken wir alle in großen Schwierigkeiten und haben einen Retter verzweifelt nötig. Ist es nicht großartig, zu wissen, dass Gott einen Retter gegeben hat und dass dieser Retter für alle da ist, die Ihn wirklich wollen?

Eine „Gameshow"

Eines Tages flog ich von Colorado zurück nach Atlanta. Ich bete immer am Tag vorher für die Person, die im Flugzeug neben mir sitzen wird. Daher weiß ich schon, dass es ein von Gott bewirktes Zusammentreffen ist. Alles, was ich dann noch tun muss, ist, ein paar Fragen zu stellen, um zu sehen, warum Gott die Person dorthin gesetzt hat! Mir haben schon Leute erzählt, dass sie ihren Flug umgebucht haben, um auf diesem Platz zu sitzen.

Eine Frau saß zwei Sitze weiter, auf dem leeren Sitz zwischen uns lagen ein paar ihrer Sachen. Ich blickte hinüber und bemerkte einen DMB-Sticker mit vielen Autogrammen. DMB steht für „Dave Matthews Band", eine weltliche Band, die bei Teenagern und jungen Leuten im College-Alter populär ist.

Ich fragte sie, was der Sticker bedeutete, und sie erklärte, dass sie am Abend vorher in Denver bei dem Dave-Matthews-Konzert war. 70.000 Menschen seien dort gewesen. Eine Menge Leute! Bete für den Tag, an dem 70.000 Menschen zu Gottesdiensten in Stadien kommen – und zwar nicht nur dann, wenn Billy Graham[17] in die Stadt kommt!

Als ich sie fragte, wie sie an die Autogramme der Bandmitglieder gekommen sei, antwortete sie: „Ich bin Discjockey einer Rock-Station in Baltimore und durfte hinter die Bühne gehen." Das war echt cool, und offensichtlich war sie stolz darauf. Nachdem wir uns eine Weile unterhalten hatten, sagte ich: „Darf ich Ihnen eine interessante Frage stellen?"

Sie antwortete: „Na klar."

„Wenn Sie sterben, was denken Sie, ist auf der anderen Seite?"

„Ich mag diese Frage", antwortete sie. „Ich bin lutherisch aufgewachsen, und so glaube ich, dass es einen Himmel und eine Hölle gibt, aber ich habe mich kürzlich mit Reinkarnation beschäftigt." Also sprachen wir ein bisschen über Reinkarnation. Schließlich sagte ich: „Die Bibel, die ja wahr ist, teilt uns mit, dass es einen Himmel und eine Hölle gibt. Wohin würden Sie also kommen, wenn Sie heute sterben würden?"

Sie sagte: „Oh, ich würde unbedingt in den Himmel kommen."

„Woher wissen Sie das so sicher?"

Mit überzeugter Miene entgegnete sie: „Weil ich ein guter Mensch bin."

Ich bin erstaunt darüber, dass es so viel Böses in der Welt gibt, da doch jede Person, der ich begegne, solch „ein guter Mensch" ist! Ich entgegnete: „Gott hat uns einen Maßstab für Gut und Böse gegeben, und dieser Maßstab heißt *Die Zehn Gebote*. Wir wollen einmal sehen, wie Sie so abschneiden."

Sie willigte gespannt ein. Es war wie in einer Gameshow, und sie wollte wissen, wie sie bei den Fragen abschneiden würde!

---

[17] Billy Graham (* 1918 in North Carolina) ist ein US-amerikanischer Baptistenpastor und Erweckungsprediger. (Anm. d. Verl.)

Ich fing an: „Haben Sie schon einmal gelogen?“

„Ja.“

„Was sind Sie demnach?“

Sie antwortete ziemlich arrogant: „Ein Sünder“, als wenn sie stolz darauf wäre.

Ich sagte: „Nein, genauer ausgedrückt, wozu macht Sie das?“

Plötzlich senkte sie den Kopf; sie wollte mich nicht ansehen. Ihre Reaktion war ein Beweis dafür, dass das Gesetz Gottes in unsere Herzen geschrieben ist. Mit geneigtem Kopf sagte sie: „Ich möchte das nicht sagen.“

Ich versicherte ihr: „Sie können das ruhig sagen, ich habe das auch getan.“

„Zu einem Lügner“, antwortete sie.

Ich fuhr fort: „Haben Sie schon einmal gestohlen?“

Mit wieder erhobenem Haupt sagte sie: „Ja.“ Wieder forderte ich sie auf: „Was sind Sie demnach?“

„Ein Dieb.“

„Haben Sie schon einmal in Ihrem Herzen nach jemand begehrt?“

Sie antwortete: „Ja.“

„Jesus sagt, dass das wie Ehebruch ist. Haben Sie den Namen des Herrn schon einmal zu Eitlem ausgesprochen?“

„Ja.“

„Das heißt Gotteslästerung. Haben sie schon einmal jemand gezürnt?“

Sie sagte: „Auf jeden Fall.“ Das ist eine interessante Antwort.

„Jesus sagt, das ist so, als würde man einen Mord begehen“, erklärte ich. „Nun haben Sie selbst zugegeben, dass Sie ein Lügner, ein Dieb, ein Ehebrecher, ein Gotteslästerer und ein Mörder sind. Sind Sie nun am Gerichtstag schuldig oder nicht schuldig?“

Bitte beachte, dass ich ihr nicht sagte, dass sie eine Sünderin sei. Sie sagte mir, dass sie all das war. Deshalb brauchst du dir nie Sorgen zu machen, dass du Leute beleidigst, wenn du die Zehn Gebote beim Zeugnisgeben benutzt. Die Verlorenen geben mit Worten nur das zu, was sie in ihren Herzen längst wissen.

„Ich wäre schuldig", antwortete sie.

„Heißt das, dass Sie in den Himmel oder in die Hölle kommen?"

Sie sagte: „In die Hölle." Innerhalb von fünf Minuten wurde sie von einem „guten Menschen" zu jemand, der in die Hölle kommt.

Ich fuhr fort: „Wenn Sie am Gerichtstag statt ‚schuldig' ‚nicht schuldig' werden könnten – wäre das nicht eine gute Nachricht?" Wenn die Menschen an diesem Punkt ihre Sünde erkennen, können sie es nicht erwarten, die gute Botschaft zu hören.

Sie sagte: „Ja!"

Ich nahm mir dann die Zeit, um mit ihr über Buße, über das Kreuz und über das zu sprechen, was das Blut Jesu für sie bedeuten könnte. Sie war sehr interessiert, als ich ihr die Bedeutung des Kreuzes erklärte, weil sie nun ihre Bedürftigkeit erkannte. Es besteht kein Risiko! Wenn wir unseren Glauben bezeugen, wollen wir den Menschen oft schon die Antwort geben (Jesus), obwohl sie die Frage noch gar nicht kennen! Achte darauf, dass du erst dann von Jesus erzählst, *nachdem* die Menschen erkannt haben, dass sie Ihn dringend brauchen. Erst dann verstehen sie, was sein vergossenes Blut bedeutet. Wenn ich herumliefe und die ganze Zeit „vier, vier, vier" riefe, würdest du denken, ich wäre verrückt. Aber wenn ich zuerst fragte: „Was ist zwei plus zwei?", dann ergibt die Aussage „vier" einen Sinn. Erkläre zuerst das Problem und gib dann die Antwort.

Am Ende des Fluges fragte sie mich nach meiner Anschrift und nach meiner E-Mail-Adresse, um mit mir in Kontakt zu bleiben. Als wir in Atlanta aus dem Flugzeug stiegen, brauchte sie eine Wegbeschreibung zu ihrem nächsten Flug, dabei war ich ihr behilflich. Dann blickte sie mich an und fragte: „Darf ich Sie einmal drücken?"

Völlig Fremde am Anfang – und jetzt kannten wir uns! Ich hatte ihr sehr liebevoll die Wahrheit mitgeteilt, ohne die Sünde zu verschweigen. Sie war so dankbar und fühlte sich so wohl, dass sie mich am Ende des Gesprächs in den Arm nehmen wollte. Geh im Glauben hinaus und gib aufrichtig Zeugnis und handle wie Jesus, dann wird Gott dir größere Dinge zeigen, als du dir jemals vorstellen konntest!

Es funktioniert tatsächlich

Ich evangelisiere gern in den Kneipenvierteln der Städte, besonders im Sommer. Diese Stadtviertel sind normalerweise belebt mit Menschen, die draußen herumhängen oder von Bar zu Bar gehen, und viele von ihnen sind bereit, ein Gespräch zu führen. In Buckhead, dem Barviertel von Atlanta, benutzte ich an einem Samstagabend meine Umfrage-Methode, um ein Gespräch mit einem Paar so Anfang zwanzig zu beginnen.

Nachdem die junge Frau mir eine Antwort gegeben hatte, sagte der Mann: „Es gibt einen Himmel und eine Hölle. Und wenn ich sterbe, komme ich in den Himmel, weil ich die Zehn Gebote halte." Es dauerte nicht lange, um direkt auf den Punkt zu kommen!

„Okay", begann ich, „dann wollen wir mal sehen, wie du abschneidest. Hast du schon einmal gelogen?"

Er sagte: „Nee."

Ich dachte: *Wir alle haben schon gelogen. Du hast mich mit deiner Antwort gerade belogen!* So entgegnete ich: „Was meinst du mit ‚nee'?"

„Ich habe lediglich die Wahrheit gedehnt."

Er dachte, dass er mich hätte, aber ich fragte: „Wie stark musst du die Wahrheit dehnen, bis es eine Lüge wird?"

Er grinste und gab zu: „Okay, ich hab schon mal gelogen."

„Was wirst du dadurch?", fragte ich ihn.

„Ein Lügner."

„Hast du schon mal gestohlen?"

„Ja."

„Was wirst du dadurch?"

„Ein Dieb."

Ich fuhr fort: „Hast du in deinem Herzen schon mal ein Mädchen begehrt?"

Seine Antwort war: „Nein."

Seine Freundin zeigte schnell mit dem Finger auf ihn und sagte: „Du hast *mich* schon mal begehrt!" Jetzt saß er fest! Als sie das sagte, antwortete er mit einem Schimpfwort – er missbrauchte den Namen des Herrn.

Ich sagte: „Moment mal! Du hast soeben noch eins gebrochen! Es steht jetzt 0:4, und wir sind gerade erst vier Gebote durchgegangen! Bist du am Tag des Gerichts schuldig oder nicht schuldig?“ Er sagte „schuldig“, und du kannst dir denken, wie es dann weiterging. Die Zehn Gebote zu benutzen, ist wirklich unglaublich wirkungsvoll.

Nachdem ich in einer Kirche in Kansas gesprochen hatte, kamen am Ende des Gottesdienstes Menschen nach vorne, um Zeugnis abzulegen. Eine Frau sagte, dass sie seit sechsundzwanzig Jahren zur Kirche gehe, aber es sei das erste Mal, dass sie sagen könne, sie sei von ihren Sünden gereinigt und mit Jesus im Reinen.

Während der Predigt hatte ich über Zeugnisgeben gesprochen und darüber, wie man im Gespräch mit Ungläubigen die Zehn Gebote anwenden kann. Sie sagte, dass sie von Jesus wusste, aber nie ganz verstanden habe, warum sie Ihn brauchte. Die Zehn Gebote ließen sie ihre Schuld vor Gott erkennen und führten sie direkt zum Kreuz!

Bei einer anderen Gelegenheit sprach ich bei einem Treffen der „Fellowship of Christian Athletes“ (FCA; Gemeinschaft der christlichen Athleten) an der Clemson-Universität. Es macht immer Freude, dort zu sprechen, weil sie eine dynamische Gruppe mit etwa achthundert Studenten bei dem Treffen haben.

Als ich einen Vortrag über die Zehn Gebote hielt, führte ich aus, worum es bei jedem einzelnen Gebot geht, und erklärte, dass jeder von uns jedes dieser Gebote gebrochen hat. Dann zeigte ich ihnen auf, wie man die Zehn Gebote beim Zeugnisgeben benutzen kann. Nach dem Vortrag kamen Studenten und stellten Fragen.

Als ich mit einigen im Gespräch war, bemerkte ich, wie ein junger Mann näherkam und ein paar Schritte entfernt stehenblieb. Sein Gesichtsausdruck sagte mir, dass er mit mir sprechen wollte.

Sobald ich konnte, ging ich zu ihm und fragte ihn, ob ich ihm irgendwie helfen könne. „Ich bin nicht im Reinen mit Gott“, platzte es aus ihm heraus.

Ich fragte ihn, was er meinte, und er antwortete: „Ich bin in einer Studentenvereinigung hier in Clemson. Alles, was ich tue, ist trinken – mir reicht's. Als ich vergangene Woche im Clubhaus war und trank, lag ich auf dem Boden und schaute hoch zu Gott und sagte: ‚Gott, ich bin nicht im Reinen mit dir. Wenn ich heute sterbe, komme ich in die Hölle, und dahin will ich nicht.'" Nun, ein paar Tage später kam er zu meinem Vortrag – die erste christliche Veranstaltung, die er bis dahin besucht hatte!

Menschen, die bereit sind, ihre Sünden zu bekennen und zu Jesus zu kommen, brauchen dir kein Gebet nachzusprechen.

Ich fragte ihn: „Möchtest du mit Gott ins Reine kommen?"

„Ja, das will ich."

„Hast du je gelogen?"

Seine Antwort war: „Ja, und ich weiß, dass ich mit Gott nicht im Reinen bin!"

Ich begann, mit ihm die Zehn Gebote durchzugehen, wie ich es sonst auch mache, und vergaß völlig, dass ich gerade erst fünfzig Minuten darüber gesprochen hatte! Er wusste um seine Schuld vor Gott. Wir sprachen daher über den Sinn des Kreuzes, und ich fragte ihn, ob er von seinem Lebensstil umkehren, seine Sünden bekennen und sein Leben Jesus übergeben wolle.

„Ja, das möchte ich", wiederholte er.

Wenn jemand bereit ist, sein Leben Christus zu übergeben, lass ihn beten. Menschen, die bereit sind, ihre Sünden zu bekennen und zu Jesus zu kommen, brauchen dir kein Gebet nachzusprechen. Gott wirkt schon an ihren Herzen – und wenn nicht, dann hilft es ihnen nicht nur nicht, sie Worte nachsprechen zu lassen, es würde sogar schaden! Lass sie einfach beten.

Nach dem Gebet sprachen wir über Heilsgewissheit. Ich fragte ihn, ob er eine Bibel habe, damit er gleich mit dem Lesen anfangen könne. Er hatte keine, also rief ich jemand von der FCA hinzu und bat ihn, dem jungen Mann zu helfen, eine Bibel zu bekommen und Anschluss an einen Männerbibelkreis zu finden.

Einige Monate später erfuhr ich, dass dieser junge Mann bereits das ganze Neue Testament gelesen hatte! Es ist sehr wichtig, den Menschen zu zeigen, dass sie verloren sind, bevor wir ihnen sagen, dass sie gerettet werden können.

Wenn du die Zehn Gebote benutzt, damit Menschen ihre Sünde vor Gott erkennen, ergreifen sie Jesus und lassen Ihn nicht los! Und genau so sollte es sein.

Die Richtigkeit beweisen

Auf dem Rückflug nach einem Vortrag in Minnesota saß ich neben einem Herrn, der Musik von seinem CD-Player hörte. Als wir zur Startbahn rollten, musste er den Player ausstellen, und ich nutzte die Gelegenheit, eine Unterhaltung zu beginnen.

Ich erfuhr, dass er in Atlanta wohnte und schwul war. An diesem Wochenende war er nach Minnesota geflogen, um dort seinen Partner, einen Professor an der Universität, zu besuchen. Ich war froh über die Gelegenheit, ihm Zeugnis zu geben.

Nachdem wir uns eine Weile unterhalten hatten, sagte ich: „Darf ich Ihnen eine interessante Frage stellen?"

Er sagte: „Gewiss."

„Wenn Sie sterben", fragte ich, „was denken Sie, befindet sich auf der anderen Seite? Was, meinen Sie, ist auf der anderen Seite, wenn wir von hier weggehen?"

„Das ist eine gute Frage", antwortete er. „Ich bin mir nicht ganz sicher, aber ich denke, dass da nichts ist."

„Woher wissen Sie, dass das zutrifft?", fragte ich. Er hatte nichts, um seine Meinung zu stützen.

„Woher haben Sie Ihre Information, dass da nichts ist, wenn wir sterben?" Er hatte kein Buch oder irgendetwas anderes, worauf er seine Ansicht stützte. Das ist ganz typisch.

Dann fragte er mich: „Was denken *Sie* denn?"

Das ist eine einmalige Gelegenheit in einem Gespräch! Aber bedenke, dass die Leute nicht daran interessiert sind, *was* du glaubst, sondern vielmehr, *warum* du das glaubst. Wie bist du dazu gekommen? Welchen Beweis hattest du für diese Entscheidung? Nach einem solchen Beweis suchen sie.

Ich legte meinen Glauben dar, dass es einen Gott, einen Himmel und eine Hölle gibt und dass es die Beweise seien, die ich sehr interessant fand. Ich nahm mir Zeit, um die Beweise für Gott zu erörtern und auch die Beweise, dass die Bibel wahr ist.

Er bemerkte: „Sie sollten Rechtsanwalt sein. Sie legen Ihren Fall sehr, sehr gut dar!" Ich debattierte eigentlich nicht mit ihm, aber ich bewies die Richtigkeit gut – und er schätzte das. Er war früher Rechtsanwalt und genoss es deshalb, wenn jemand Logik gebrauchte, um ihn zum Nachdenken zu bringen. Nachdem ich ihm bewiesen hatte, dass die Bibel wahr ist, erklärte ich ihm, dass die Bibel sagt, dass es einen Himmel und eine Hölle gibt. Ich fragte ihn nun, wohin er gehen wolle? Natürlich sagte er: „In den Himmel."

Ich fragte: „Wissen Sie, was nötig ist, um dorthin zu kommen?"

„Wahrscheinlich muss man ein guter Mensch sein."

„Gott hat uns einen Maßstab dafür gegeben, gut zu sein", erwiderte ich, „also wollen wir einmal sehen, wie Sie abschneiden. Haben Sie schon einmal gelogen?"

Er antwortete: „Ja."

Nachdem wir einige Minuten über die Zehn Gebote nachgedacht hatten, sagte ich: „Nun, da Sie mir gesagt haben, dass Sie ein Lügner, ein Dieb, ein Ehebrecher, ein Gotteslästerer und ein Mörder sind – wären Sie also am Tag des Gerichts schuldig oder nicht schuldig?" Er gab zu, dass er schuldig wäre.

„Heißt das Himmel oder Hölle?"

„Ich vermute, das heißt Hölle."

„Wenn Sie am Tag des Gerichts von ‚schuldig' auf ‚nicht schuldig' wechseln könnten", fragte ich, „wäre das eine gute Botschaft?"

Seine Augen wurden groß, als er sagte: „Ich weiß genau, worauf Sie hinauswollen."

„Worauf will ich hinaus?"

Er wiederholte mit weiterhin großen Augen: „Ich weiß genau, worauf Sie hinauswollen!"

Ich fragte noch einmal: „Worauf will ich hinaus?"

Er sagte: „Hat das irgendetwas mit den Initialen J. C. zu tun?"

Ich schmunzelte ein bisschen und sagte: „Oh, fällt es Ihnen schwer, den Namen Jesus auszusprechen?"

Der Mann war in einer Baptistengemeinde aufgewachsen, deshalb kannte er in seinem Herzen die Wahrheit von Galater 3,24 – dass das Gesetz uns zu Jesus führt. Er erkannte nun, warum er Jesus brauchte: um von seinen Sünden befreit zu werden. Er wusste von Jesus, aber nun verstand er, warum Jesus vor zweitausend Jahren auf die Erde kam.

Am Ende des Fluges sagte er zu mir: „Sie haben dafür gesorgt, dass der Flug sehr schnell vergangen ist. Vielen Dank dafür und vielen Dank für das gute Gespräch." Er liebt seine Sünde im Augenblick zu sehr, aber ein Samenkorn ist in sein Leben gesät worden. Ich bete, dass ich ihn eines Tages im Himmel wiedersehe oder dass ich ihn hier unten noch einmal sehe, damit ich das Samenkorn begießen kann.

Gottes Wort wird nicht leer zurückkehren

Als sich mir die Gelegenheit bot, auf einer Freizeit einer gewissen Glaubensgemeinschaft zu sprechen, ging ich hin, obwohl sie den Ruf hat, in der Auslegung der Schrift sehr liberal zu sein. Vor der Großveranstaltung am Sonntag sprach ich am Samstag zu dreihundert Teenagern. Ich hielt einen Grundlagenvortrag über die Zehn Gebote und wie man sie beim Zeugnisgeben benutzen kann. Kaum war ich mit den Zehn Geboten durch, als ein Mann von der Seite auf mich zukam und mich bat, die Teenager aufstehen und sich strecken zu lassen. (Sie saßen auf dem harten Fußboden.)

Dann fügte er hinzu: „Sie haben noch fünf Minuten." Ich schaute auf die Uhr und sah, dass es fünfundzwanzig Minuten weniger waren, als man mir zugesagt hatte! Dann begriff ich: Sie warfen mich von der Bühne! Es war verblüffend, zu sehen, wie die Zehn Gebote an den Herzen der Menschen wirkten.

Später erfuhr ich, dass eine Pastorin zu einem meiner Freunde gesagt hatte: „Du musst mit diesem Kerl reden. Wenn er morgen spricht, darf er Homosexualität nicht erwähnen. Hier sind Kinder, die ihre zwei lesbischen Mütter mit auf diese Freizeit gebracht haben."

Interessant war, dass ich Homosexualität in meinem Vortrag nicht einmal erwähnt hatte; ich hatte nur gesagt, dass das Begehren im Herzen wie Ehebruch ist. Wenn wir Gottes heilige Norm darlegen, kann der Heilige Geist das Gewissen ansprechen, so dass die Menschen von ihrer Sünde überführt werden.

Ich brauche nicht zu sagen, dass das nicht das beste Wochenende in meinem Leben war. Die Vorträge schienen nicht sehr gut zu laufen. Doch wir wollen uns immer daran erinnern, dass wir „durch Glauben, nicht durch Schauen" wandeln (2. Korinther 5,7). Was wir sehen können, ist nicht alles, was sich im geistlichen Bereich abspielt. Einen Monat später bekam ich eine E-Mail von einem Jugendpastor, der die Freizeit besucht hatte. Es gab in seiner Jugendgruppe einen sehr schwierigen Jugendlichen, den er in den zwei Jahren, die er in der Jugendgruppe war, bisher nicht erreichen konnte. Er fragte den Teenager, was er von der Freizeit hielt. Der Jugendliche antwortete: „Das war ein tolles Erlebnis. Ich werde mich für den Rest meines Lebens daran erinnern." Dann fragte ihn der Jugendpastor: „Was denkst du von diesem Mark Cahill?" Das Gesicht des jungen Mannes hellte sich auf, als er sagte: „Wenn ich mich an irgendwas auf dieser Freizeit erinnere, dann an den Vortrag, den dieser Mann gehalten hat. Es war der beste Vortrag, den ich je gehört habe."

Ich war wegen dieses Wochenendes ziemlich deprimiert, aber Gott wirkte im Leben dieses Jugendlichen und konnte ihn erreichen. Zwei Wochen später bekam ich einen Brief von einem Mädchen, das ebenfalls auf dieser Freizeit gewesen war. Sie schrieb: „Ich habe Gott zweimal in meinem Leben zu mir reden hören. Einmal in der 7. Klasse und das andere Mal während Ihres Vortrags auf dieser Freizeit."

Denk daran, dass das, was du siehst, nicht alles ist. Lebe im Glauben und im Vertrauen auf den Herrn; gehorche Ihm und niemand anderem! Wenn du treu das Wort Gottes weitergibst, verspricht Er, dass es nicht leer zurückkehren wird (Jesaja 55,10.11).

Das dringendste Bedürfnis

Wir wollen einmal sehen, was einige große Männer, die mutig das Wort Gottes predigten, in der Vergangenheit über den Gebrauch des Gesetzes Gottes (der Zehn Gebote) beim Zeugnisgeben zu sagen hatten.

Und wenn es für die Schreiber der Bibel und diese großen Männer Gottes wichtig war, das Gesetz zu predigen, so ist es für uns Grund genug, dasselbe zu tun.

> *Dr. John Gresham Machen*: „Eine neue und mächtigere Verkündigung des Gesetzes ist vielleicht die dringlichste Notwendigkeit der Stunde. Die Menschen hätten kaum Mühe mit dem Evangelium, wenn sie nur die Lektion des Gesetzes gelernt hätten."

> *Charles Finney*: „Es ist sehr wichtig, dass der Sünder seine Schuld empfindet und dass er nicht den Eindruck hat, dass er bedauernswert ist. Fürchte dich nicht, sondern lege ihm den Umfang, die Bedeutung des göttlichen Gesetzes dar und die gewaltige Strenge seiner Grundsätze. Sorge dafür, dass er erkennt, wie das Gesetz seine Gedanken und sein Leben verdammt. Wenn ein Sünder überführt ist – sich also durch das Gesetz Gottes als schuldiger Sünder verdammt fühlt –, stelle ich fest, dass es [das Gesetz] die Norm ist, und zwar die einzig gerechte Norm, nach der die Schuld der Sünde gemessen werden kann ... Jeder Mensch braucht nur sein eigenes Gewissen aufrichtig zu befragen, und er wird erkennen, dass seine Empfindungen intuitiv bestätigen, dass es recht hat."

> *Dwight Lymann Moody*: „Weil Gott ein vollkommener Gott ist, musste Er ein vollkommenes Gesetz geben. Das Gesetz wurde nicht gegeben, um Menschen zu erretten, sondern um sie zu beurteilen. Ich möchte, dass du das ganz genau verstehst, denn ich glaube, dass Hunderte und Tausende über diesen Punkt stolpern. Sie versuchen, sich selbst zu retten, indem sie versuchen, das Gesetz zu halten; aber es war nie dazu bestimmt, dass Menschen sich selbst dadurch retten könnten.

Frage Paulus, warum es [das Gesetz] gegeben wurde. Hier ist seine Antwort: ‚... damit jeder Mund verstopft werde und die ganze Welt dem Gericht Gottes verfallen sei' (Römer 3,19). Das Gesetz stopft den Mund jedes Menschen. Ich kann einen Menschen, der nah am Reich Gottes ist, daran erkennen, dass sein Mund verstopft ist. Das ist der Grund, warum Gott uns das Gesetz gibt – um uns unser wahres Gesicht zu zeigen."

John MacArthur: „Jeder unerlöste Mensch, ob Jude oder Heide, ist unter dem Gesetz Gottes und Gott verantwortlich. Das letzte Urteil nun ist, dass der unerlöste Mensch keine Verteidigung hat, welcher Art auch immer, und dass er aller Anklagepunkte schuldig ist. Die Verteidigung muss sozusagen warten, bevor sie die Möglichkeit hat, irgendetwas zu sagen, weil der allwissende und allweise Gott unfehlbar gezeigt hat, dass jegliche Begründungen für einen Freispruch unmöglich sind. Völliges Schweigen ist die einzig mögliche Antwort."

John Wesley: „Der erste Zweck [des Gesetzes] ist zweifellos, die Welt von Sünde zu überführen. Dadurch erkennt der Sünder sich selbst. Alle seine Feigenblätter werden weggerissen, und er sieht, dass er elend, arm, jämmerlich, blind und nackt ist. Das Gesetz überführt in jedem Punkt. Er empfindet, dass er nichts als ein Sünder ist. Er hat nichts, womit er bezahlen könnte. Sein ‚Mund ist verstopft' und er steht ‚schuldig vor Gott'.

Die übliche Methode Gottes ist es, den Sünder durch das Gesetz zu überführen, und nur dadurch.

Der allererste Zweck des Gesetzes ist nämlich, Menschen von Sünde zu überführen; die aufzuwecken, die immer noch am Rand der Hölle schlafen ... Die übliche Methode Gottes ist es, den Sünder durch das Gesetz zu überführen, und nur dadurch. Das Evangelium ist nicht das Mittel, das Gott dazu bestimmt hat oder das unser Herr selbst zu diesem Zweck gebraucht hat."

John Bunyan: „Der Mensch, der das Wesen des Gesetzes nicht kennt, kann das Wesen der Sünde nicht kennen."

> *Martyn Lloyd-Jones*: „Die Schwierigkeit mit Leuten, die nicht nach einem Retter und nach Rettung suchen, ist, dass sie das Wesen der Sünde nicht verstehen. Es ist die besondere Aufgabe des Gesetzes, solch ein Verstehen, solch eine Einsicht in den Verstand und in das Gewissen des Menschen hineinzubringen. Das ist der Grund, warum große evangelikale Prediger (zur Zeit der Puritaner vor 300 Jahren und zur Zeit Whitefields und anderer vor 200 Jahren) sich immer mit dem beschäftigten, was sie vorbereitende ‚Wirkung des Gesetzes' nannten."

Ich bin Ray Comfort von *Living Waters Publications* für immer zu Dank verpflichtet, dass er mir die Augen für den richtigen Gebrauch der Zehn Gebote geöffnet hat. Das war es, was mir beim Zeugnisgeben fehlte; ich brauchte es wirklich, und der Herr sandte ihn mir zur rechten Zeit. Rays Tonbandaufnahme *Hells Best Kept Secret (Das bestgehütete Geheimnis der Hölle)* und sein Buch *Revival's Golden Key (Goldener Schlüssel der Erweckung)* sind exzellente Quellen. Du kannst sie bei www.livingwaters.com bestellen.

Tu Buße!

Ein Thema, über das wir reden müssen, wenn wir über Sünde sprechen, ist Buße. Es ist ein Wort, das wir beim Zeugnisgeben nicht oft benutzen, und es ist offensichtlich ein Wort, das manche Menschen überhaupt nicht benutzen wollen. Dabei wird das Wort „Buße" und verwandte Wörter mehr als einhundertmal in der Bibel benutzt. Es muss daher ein sehr wichtiges Wort sein, das wir unbedingt gut verstehen müssen.

Johannes der Täufer predigte in der Wüste: „Tut Buße, denn das Reich der Himmel ist nahe gekommen" (Matthäus 3,2).

Jesus predigte dieselbe Botschaft der Buße. Markus 1,14.15 berichtet, dass Jesus nach Galiläa kam und sagte: „Die Zeit ist erfüllt, und das Reich Gottes ist nahe gekommen. Tut Buße und glaubt an das Evangelium."

Als Jesus die zwölf Jünger zu je zweien aussandte, „gingen sie aus und predigten, dass sie Buße tun sollten" (Markus 6,12).

Wenn Jesus seine Jünger aussandte, damit sie predigten, dass die Menschen wegen ihrer Sünden Buße tun müssten, sollten wir dasselbe predigen.

Das griechische Wort für „Buße tun, bereuen" besteht aus zwei Silben: „denke wieder" oder „umdenken".

Nach *The Complete Word Study New Testament* von Dr. Spiros Zodhiates ist das meistgebrauchte Wort für „Buße tun" im Griechischen *metanoéo*. Die Bedeutung ist für ihn:

> mit Bedauern Buße tun, die von aufrichtiger Umkehr des Herzens zu Gott begleitet ist … Es bezeichnet eine Sinnesänderung als Folge des Rückblicks, es zeigt Bedauern über den eingeschlagenen Weg und führt zur einer weiseren Sicht auf Vergangenheit und Zukunft. Es ist sehr wichtig, dieses Wort von *metaméllomai* zu unterscheiden; dieses Wort bedeutet, dass man seine Taten wegen der Folgen bereut.

Du siehst also, Buße bedeutet nicht, dass wir uns schlecht fühlen, weil wir dabei ertappt wurden, als wir etwas Falsches taten. Wahre Buße heißt, dass wir unsere Einstellung über Sünde ändern und dass unsere Taten nicht mehr dieselben sind.

Den Unterschied macht Paulus in 2. Korinther 7,10 deutlich: „Denn die Betrübnis Gott gemäß bewirkt eine nie zu bereuende Buße zum Heil; die Betrübnis der Welt aber bewirkt den Tod."

Ich habe einen Freund, dessen Muttersprache Hebräisch ist. Er sagt, dass das alte und das moderne Hebräisch sich nicht unterscheiden bis auf die Worte, die man sich für moderne Erfindungen wie das Telefon, den Computer usw. ausgedacht hat. Jeden Tag besuchen israelische Schulkinder den *Schrein des Buches* des Israel-Museums in Jerusalem, wo eine 2800 Jahre alte Schriftrolle des Jesaja-Buches ausgestellt ist – und die Kinder können sie einfach lesen!

Als mein Freund von Buße sprach, erzählte er mir, dass die beiden hebräischen Wörter für *Buße* „zurückkehren" bedeuten. Das zeigt uns: Nachdem wir die Dinge der Welt mit Gottes Augen gesehen haben, sollen wir sie so sehr hassen, dass wir ihnen unseren Rücken zuwenden und einfach weggehen – zu unserem

Schöpfer als unserem Führer und unserem Ursprung. Dann, als eine neue Kreatur, ziehen wir los in ein neues Leben, in dem wir unserem Herrn und Retter Jesus Christus dienen!

Wenn ich Verlorenen das Evangelium bezeuge, rede ich über Sünde, Buße und das Kreuz. Wenn Menschen keine Buße über ihre Sünden tun wollen, wollen sie dann wirklich ihr Leben Jesus übergeben? Ich sage überhaupt nicht, dass jemand Christ werden und dann direkt am nächsten Tag vollkommen sein und wie Billy Graham predigen kann. Aber ich sage wohl, dass dann, wenn kein Verlangen zur Umkehr von der Sünde da ist, die Person *keine* echte Herzensübergabe an den Retter vollzogen hat. In Johannes 6,44 sagt Jesus: „Niemand kann zu mir kommen, wenn der Vater, der mich gesandt hat, ihn nicht zieht." Wenn Gott jemand *zu* Christus zieht, dann zieht Er die Person auch von ihrer Sünde *weg*.

Eines Abends sprach ich mit einem jungen Mann, den ich bei einer Freizeit getroffen hatte. Er erzählte mir aus seinem Leben und bekannte, dass er in den letzten dreißig Tagen Kokain genommen hatte. Nachdem wir eine Dreiviertelstunde miteinander gesprochen hatten, fragte er: „Ist das der Punkt, ab dem Sie mit mir über Jesus reden wollen?"

Ich sagte: „Nein."

Er schaute ziemlich erstaunt: „Nicht?"

Ich erklärte ihm, dass er noch nicht bereit sei für Jesus und es nicht sein Tag war, gerettet zu werden. Er hasste seine Sünde nicht genug, um Buße tun zu wollen und davon loszukommen. Er liebte das Weltleben viel zu sehr. Interessant war, dass er kein bisschen mit mir diskutierte. Er wollte an diesem Tag nicht gerettet werden; er wollte Drogen nehmen. Er war auf einer christlichen Highschool gewesen und kannte daher alle richtigen Antworten. Aber das Problem war die Buße; er wollte sich nicht bekehren.

Wenn du Menschen Zeugnis gibst, so nimm dir Zeit, mit ihnen zu sprechen, und erkläre ihnen, wie sie errettet werden können. Es ist die wichtigste Entscheidung, die sie jemals treffen werden, deshalb müssen sie diese Entscheidung wirklich verstehen. Man braucht mehr als zwei Minuten Zeit, um ein Auto zu kaufen oder eine Schule auszuwählen.

Wenn ich rede, dann sind das keine Zwei-Minuten Aufrufe zur Buße. Wenn ich den Weg der Erlösung nicht aufgezeigt habe, rufe ich überhaupt nicht zur Buße auf. Wenn jemand nach vorne kommen und über das Heil reden möchte, kann er das gerne tun. Ich erkläre dann, dass man nicht Bier trinken, Drogen nehmen, Sex haben, beim Test abschreiben und den Eltern ungehorsam sein kann und dann gerettet werden und weiterhin Bier trinken, Drogen nehmen, Sex haben, beim Test abschreiben und den Eltern ungehorsam sein kann. Ich kann das in der Bibel einfach nicht finden.

Wird jemand ein Bekenner, ohne dass sich sein Lebensstil verändert, ist es ein Bekenntnis, ohne dass derjenige ewiges Leben besitzt.

Wenn eine Person wiedergeboren ist, ändert sich ihr Leben. Es bedeutet sicher nicht, dass wir, wenn wir errettet werden, vollkommen sind; es beginnt aber durchaus ein Heiligungsprozess, so wie wir im Glauben wachsen, um Christus ähnlicher zu werden. Aber es muss ein *Wunsch* nach Veränderung da sein, sonst gibt es überhaupt keine Veränderung.

Ann Landry, die immer wieder für mich betet, schrieb mir in einer E-Mail Folgendes: „Wenn wir Menschen zu Jesus rufen und das Kreuz weglassen, predigen wir ein Evangelium, das Menschen nicht von der Sünde heilen kann. Gott sagt uns immer wieder, dass sein Volk abgesondert, heilig, deutlich unterschieden von der Welt ist.

Wird jemand ein Bekenner, ohne dass sich sein Lebensstil verändert, so ist es ein Bekenntnis, ohne dass derjenige ewiges Leben besitzt! Wenn Christus in ein Leben kommt, verändert sich das Leben. Der Heilige Geist ist heilig und treibt Menschen zur Heiligkeit an. Bitte, bitte ruf sie zur Buße von ihren Sünden!"

Das Leben eines Sünders verändert sich gründlich, wenn der Geist Gottes in sein Leben einkehrt. Meine Highschool-Kollegen sehen nun mein Leben und sagen: „Cahill, du bist anders." Es ist ein bisschen so wie bei den „Vorher-nachher"-Diät-Bildern, aber in einem geistlichen Sinn. Sie kennen den alten Mark Cahill und können die Veränderungen im neuen Leben deutlich sehen.

Während eines Stadtfestes sprach ich mit zwei Jugendlichen. Nachdem wir ein bisschen geplaudert hatten, ging ich mit ihnen die Zehn Gebote durch und kam dann zum Thema *Buße*. Beide sagten: „Ja, ich möchte von diesem Leben wegkommen. Ich hasse das Leben, das ich führe." Du wirst erstaunt sein, wie oft du das von Menschen hörst. Diese Jugendlichen tranken, nahmen Drogen und wussten bereits mit 17 Jahren, dass dieser Lebensstil eine Sackgasse ist.

Lebensübergabe

Bitte sei dir bewusst, dass Menschen nicht Christen werden, indem sie Jesus bitten, „in ihr Herz zu kommen", oder indem sie eine Entscheidungskarte unterschreiben. Jesus sagte, dass wir von neuem geboren werden müssen (Johannes 3,3). Johannes 3,16 macht uns auch klar, dass wir an Jesus glauben müssen. Aber Glaube ist viel mehr als die Anerkennung von Fakten. Es ist ein Überzeugtsein, indem man vollständig auf etwas vertraut. Es ist mehr, als nur die Lippen zu gebrauchen; auch dein Herz muss beteiligt sein.

In Römer 10,9 heißt es: „... dass, wenn du mit deinem Mund Jesus als Herrn bekennst und in deinem Herzen glaubst, dass Gott ihn von den Toten auferweckt hat, du errettet werden wirst."

Wir bekennen nicht nur einfach, dass wir nicht in die Hölle, sondern in den Himmel möchten; wir bekennen, dass Jesus Herr ist! Gott möchte eine völlige Hingabe unseres ganzen Seins. Ich frage Menschen gern, ob sie ihr Leben Jesus übergeben möchten, und damit meine ich, dass sie Ihm die vollständige Herrschaft über ihr Leben geben.

Was denkst du überhaupt von Jesus? Glaubst du an Ihn, vertraust du Ihm? Glaube ist das feste Vertrauen auf Gott, das Vertrauen mit deinem ganzen Leben. Jesus möchte, dass wir Ihm mit jeder Einzelheit unseres Seins dienen, nicht nur mit dem Teil, den wir Ihm geben wollen. Wir können wohl mit Worten sagen, dass wir eine Beziehung zu Gott haben, doch Er weiß, was in unserem Leben wirklich zu sehen ist.

In 2. Korinther 5,17 heißt es: „Daher, wenn jemand in Christus ist, da ist eine neue Schöpfung; das Alte ist vergangen; siehe, Neues ist geworden." Du bist nicht eine neue und veredelte Auflage deines alten „Ichs", du bist eine neue Schöpfung in Gott! Gott ist nicht ein Zusatz in deinem Leben. Er ist derjenige, der den Sünder umgestaltet und erlöst. Jesus ist nicht ein bestimmtes Ticket, das Menschen von der Hölle rettet; Er ist der Heiland der Welt und möchte, dass wir uns Ihm unterwerfen. Er möchte jeden Bereich unseres Lebens vollständig verändern. Wenn wir Sünde bekennen, unser Leben Jesus übergeben und Ihn zum Herrn machen, wird unser Leben anders werden!

Du bist nicht eine neue und veredelte Auflage deines alten „Ichs", du bist eine neue Schöpfung in Gott!

Bitte bedenke, dass das etwas Gutes ist! Ich würde mein Leben jetzt nie wieder verändern wollen. Ich habe auf beiden Seiten des Zauns gelebt, sowohl in völliger Sünde als auch mit dem Wunsch, für Gott zu leben. Ich ziehe dieses Leben dem sündigen Lebensstil an jedem Tag der Woche vor. Buße bedeutet, eine Kehrtwendung zu machen, und das ist es, was du im echten christlichen Leben siehst.

Ein echter Christ wird Hunger nach den Dingen Gottes haben – nach Zeugnisgeben, Gebet und Bibelstudium. Verkündigst du treu den Verlorenen Jesus? Suchst du das Angesicht Gottes jeden Tag im Gebet auf? Liest du täglich das Wort? Dwight Moody sagte: „Die Bibel hält dich von der Sünde ab, aber die Sünde hält dich von der Bibel ab."

In Josua 1,8 erfahren wir, wie wir im christlichen Leben Erfolg haben können: „Dieses Buch des Gesetzes soll nicht von deinem Mund weichen, und du sollst darüber nachsinnen Tag und Nacht, damit du darauf achtest, zu tun nach allem, was darin geschrieben ist; denn dann wirst du auf deinem Weg Erfolg haben, und dann wird es dir gelingen."

Wenn du mit anderen über den Herrn sprichst, werden dir die Fragen im nächsten Kapitel weiterhelfen, damit du Gelingen beim Zeugnisgeben hast.

Kapitel 9

Vier treffsichere Fragen

„Gäbe es nur einen einzigen Mann oder eine einzige Frau, die den Heiland nicht liebten, und lebte diese Person in der Wildnis Sibiriens, und wäre es nötig, dass all die Millionen Gläubigen auf der ganzen Erde dorthin reisen müssten und jeder Einzelne von ihnen sie eindringlich bitten müsste, zu Jesus zu kommen, bevor sie sich bekehren würde – es wäre all den Eifer, die Arbeit und die Kosten wert. Wenn wir Jahr für Jahr vor Tausenden predigen müssten, aber nie jemand errettet würde außer einer einzigen Seele, dann wäre diese eine Seele der volle Lohn für alle unsere Arbeit, denn eine Seele hat einen unbezahlbaren Wert."

Charles Haddon Spurgeon

Wenn wir jemand Zeugnis geben, ist es sehr wichtig, dass wir der Person Fragen stellen. Christen machen oft den Fehler, dass sie sich sofort auf die Präsentation des Evangeliums stürzen, noch bevor sie wirklich mit der Person gesprochen haben.

Damit eine günstige Situation entsteht, in der wir Zeugnis geben können, ist es wichtig, herauszufinden, *was* die Leute glauben und *warum* sie es glauben. Denk daran, dass du in einem Gespräch nicht alles beweisen musst. Bitte die Ungläubigen, dass sie ihre Sicht von der Ewigkeit und von Gott darlegen.

Eins der Werkzeuge, die wir wirksam nutzen können, wenn wir unseren Glauben weitersagen, sind die „vier treffsicheren

Fragen". Diese Fragen sind sehr gut. Obwohl sie recht einfach sind, regen sie sehr zum Nachdenken an.

Diese Fragen helfen den Menschen, zu erkennen, dass sie ihren eigenen Standpunkt nicht verteidigen können. Anschließend können wir dann liebevoll unseren Standpunkt darlegen. Achte darauf, dass du diese Fragen nicht als eine Waffe benutzt; sie könnten die Leute lächerlich erscheinen lassen, und das wird sie sicher nicht veranlassen, deine Botschaft anzunehmen. Diese Fragen sind nur als Hilfen gedacht, damit du mehr Informationen erhältst; sie sollen den anderen nicht bloßstellen. Eine großartige Möglichkeit, diese Fragen zu stellen, bietet sich für Schüler gegenüber ihren Professoren und Lehrern an Colleges und höheren Schulen. Wenn diese Fragen in einer dezenten, freundlichen und liebevollen Weise gestellt werden, sind sie sehr wirkungsvoll, um Studenten zu helfen, ihren Standpunkt darzulegen. Lasst uns daher diese „vier treffsichere Fragen" näher anschauen:

1. „Was meinen Sie damit?"

Mit dieser Frage kannst du die Leute veranlassen, die Worte, die sie gebrauchen, genauer zu erklären. Je mehr Informationen du über die Sichtweise eines Menschen hast, desto besser kannst du das Gespräch lenken.

Häufig sagt eine Person mir im Gespräch, dass sie Christ sei. Dann frage ich: „Was verstehen Sie unter ‚Christ'?" Viele Menschen antworten dann, dass sie zur Kirche gehen. Wird man übrigens durch den Besuch einer Kirche Christ? Natürlich nicht. Wirst du ein Auto, wenn du in die Garage gehst? Wirst du zu einem Hamburger, wenn du zu McDonalds gehst? Ein Christ sollte zur Kirche gehen, das stimmt, doch allein dadurch wird ein Mensch niemals Christ.

Am Georgia Institue of Technology sprach ich einmal mit einem jungen Mann, der mir sagte, dass er Christ sei. Ich fragte ihn, was er unter „Christ" verstehe, und er antwortete: „Ich bin durch das Blut Jesu Christi erkauft und gerettet!" Ich sagte: „Okay, junger Mann!" Er wusste, was er glaubte, so wie wir alle es wissen sollten.

Wenn mir jemand erzählt, dass er der New-Age-Bewegung angehöre, frage ich ihn: „Was meinen Sie mit ‚New Age‘?“ – „New Age“ kann alle möglichen Dinge beinhalten: angefangen mit der Reinkarnation bis zu Kristallkräften und „Wicca-Kult“ usw. Diese Frage hilft also, herauszufinden, was die Person unter diesem Begriff versteht.

Wenn jemand sagt, er sei Agnostiker, dann frage ihn: „Was verstehen Sie unter einem ‚Agnostiker‘?“ Manche Leute meinen „Atheist“, sagen aber „Agnostiker“ – und umgekehrt. (Ein Atheist leugnet, dass es einen Gott gibt. Ein Agnostiker schließt die Möglichkeit, dass es Gott gibt, nicht aus, aber er glaubt, dass man die Existenz Gottes nicht erkennen kann.) Finde heraus, was die Person unter dem Begriff versteht, dann kannst du das Gespräch entsprechend lenken.

2. „Woher wissen Sie, dass das wahr ist?“

Eine der nützlichsten Fragen, die du jemand stellen kannst, der seine Sicht darlegt, ist die Frage, woher er weiß, dass die Erklärung, die er gibt, richtig ist. Welchen Beweis hat er, um seine Position zu untermauern?

Einmal erklärte mir jemand, das Matthäusevangelium habe achtzehn verschiedene Autoren. Ich fragte ihn: „Woher wissen Sie, dass das so ist?“ Hatte er irgendeinen Beweis, um seinen Standpunkt zu belegen? Absolut keinen einzigen. Natürlich war es Matthäus, der das Matthäusevangelium geschrieben hat, aber einige sehr liberale Religionsprofessoren lehren Unwahrheiten über die Verfasserschaft der Bibel.

Wenn Menschen sagen, sie seien hundertprozentig sicher, dass sie, wenn sie heute stürben, in den Himmel kämen, frage sie: „Woher wissen Sie, dass das stimmt?“ Du wirst einige interessante Antworten bekommen, von „Jesus“ bis zu „Weil ich ein guter Mensch bin“.

Und wenn sie sagen, sie kämen in den Himmel, weil sie gute Menschen seien, dann weißt du, wie du das Gespräch fortsetzen kannst – geh mit ihnen einfach die Zehn Gebote durch.

Ein Mann, mit dem ich mich unterhielt, behauptete, dass Jesus nicht von den Toten auferstanden sei. Ich fragte ihn, wie er wissen könne, dass das die Wahrheit sei. Er hatte nicht den geringsten Ansatz eines Beweises, um seine Behauptung zu untermauern. Er wusste überhaupt nichts von all den Beweisen, die ich ihm dann vorstellte und die eindeutig belegen, dass Jesus *wirklich* von den Toten auferstanden ist.

Ich bewies ihnen dann, dass das, was sie glaubten, nicht auf Tatsachen beruhte. Sie zollten mir dafür Anerkennung.

Wenn das Gespräch auf das Thema „Evolution" kommt, werden die Menschen oft das Alter der Erde anführen; sie glauben, die Erde sei viele Milliarden Jahre alt. Frage sie, woher sie das wissen. Du wirst feststellen, dass sie keinen wirklichen Beweis haben, um ihren Standpunkt zu untermauern. Ein Freund von mir, der durchs Land reist, um über „Schöpfung contra Evolution" zu sprechen, zeigt in seinen Präsentationen, dass die meisten Datierungsmethoden auf eine sehr junge Erde schließen lassen. Evolutionisten suchen sich allerdings gerade *die* Datierungsmethode aus, die ihren eigenen Standpunkt stützt; das aber ist nicht wissenschaftlich. Die Frage „Wie können Sie wissen, dass das wahr ist?" hilft den Menschen, tiefer nach der Wahrheit zu forschen.

Eines Tages bemerkte ich in einem Einkaufszentrum drei junge Burschen im College-Alter, die an einem Tisch in der Schlemmermeile saßen. Als ich zu ihnen hinüberging, einen Stuhl zurechtrückte und mich zu ihnen setzte, schauten sie mich an, als wäre ich irr. Ich fragte sie: „Ihr habt wahrscheinlich noch nie erlebt, dass sich ein völlig fremder Mann hier im Einkaufszentrum zu euch gesetzt hat."

„Nein."

„Gut, dann ist es jetzt das erste Mal."

Sie sagten „Okay" und begannen, sich mit mir zu unterhalten. Während der Unterhaltung fragte einer der Jungs: „Sie sind doch Christ, oder nicht?"

„Ja, das bin ich", antwortete ich.

Er fragte weiter: „Und Sie glauben, dass die Bibel wahr ist, oder?"

„Ja, das glaube ich."

„Sie können doch nicht wirklich glauben, dass dieses Buch wahr ist! Dieses Buch ist auf keinen Fall wahr!", sagte er. „Es wurde 1611 von King James[18] geschrieben. Dieses Buch kann nicht wahr sein."

Beachte, dass er sagte, dass die Bibel 1611 *geschrieben* worden sei. Ist das wahr? Das ist noch nicht einmal ansatzweise wahr. King James ließ die Bibel damals aus dem Griechischen und Hebräischen ins Englische *übersetzen*. Die Bibel wurde damals also nur *übersetzt, geschrieben* wurde sie in der Zeit zwischen 2000 v. Chr. und 100 n. Chr. Daher fragte ich ihn: „Bist du sicher, dass du *das* sagen wolltest?" Ich bewies ihnen dann, dass das, was sie glaubten, nicht auf Tatsachen beruhte. Sie zollten mir dafür Anerkennung und hörten bei allem zu, was ich ihnen weiterhin sagte.

3. „Woher holen Sie Ihre Information?"

Mit dieser Frage erfährst du die Informationsquelle für das, was die Person glaubt. In vielen Fällen wirst du feststellen, dass es keine Informationsquelle gibt. Die Person baut ihre ewige Zukunft auf etwas auf, was sie nicht gründlich untersucht hat. Ein junger Bursche erzählte mir, dass er an Reinkarnation glaube; daher fragte ich ihn: „Woher hast du deine Informationen über Reinkarnation?"

Er antwortete: „Ich glaube in meinem Herzen, dass das wahr ist."

„Hast du schon einmal in deinem Herzen etwas geglaubt, was sich hinterher als falsch herausgestellt hat?"

„Doch, ganz bestimmt!"

„Könntest du mit Reinkarnation auch falschliegen?"

„Tja, das könnte durchaus sein", entgegnete er. Innerhalb

[18] Gemeint ist König Jakob I. von England. In seinem Auftrag wurde die Bibel ins Englische übersetzt und erstmals 1611 als sog. „King-James-Bible" veröffentlicht. Bis heute ist sie die einflussreichste englischsprachige Bibelübersetzung. (Anm. d. Verl.)

von dreißig Sekunden gab er zu, dass sein Glauben an die Reinkarnation falsch sein könnte.

Wenn Leute dir sagen, dass sie gut genug seien, um in den Himmel zu kommen, so frage sie, woher sie ihre Information haben. Viele behaupten, dass das in der Bibel stehe. In dem Fall frage sie einfach, wo diese Information in der Bibel zu finden ist – das werden sie dir natürlich nicht sagen können. Geh mit ihnen die Zehn Gebote durch, um ihnen zu zeigen, was die Bibel wirklich über Gottes Standard für das „Gutsein" sagt.

4. „Was ist, wenn Sie falschliegen?"

Auf einem meiner vielen Flüge hatte ich direkt neben mir einen freien Platz, und auf dem übernächsten Platz saß ein Mann. Ich bereitete mich schriftlich auf eine Rede vor, doch hin und wieder warf ich einen Blick hinüber, um zu sehen, was der Mann tat. Er machte sich Notizen zu einem Artikel, den er las – mit der Überschrift „Spiritualität in der Nachbarschaft". Ich war gespannt, worum es dabei ging. In dem Artikel gab es öfter Bilder von Buddhastatuen. Ich wusste, dass es sehr interessant wäre, wenn wir ins Gespräch kämen.

Dann machte er ein Nickerchen, und als er wieder wach war, begannen wir eine Unterhaltung. Er erzählte mir, er sei Pastor der „Unitarischen Universalisten", und in seiner Gemeinde seien Juden, Christen, Buddhisten, Atheisten usw. Er hatte Vertreter jeder Religion in seiner Kirche. Als ich ihn fragte: „Wenn Sie sterben, was denken Sie, ist auf der anderen Seite?", antwortete er mir: „Ich weiß es wirklich nicht!" Er muss ein großartiger Hirte seiner Herde sein, wenn er noch nicht einmal diese Frage beantworten kann!

Er sagte, er hoffe auf die Reinkarnation, aber letztlich könne jeder das glauben, was er wolle. Seine Kirche engagierte sich für soziale Gerechtigkeit, indem sie anderen Gutes tat. Sie dachten daher, was auch immer auf der anderen Seite passiere, es würde schon gutgehen.

Nun forderte ich ihn mit der Frage heraus: „Kann es sein, dass jemand sich eine Vorstellung davon macht, was nach dem

Tod auf der anderen Seite sein wird, aber dass er, wenn er stirbt, feststellen muss, dass das, wovon er überzeugt war, gar nicht dort ist?"

Er antwortete: „Ja, natürlich!"

„Sie haben recht", sagte ich. „Wenn jemand glaubt, dass nach dem Tod alles aus ist, und es kommt doch etwas, dann liegt er hundertprozentig falsch. Wenn es etwas gibt, hat er eine ganz und gar falsche Vorstellung, oder?"

Er schaute mich an und schluckte; er wusste, dass ich ihn jetzt hatte. Er antwortete: „Eine richtige Antwort."

„Genau. Es *muss* eine richtige Antwort in Bezug auf die Ewigkeit geben, wie Sie gerade selbst gesagt haben. Das bedeutet, dass es eine ewige Wahrheit gibt. Wenn das der Fall ist, haben die Leute in Ihrer Gemeinde falsche Antworten im Blick auf die Ewigkeit. Was wollen Sie dagegen unternehmen?"

Mit einem nicht so freundlichen Ausdruck auf dem Gesicht sagte er: „Ich mag die Begriffe, die wir im Moment gebrauchen, wirklich nicht."

Das war keine Überraschung! Er war gerade gezwungen gewesen zuzugeben, dass es richtige und falsche Antworten gibt, doch er glaubte nicht an Richtig oder Falsch. Das ist ein wichtiges Argument im Gespräch mit Menschen. Entweder es gibt etwas, wenn wir sterben, oder es gibt nichts. Wir können nicht alle recht haben, wenn es um unsere Ansichten über die Ewigkeit geht. Wenn es eine *falsche* Antwort im Blick auf die Ewigkeit geben kann, dann muss es auch eine *richtige* Antwort geben. Und wir müssen den Menschen die richtige Antwort sagen!

Wir können nicht alle recht haben, wenn es um unsere Ansichten über die Ewigkeit geht. Wenn es eine falsche Antwort im Blick auf die Ewigkeit geben kann, dann muss es auch eine richtige Antwort geben.

Diese Frage kann man gut am Ende eines Gesprächs stellen, damit jemand über die ewigen Folgen seiner Entscheidungen nachdenkt. Aber sei vorbereitet: Du kannst davon ausgehen, dass dein Gegenüber dir die gleiche Frage stellt. Wie würdest du antworten, wenn dich jemand fragte, ob *du* nicht auch danebenliegen könntest, wenn die ganze Sache mit Jesus nicht wahr wäre? Hast du schon einmal darüber nachgedacht? Du siehst also, dass hier nicht jeder recht haben kann. Muslime glauben beispielsweise nicht, dass Jesus am Kreuz gestorben ist, geschweige denn von den Toten auferstanden ist, doch gerade der Tod und die Auferstehung Christi sind die Grundlage des christlichen Glaubens. Wir können nicht alle recht haben. Was ist, wenn *wir* uns irren?

Viele Christen würden auf die Frage „Was wäre, wenn nach dem Tod nichts käme?" antworten, dass sie dann einfach sterben und ins Grab gelegt würden – sie hätten also nichts zu verlieren. Das kann jedoch nicht die ganze Antwort auf die Frage sein. Ein junger Mann sagte einmal zu mir: „Sie haben an den Osterhasen und an den Weihnachtsmann geglaubt. Ich hatte wenigstens Spaß im Leben bei Partys, und dann kommen wir beide ins Grab." Er hatte einen wichtigen Punkt erwähnt: Wenn die ganze Sache mit Jesus nicht wahr wäre, hätten wir unser Leben verschwendet. Wir hätten zu jemand gebetet, der nicht existiert. Wir hätten den Menschen Hoffnung im Blick auf eine Ewigkeit gemacht, die es nicht gibt. Paulus sagte: „Wenn aber Christus nicht auferweckt ist, so ist euer Glaube nichtig; ihr seid noch in euren Sünden! ... Wenn wir allein in diesem Leben auf Christus Hoffnung haben, so sind wir die elendesten von allen Menschen" (1. Korinther 15,17.19).

Wir wären die elendesten von allen Menschen, wenn Jesus uns nur für dieses Leben eine Hoffnung gäbe, nicht aber für die Ewigkeit. Unser Glaube wäre wirklich vergeblich, wenn Christus nicht von den Toten auferstanden wäre.

Ich beantworte diese Frage, indem ich den Leuten zuerst erzähle, dass ich mein Vertrauen auf den einzigen Glauben gesetzt habe, der Beweise hat, die ihn bestätigen. Wenn du andere Religionen untersuchst, wirst du feststellen, dass das stimmt. Zweitens hat sich mein Leben durch meinen Glauben an Jesus Christus verändert. Ich war auf beiden Seiten des Zaunes: Ich habe in der Sünde gelebt und ich habe Jesus gedient. Ich ziehe dieses Leben in jedem Fall dem anderen Leben vor. Und drittens: Wenn mein Glaube falsch wäre, würde ich sterben und ins Grab gelegt werden, und das wäre alles.

Nun, gib die Frage gleich wieder zurück. Wenn ich meine Antwort gegeben habe, frage ich die Leute: „Wenn Sie nicht recht haben, dann wählen Sie buchstäblich die Hölle für alle Ewigkeit. Sind Sie sicher, dass Sie das wollen?" Natürlich ist die Antwort immer: „Nein."

Wir müssen die Menschen dazu bringen, dass sie über die ewigen Konsequenzen ihrer irdischen Handlungen und Entscheidungen nachdenken. Das Neue Testament spricht doppelt so viel über die Hölle wie über den Himmel, deshalb brauchen wir uns nicht zu scheuen, mit den Menschen über die Hölle zu reden. Es ist sogar sehr liebevoll, wenn du dich darum kümmerst, dass keiner deiner Freunde und kein Fremder, dem du begegnest, einmal in der Hölle landen wird, wenn er stirbt.

Siehst du, wie wertvoll diese „vier treffsicheren Fragen" sind? Stelle sie oft, wenn du mit anderen über den Glauben sprichst.

Kapitel 10

Gute Antwort!

„Brauchst du Argumente, um Seelen zu gewinnen? Sieh nach oben zum Himmel und frage dich, wie Sünder jemals die goldenen Harfen und das ewige Lied hören sollen, wenn sie niemand haben, der ihnen von Jesus erzählt, der die Macht hat, zu retten. Aber das beste Argument, das es gibt, liegt in den Wunden Jesu. Du verlangst danach, Ihn zu ehren, du begehrst, Ihm viele Kronen auf das Haupt zu setzen, und das kannst du am besten tun, indem du viele Seelen für Ihn gewinnst. Das ist die Beute, die Er begehrt, das sind die Trophäen, für die Er kämpft, das sind die Juwelen, die sein schönster Schmuck sein sollen."

Charles Haddon Spurgeon

Meine ehemaligen Schüler nannten Kolosser 4,2–6 den „Abschnitt zum Zeugnisgeben". Dort heißt es: „Verharrt im Gebet und wacht darin mit Danksagung; und betet zugleich auch für uns, damit Gott uns eine Tür des Wortes auftue, das Geheimnis des Christus zu reden, um dessentwillen ich auch gebunden bin, damit ich es offenbare, wie ich es reden soll. Wandelt in Weisheit gegenüber denen, die draußen sind, die gelegene Zeit auskaufend. Euer Wort sei allezeit in Gnade, mit Salz gewürzt, so dass ihr wisst, wie ihr jedem Einzelnen antworten sollt."

In diesem Kapitel werden wir uns damit beschäftigen, „wie wir jedem antworten sollen" – wie wir den Verlorenen freundlich und liebevoll erklären, was wir glauben und warum wir glauben.

Ein Mann, dem ich Zeugnis gab, kommentierte die Antworten, die ich ihm auf seine Fragen gegeben hatte, mit den Worten: „Sie haben aber wirklich gründlich darüber nachgedacht."

„Natürlich habe ich das", antwortete ich. „Meine ewige Bestimmung beruht auf meinem Glauben und meinem Vertrauen auf Gott."

Er meinte damit, dass er vielen Leuten begegnet war, die von sich sagten, dass sie an Gott glaubten, aber nicht erklären konnten, worauf sich ihr Glaube gründete. Wir sollen Gläubige sein, die gut Bescheid wissen. 1. Petrus 3,15.16 unterweist uns: „Heiligt Christus, den Herrn, in euren Herzen. Seid jederzeit bereit zur Verantwortung gegen jeden, der Rechenschaft von euch fordert über die Hoffnung, die in euch ist, aber mit Sanftmut und Furcht." Wenn du Zeugnis gibst und sogar auf alle Fragen eine Antwort geben kannst, heißt das nicht, dass diese Person an demselben Tag errettet wird. Fühl dich nicht unter Druck, als müsstest du auf alles eine Antwort haben. Der Geist Gottes muss die Verlorenen zu sich ziehen; wir säen lediglich den Samen. Dennoch gilt: Je mehr wir wissen und je fester unser Glaube wird, desto besser können wir den Verlorenen helfen, wenn sie die Wahrheit suchen. Deshalb wollen wir einen Blick auf einige der grundlegenden Fragen und Argumente werfen, denen du beim Zeugnisgeben vielleicht begegnest.

„Es gibt keine absolute Wahrheit."

Denke immer daran, dass jede Wahrheit per Definition nur sehr begrenzt ist. Es gibt beispielsweise eine einzige richtige Antwort und viele falsche Antworten: 2 + 2 = 4, nicht 5, nicht 11, nicht 67 (*eine* richtige Antwort und viele falsche Antworten). Es gibt nur *eine* Person, die augenblicklich Präsident der Vereinigten Staaten ist (*eine* richtige Antwort und viele falsche Antworten). Wenn es um die Ewigkeit geht, so erwarte ich, dass es *eine* richtige und viele falsche Antworten gibt. Und genau das ist der Fall. Es gibt nur *eine* Wahrheit, und die findet man in der Bibel. Wir müssen fortfahren, die Leute zur ewigen Wahrheit des Wortes Gottes zu führen.

Eine wichtige Aussage, die sowohl für Gläubige als auch für Ungläubige gilt, lautet: „Es ist nicht wichtig, was du glaubst, sondern es ist wichtig, was wahr ist." Die Menschen müssen viel mehr über *Wahrheit* nachdenken als über *Glauben*. Ich glaube vielleicht, dass die Erde eine Scheibe ist, aber das ist sie nicht. Ich glaube vielleicht, dass der Himmel grün ist, er ist es aber nicht. Ich glaube vielleicht, dass du mir 1000 Dollar überweist, aber das tust du wahrscheinlich nicht! Wir müssen den Leuten helfen, den Unterschied zu erkennen zwischen dem, was sie glauben, und dem, was wahr ist.

Auf einem meiner Highschool-Klassentreffen haben wir ein Gruppenfoto gemacht. Ich bin fast zwei Meter groß, und du kannst dir denken, dass ich deshalb auf Fotos immer in der letzten Reihe stehe.

Dieses Mal stand ich nicht nur in der letzten Reihe, sondern ich musste mich in der letzten Reihe auch noch auf einen Stuhl stellen! Beim Zeugnisgeben sollte man darauf achten, dass die Zuhörer nicht abgelenkt werden können. Der Bursche neben mir, Jim, hatte nicht vor, schon zu gehen; das war ein Anlass für mich, eine Unterhaltung mit ihm zu beginnen.

Auf der Oberstufe war er ein beliebter Fußballspieler gewesen. Seine Rolexuhr und der große Goldring ließen darauf schließen, dass er wohl erfolgreich war. Ich fragte Jim, wie es in seinem Leben geistlich aussah.

Als er seine geistlichen Ansichten darlegte, sagte er, solange er mit dem Herzen daran glaubte, dass etwas wahr sei, sei es auch wahr. Beim Zeugnisgeben wirst du dich regelmäßig mit dem Konzept „Absolute Wahrheit contra relative Wahrheit" auseinandersetzen müssen – dass man also eine Wahrheit immer relativ zu einer Situation sehen müsse.

Hier ist ein Argument, das ich benutze: „Adolf Hitler hat von Gottes auserwähltem Volk sechs Millionen Menschen ermordet. Waren diese Taten also richtig, solange er nur fest im Herzen daran glaubte, dass sie in Ordnung waren, Jim?"

An diesem Punkt saß Jim in der Klemme. Ich bin nur drei Personen begegnet, die diese Frage mit „Ja" beantwortet haben. Einige sind in ihrer Argumentation gefangen und wollen nicht zugeben, dass sie falsch liegen.

Jim antwortete: „Es muss irgendeine absolute Wahrheit geben." Dann drehte er sich um und schaute weg.

Lass eine Unterhaltung über Jesus niemals mit einem negativen Eindruck zu Ende gehen. Dazu ist Er viel zu wichtig.

Deshalb fügte ich hinzu: „Jim, wenn du jemals absolute Wahrheit finden willst, so wirst du sie nur in der Bibel finden." Ich konnte in seinen Augen sehen, dass eine gute Saat gesät worden war.

Eines Abends schaute ich nach dem Zeugnisgeben die Sendung „Politically Incorrect" (Politisch unkorrekt) an. Der Zweck der Sendung ist einfach, einigen Gästen eine halbe Stunde Zeit zu geben, ihre Meinung zu äußern. An diesem Abend trat eine sehr konservative Frau in der Sendung auf und brachte auf einzigartige Weise alle anderen aus der Fassung. Eine ihrer Fragen war: „Unter welchen Umständen ist Vergewaltigung in Ordnung?" Die anderen Gäste saßen einfach nur da.

Denk einmal darüber nach! Kannst du dir irgendeine Situation vorstellen, in der eine Vergewaltigung wirklich in Ordnung wäre? Wenn also eine Vergewaltigung für jeden Menschen an jedem Ort und zu jeder Zeit falsch ist, dann ist die Feststellung „Vergewaltigung ist falsch" eine absolute Wahrheit. Und wenn es *eine* absolute Wahrheit gibt, dann kann es keine zwei, drei, oder mehr geben. Das ist ein gutes Argument, Leuten zu helfen, das zu durchdenken und zu schlussfolgern, dass es absolute Wahrheit geben muss. Dann bist du auf dem besten Weg, deine Position bezüglich der Wahrheit Gottes und der Bibel belegen zu können.

„Kannst du beweisen, dass es einen Gott gibt?"

Diese Frage wird regelmäßig von Leuten gestellt, die davon ausgehen, dass unser Glaube blind ist und dass die Vernunft auf ihrer Seite ist. Mit anderen Worten: *Wir* haben einen blinden Glauben, während *ihr* Glaube begründet ist. Ich stimme der Meinung dieser Leute durchaus nicht zu. Gott verlangt niemals von uns, dass wir einen blinden Glauben haben, und Er wird es auch nie von uns verlangen. Blinder Glaube führt Menschen ins Sektenwesen. Wir brauchen einen für die meisten Entscheidungen in unserem Leben nachvollziehbaren Glauben, und einen solchen Glauben brauchen wir auch, wenn es um Entscheidungen im Blick auf die Ewigkeit geht.

Es ist nicht schwer, den Verlorenen zu beweisen, dass es einen Gott gibt, vor allem, weil Römer 1,19 sagt, dass das „von Gott Erkennbare unter ihnen offenbar ist, denn Gott hat es ihnen offenbart". Einer der grundlegenden Beweise für Gott hat vier Punkte:

1. Schöpfung
2. Design
3. Kunst
4. Ordnung

Eines Tages war ich an der staatlichen Universität Louisiana in Baton Rouge und unterhielt mich auf dem Weg zu seiner Klasse mit einem Theaterprofessor. Er fragte mich: „Können Sie beweisen, dass es einen Gott gibt?"

Ich antwortete:

„Sicher kann ich das."

Übrigens – eine gute Frage, die man einem Atheisten oder Agnostiker stellen kann: „Welchen Beweis haben Sie gefunden, wodurch klar ist, dass es keinen Gott gibt?" Atheisten haben keine Antwort darauf, und viele geben zu, dass es keinen Beweis für ihren Glauben gibt. Sie haben also lediglich einen blinden Glauben. Was sie uns fälschlicherweise vorwerfen, ist genau das, was sie als Grundlage für ihre ewige Bestimmung benutzen.

Während wir gingen, erklärte ich dem Professor: „Jedes Mal wenn Sie ein Hemd sehen [nimm irgendetwas aus deiner Umgebung], wissen Sie, dass jemand es hergestellt hat. Immer, wenn Sie eine Uhr sehen, wissen Sie, dass sie einen Designer hat. Jedes Mal, wenn Sie Kunst betrachten [zeige auf irgendetwas Künstlerisches in deiner Umgebung], so wissen Sie, dass da ein Künstler am Werk war. Immer, wenn Sie einen Zustand der Ordnung sehen, beispielsweise zwanzig Colaflaschen in einer

Reihe, so wissen Sie, dass es jemand gibt, der sie so aufgestellt hat.

Wenn Sie sich das Universum anschauen, was sehen Sie da? Sie sehen Schöpfung, Design, Kunst und Ordnung. Wenn alles andere einen Schöpfer hat, einen Designer, einen Künstler oder jemand, der Ordnung schafft, warum denken Sie dann nicht, dass es hinter dem Universum einen Schöpfer, einen Designer, einen Künstler und jemand gibt, der es geordnet hat?"

Während wir weitergingen, schwieg er etwa eine Minute lang; er konnte das, was offensichtlich war, nicht widerlegen. Wir sprachen weiter zusammen. Zehn Minuten später, als wir zu seinem Klassenraum kamen, sagte er: „Ich denke immer noch über diese Schöpfungs-, Design-, Kunst- und Ordnungssache nach." Es war so einfach und logisch, doch es berührte ihn im Herzen.

In Römer 1,20 heißt es: „Denn das Unsichtbare von ihm wird geschaut, sowohl seine ewige Kraft als auch seine Göttlichkeit, die von Erschaffung der Welt an in dem Gemachten wahrgenommen werden –, damit sie ohne Entschuldigung seien." Die Menschen werden keine Entschuldigung vor Gott haben, wenn sie behaupten, dass es nicht genügend Beweise für seine Existenz gegeben habe, denn die Schöpfung selbst spricht für einen Schöpfer. Woher wissen wir, dass jedes Gebäude einen Architekten hat? Durch das Betrachten! Das Gebäude selbst ist der Beweis dafür, dass es einen Architekten hat. Dieses Universum selbst ist der Beweis dafür, dass es einen Gott gibt. Punkt.

„Woher wissen Sie, dass die Bibel wahr ist?"

Das ist wahrscheinlich die Frage, der du am häufigsten begegnen wirst. Die Leute wollen wie Pilatus damals wissen: „Was ist Wahrheit?" (Johannes 18,38). In Johannes 17,17 sagt Jesus über das Wort Gottes: „Dein Wort ist Wahrheit." Auf jeden Fall weist jede interne Information in der Bibel darauf hin, dass es sich um das wahre Wort Gottes handelt.

Wenn du die Dinge auf diese Weise begründest, würden dir allerdings viele vorwerfen, dass du Zirkelschlüsse benutzt. Viele Christen antworten nur, dass sie glauben, dass es wahr ist. Doch bedenke, dass es nicht entscheidend ist, was du glaubst – entscheidend ist, was wahr ist. Gibt es also irgendwelche außerbiblischen Beweise für die Wahrheit der Bibel? Ja, die gibt es.

Ich führe meistens fünf Punkte an, um zu zeigen, dass die Bibel wahr ist. Nachdem ich diese Informationen auf einer Freizeit dargelegt hatte, sagten mir die Leute, dass das zu dem Wertvollsten gehöre, was sie gelernt hatten.

1. Die Bibel ist das meistverkaufte Buch der Welt

Das allein bedeutet noch nicht, dass die Bibel auch wahr ist, aber weil es das meistverkaufte Buch der Geschichte ist, sollten wir wenigstens hineinschauen. Etwa 150 Millionen Bibeln werden jedes Jahr gedruckt! Kein anderes Buch erreicht eine solch hohe Auflage.

Wenn die Menschen sich Zeit nehmen, um Shakespeare oder John Grisham zu lesen, warum lesen sie nicht auch das populärste Buch der Welt?

Fordere die Leute damit heraus, dass es eine große Wahrscheinlichkeit gibt, dass die Bibel wenigstens ein klein wenig Wahrheit enthält. Die Bibel zu lesen, ist eine gute Weise, diese Wahrheit zu finden.

2. Die Bibel erhebt den Anspruch, von Gott geschrieben worden zu sein

Das ist ein äußerst wichtiger Punkt. Verlorene Menschen glauben, die Bibel sei von Menschen geschrieben worden. Doch die Bibel behauptet, dass Gott der Autor ist:

- Alle Schrift ist von Gott eingegeben (2. Timotheus 3,16).
- Denn die Weissagung wurde niemals durch den Willen des Menschen hervorgebracht, sondern heilige Menschen Gottes redeten, getrieben vom Heiligen Geist (2. Petrus 1,21).

Aber bedeutet das, dass allein deshalb, weil die Bibel behauptet, Gott sei ihr Autor, Er das auch ist? Nein, das heißt es tatsächlich nicht. Ich könnte dir einen Brief schreiben mit Anweisungen, was du tun sollst, und diesen dann mit „Liebe Grüße, Gott" unterzeichnen, aber das heißt nicht, dass Gott den Brief geschrieben hat.

Wir brauchen mehr Beweise. Ein Prediger erwähnte, dass die Bibel Ausdrücke wie „So spricht der Herr" über 3000-mal benutzt. Die Bibel bezeugt mit Sicherheit, dass der Verfasser Gott ist und nicht ein Mensch.

Diese ersten beiden Punkte können das Interesse der Leute wecken. Die nächsten drei Punkte sind die starken Beweise, nach denen sie suchen.

3. Historische Zeugnisse unterstützen die Bibel

Bisher konnte niemand auch nur einen einzigen historischen Fehler in der Bibel nachweisen. Das allein ist schon bewundernswürdig. Wenn Menschen die Bibel geschrieben hätten, würden wir nach all den Jahren mit Sicherheit historische Unstimmigkeiten entdecken – aber es gibt keine. Damit du mehr über diesen Punkt und auch über die beiden folgenden studieren kannst, empfehle ich dir, eines der folgenden Bücher zu lesen:

- *Die Bibel im Test – Tatsachen und Argumente, die für die Wahrheit der Bibel sprechen* (Josh MacDowell)
- *Der Fall Jesus* (Lee Strobel)

Beide Bücher liefern schlagkräftige Beweise dafür, dass die Bibel nicht aus den Händen von Menschen stammt, sondern aus der Hand des allmächtigen Gottes. Ich kaufe oft eins dieser Bücher für Menschen, die wirklich suchend sind.

4. Archäologische Befunde sprechen für die Bibel

Bis heute hat kein Archäologe im Nahen Osten irgendetwas gefunden, was gegen die Bibel spricht. Tatsächlich beweist jede weitere Entdeckung die Richtigkeit der Bibel. Es gibt über 25.000 archäologische Funde, die Personen, Orten und Ereignissen aus der Bibel zuzuordnen sind, und nicht einer dieser Funde widerspricht der Heiligen Schrift. Das sind erstaunliche Belege für die Glaubwürdigkeit der Bibel.

Die beiden oben aufgeführten Bücher beinhalten viele Zitate und wertvolle Informationen über archäologische Zeugnisse, die ich hier nicht wiederholen möchte.

Es gibt über 25.000 archäologische Funde, die der Bibel zuzuordnen sind, und nicht einer dieser Funde widerspricht der Heiligen Schrift.

Nachdem ich einige archäologische Zeugnisse aufgeführt habe, frage ich die Leute oft: „Wenn Sie den historischen und archäologischen Zeugnissen der Bibel glauben können, warum können Sie nicht auch dem geistlichen Teil Glauben schenken?“ Oft gibt das den Leuten dann Stoff zum Nachdenken.

5. Erfüllte Prophezeiungen bestätigen die Bibel

Wenn du in einem Gespräch nicht genügend Zeit hast, so überspring die ersten vier Punkte und fang mit diesem letzten Punkt an. Erfüllte Prophezeiungen beweisen nicht nur, dass die Bibel wahr ist, sondern sie beweisen auch die Existenz Gottes.

Oft frage ich die Leute: „Welches ist das einzige Buch auf der Welt, das Hunderte sehr detaillierte Prophezeiungen enthält?“ Die richtige Antwort ist: die Bibel. Das Buch Mormon nicht; der Koran für Muslime nicht; die Bhagavad Gita für Hindus auch nicht.

Ich frage: „Wenn der Text Prophezeiungen enthält, die sich nicht erfüllen, was sagt das über das Buch?“ Die Menschen werden antworten, dass das Buch falsch ist. Und das ist völlig richtig. Jemand, mit dem ich einmal sprach, deutete auf einen Abfalleimer und sagte: „Solch ein Buch gehört in den Abfalleimer dort!“ Er wusste, dass ein Buch unglaubwürdig ist, wenn es Prophezeiungen enthält, die sich nicht erfüllt haben.

Ich weise die Menschen besonders darauf hin, dass 25 Prozent des Inhaltes der Bibel zum Zeitpunkt ihrer Niederschrift zukünftige Ereignisse voraussagten. Und jede einzelne dieser

Prophezeiungen hat sich bis ins kleinste Detail erfüllt, außer den wenigen ausstehenden Prophezeiungen über das Wiederkommen Christi auf die Erde. Statistisch gesehen gibt es nicht die Möglichkeit, dass Menschen die Zukunft hundertprozentig genau vorhersagen können. Dann frage ich die Leute: „Wer ist der Einzige, der das kann?"

Einmal habe ich einem Atheisten diese Frage gestellt; er antwortete: „Gott" – obwohl er nicht einmal glaubt, dass es einen Gott gibt! Aber er erkannte an, dass allein Gott die Zukunft kennen kann.

Wenn Leute das zugeben, können sie nicht mehr ausweichen. Nun kannst du erklären, dass nach der Bibel – die ja wahr ist – ein Himmel und eine Hölle existieren. Frage sie dann, zu welchem dieser beiden Orte sie einmal kommen wollen. Abschließend geh mit ihnen die Zehn Gebote durch, sprich die Buße und das Kreuz an, um ihnen zu zeigen, dass sie einen Erlöser nötig haben.

Manchmal fragt die Person, der ich gerade Zeugnis gebe, ob ich einige dieser Prophezeiungen nennen kann. In der Regel nenne ich die folgenden drei:

- Das Buch Micha (Kapitel 5,1) berichtet davon, dass der Messias in Bethlehem geboren werden würde – weder in Jerusalem noch in Atlanta noch in New York. Jesus wurde in Bethlehem geboren (Lukas 2,4–7)
- Das Buch Sacharja (Kapitel 11,12.13) berichtet, dass der Messias für dreißig Silberstücke verraten werden würde. Jesus wurde für dreißig Silberstücke verraten (Matthäus 26,15).
- Psalm 22 sagt voraus, dass die Hände und Füße des Messias durchbohrt werden würden. Diese Prophezeiung ist sehr überzeugend, weil sie bereits 800 Jahre bevor man die Kreuzigung überhaupt als Bestrafungsmethode benutzte, niedergeschrieben wurde. Und tatsächlich wurden die Hände und Füße Jesu durchbohrt (Matthäus 27,35).

An diesem Punkt sagen viele: „Das reicht. Sie kennen sich wirklich mit dem Thema aus." Christen, wisst ihr was? Wir *sollten* uns in dem Thema auskennen! Wenn das der Fall ist, werden die Verlorenen das anerkennen. Sie suchen Menschen, die den Schritt zum Glauben an Jesus gut überlegt getan haben und nicht einen blinden Sprung des Glaubens gemacht haben. Die Bibel ist wahr. Du kannst es beweisen, fürchte dich daher nicht vor dieser Frage.

Es sind keine Zirkelschlüsse, wenn man erfüllte Prophezeiungen zitiert oder Prophezeiungen, die sich heutzutage erfüllen (wie z. B. Matthäus 24 und 2. Timotheus 3). Die Bibel ist nicht nur ein einziges Buch, sondern eine Sammlung von 66 Büchern, die von etwa vierzig Autoren über einen Zeitraum von 1500 Jahren geschrieben worden sind. Ihre innere Einheit und die bereits erfüllten Prophezeiungen beweisen ihren göttlichen Ursprung.

„Zeigt die Evolutionstheorie[19] nicht, dass die Bibel unrecht hat?"

Die wissenschaftliche Evolutionstheorie ist für viele Menschen ein Hindernis für den Glauben an Gott. Beim genaueren Hinsehen kann aber gerade die Wissenschaft eine Hilfe dabei sein, die Evolutionstheorie als Irrweg und Gott als den Schöpfer zu erkennen. Je mehr du über dieses Thema weißt, umso besser ist es. Ich benutze folgende Argumente, um die Evolutionstheorie in Frage zu stellen:

1. Wahrscheinlichkeit

Stell dir vor, du hättest einen Becher mit 20 Würfeln, von denen jeder mit einem Buchstaben des Alphabets bedruckt ist (A, B, C usw.). Dann würfelst du und erwartest, dass die Würfel direkt in alphabetischer Reihenfolge daliegen. Die Wahrscheinlich-

[19] Die „Evolutionstheorie" erklärt die Herkunft des Kosmos, des Lebens und der Lebensformen durch einen natürlichen Entwicklungsprozess.

keit, dass genau das passiert, beträgt 1 : 2,4 x 10^{18}! Und dabei geht es nur um 20 Dinge, die in einer bestimmten Reihenfolge ablaufen sollen. Wir haben im Mittel 212 Knochen in unserem Körper; wie lange würde es dauern, bis diese sich in der richtigen Ordnung befinden? Für 200 Dinge, die in einer bestimmten Reihenfolge auftreten sollen, beträgt die Wahrscheinlichkeit 1:10^{375}. Mathematiker sagen, dass alles, was 10^{50} überschreitet, absolut unmöglich ist.

Wenn komplexe Vorgänge wie die Entstehung des Lebens und der verschiedenen Lebensformen ungelenkt, durch „Zufall und Notwendigkeit" erfolgt sein sollen, dann ist die mathematische Wahrscheinlichkeit dafür verschwindend gering.

2. Fossilien

Die Abstammung aller Lebensformen aus einem gemeinsamen Ursprung sollte mit Fossilienfunden belegbar sein. Dies ist nicht der Fall. Die Übergangsformen, die zwischen den verschiedenen Stämmen, Klassen und Ordnungen existiert haben müssten, gibt es nicht. Ihr Fehlen wird als Problem der „Missing Links" (fehlende Bindeglieder) bezeichnet. Das trifft auch auf die Evolution des Menschen zu. Es werden fossile Menschen und fossile Affen gefunden, aber bis heute gibt es keine Zwischenform, keinen „Affenmenschen".

Wenn ich Zeugnis gebe, diskutiere ich darüber viel ausführlicher. Ich unterhielt mich einmal mit einer Studentin, die behauptete, dass es keinen Gott gebe, da die Evolutionstheorie wahr sei. Als ich mit ihr diese Argumente durchging, hatte sie aus wissenschaftlicher Perspektive nichts dagegenzusetzen – obwohl ihr Hauptfach Anthropologie[20] war. Sie studierte die Evolutionstheorie, konnte diese Punkte aber nicht widerlegen!

Das Buch, das mir auf diesem Gebiet die größte Hilfe war, heißt *The Collapse of Evolution* und ist von Dr. Scott Huse[21]. Diesem Buch entstammen auch die beschriebenen Argumente.

[20] Die Lehre vom Menschen.

[21] Nur auf Englisch erhältlich.

Mach dir klar: Die Wissenschaft kann dazu beitragen, dir den Schöpfer groß zu machen! Wenn du von der Bibel her an die wissenschaftlichen Daten herangehst, wirst du entdecken, dass sie in Summe für die Schöpfung und gegen die Evolution sprechen:

- Nicht alles Fleisch ist dasselbe Fleisch; sondern ein anderes ist das der Menschen und ein anderes das Fleisch des Viehs und ein anderes das Fleisch der Vögel und ein anderes das der Fische (1. Korinther 15,39).
- Und Gott machte die Tiere der Erde nach ihrer Art, und das Vieh nach seiner Art, und alles, was sich auf dem Erdboden regt, nach seiner Art. Und Gott sah, dass es gut war (1. Mose 1,25).

„Wieso soll Jesus der einzige Weg zu Gott sein? Gibt es nicht mehr Möglichkeiten, um in den Himmel zu kommen?"

Unsere Gesellschaft wird zunehmend pluralistisch, und da denken immer mehr Menschen, dass jeder Glaube gleichwertig ist und jeder einfach das glauben soll, was er glauben will. Oprah Winfrey[22] sprach in ihrer Sendung eines Tages über ihre Überzeugungen. Sie stellt sich Gott auf der Spitze eines Berges vor und glaubt, dass es viele Wege gibt, um dorthin zu gelangen. Wir könnten den Christen-Weg gehen, den Juden-Weg, den Muslim-Weg, den Hindu-Weg, den Gute-Werke-Weg usw.

Wenn jemand eine ähnliche Behauptung aufstellt, dann sage ich Folgendes: Wenn es viele Wege gibt, um zu Gott zu gelangen, musste dann der Sohn Gottes am Kreuz für die Sünden der Welt sterben? Die Antwort lautet natürlich „Nein." Wenn die Menschen auf dem jüdischen Weg

[22] Oprah Gail Winfrey (* 29. Januar 1954 in Kosciusko, Mississippi, USA) ist eine Talkshow-Moderatorin, Schauspielerin und Unternehmerin. (Wikipedia)

oder dem Weg der guten Werke hätten bleiben und trotzdem zu Gott hätten kommen können, hätte Jesus nicht einen qualvollen Tod am Kreuz als Bezahlung für unsere Sünden erdulden müssen. Warum sollte Er für unsere Sünden gestorben sein, wenn es nicht nötig gewesen wäre? Die Bibel sagt, dass Er das freiwillig getan hat. Wenn Er sich dazu entschieden hätte, sein Leben für unsere Sünden zu geben, ohne dass es nötig gewesen wäre, so wäre dies eine völlig sinnlose Sache in der Weltgeschichte gewesen. Untersuche, was Er getan hat, und du wirst sehen, dass Jesus in seinem ganzen Leben nie etwas Törichtes getan hat. Er war sündlos und alles, was Er tat, war vollkommen.

Warum sollte Er das einzig vollkommene Leben in der Geschichte der Menschheit geführt haben und dann die sinnloseste Tat des Jahrtausends vollbringen? Es sei denn, es ist so, wie Er gesagt hat: nämlich, dass Er der einzige Weg zum Himmel ist. Wenn dich jemand fragt, weshalb du so sicher bist, dass Jesus der einzige Weg zum Himmel ist, dann kannst du ihm die Gegenfrage stellen: „Was macht Sie denn so sicher, dass Er es nicht ist?“ Lass doch den anderen seine Sichtweise beweisen. Du wirst schnell herausfinden, dass viele verlorene Menschen auf einen blinden Glauben bauen.

Nach der Bibel ist die Hölle ein sehr realer Ort. Wir müssen die Menschen von ihrer Realität überzeugen und sie davor warnen, an diesen Ort zu kommen.

Dann kannst du erklären, dass wir „von neuem geboren“ werden, wenn wir wegen unserer Sünden Buße tun und unser Vertrauen auf Jesus setzen. Er kommt, um durch den Heiligen Geist in uns zu leben, und gibt uns die absolute Sicherheit, dass wir nun ewiges Leben haben.

Sprich über die Zehn Gebote, über Buße, über das Kreuz und darüber, was das vergossene Blut Jesu für sie bewirken kann. Die folgenden Verse können dabei hilfreich sein:

- Wendet euch zu mir und werdet gerettet, alle ihr Enden der Erde! Denn ich bin Gott und keiner sonst (Jesaja 45,22).

- Jesus spricht zu ihm: Ich bin der Weg und die Wahrheit und das Leben. Niemand kommt zum Vater als nur durch mich (Johannes 14,6).
- Denn Gott ist *einer*, und *einer* ist Mittler zwischen Gott und Menschen, der Mensch Christus Jesus (1. Timotheus 2,5).
- Und es ist in keinem anderen das Heil, denn es ist auch kein anderer Name unter dem Himmel, der unter den Menschen gegeben ist, in dem wir errettet werden müssen (Apostelgeschichte 4,12).

„Ich glaube nicht an die Hölle, also kann es sie auch nicht geben."

Erinnere dich: Es ist unwichtig, was wir *glauben*; entscheidend ist, was *wahr* ist. Unglaube ändert nichts an der Realität. Wir mögen glauben, dass Gift nicht tödlich wirkt, aber es ist tödlich. Wir mögen glauben, dass die Erde eine Scheibe ist, aber das ist sie nicht. Bleib dabei, dass du die Leute immer wieder aufforderst, nach der Wahrheit zu suchen und nicht nach irgendetwas, an das sie dann glauben.

Nach der Bibel ist die Hölle ein sehr realer Ort. Jesus sprach 33-mal von ihr und beschrieb ihre Schrecklichkeit in anschaulichen Einzelheiten. Die Hölle ist ein Ort ewiger, bewusst erlebter Qual. Wir müssen die Menschen von der Realität der Hölle überzeugen und sie vor der Hölle warnen.

„Die Bibel spricht von Reinkarnation nach dem Tod."

Viele Leute glauben heutzutage an eine Reinkarnation, weil es dem Zeitgeist entspricht. Wer hätte nicht gern eine Chance, noch einmal ganz von vorn anzufangen? Im Hinduismus jedoch, wo die Vorstellung von der Reinkarnation ihren Ursprung hat, ist sie nichts Gutes, sondern ein Fluch. Der Mensch muss immer wieder zum Leben auf der Erde zurückkehren, bis er alles richtig gemacht hat. Die Bibel stützt den Gedanken der Reinkarnation ganz und gar nicht. Als Jesus sagte, dass wir von neuem geboren werden müssen, sprach Er von einer *geistlichen* Geburt, nicht von einer *physischen* Geburt.

Wer sein Vertrauen auf Christus setzt, wird geistlich in Gottes Familie hineingeboren. Jeder von uns, der stirbt, wird an einen der beiden Bestimmungsorte gehen: entweder zum Himmel oder zur Hölle. Wir werden nicht in einer anderen Lebensform auf die Erde zurückkehren. Die Bibel sagt:

- Denn die zählbaren Jahre gehen vorüber und ich werde einen Weg gehen, auf dem ich nicht wiederkehren werde (Hiob 16,22).
- Und ebenso, wie es den Menschen gesetzt ist, *einmal* zu sterben, danach aber das Gericht ... (Hebräer 9,27).

„Kann Gott einen Stein erschaffen, der so schwer ist, dass Er ihn selbst nicht mehr hochheben kann?“

Kann Gott den größten Stein des Universums erschaffen? Ja, denn Er hat alles erschaffen. Kann Gott den größten Stein des Universums hochheben? Ja, denn Er ist allmächtig. Was ist also der Kern dieser Frage? In Wirklichkeit hat sie überhaupt keinen Kern. Es handelt sich lediglich um eine dieser Fangfragen, die Ungläubige ab und zu stellen, um Christen in die Ecke zu drängen.

Die Antwort auf diese Frage ist: „Nein.“ Es mag den einen oder anderen ärgern, wenn man sagt, dass Gott irgendetwas nicht tun kann, jedoch gibt es tatsächlich zahlreiche Dinge, die Gott nicht tun kann. Er kann keinen quadratischen Kreis erschaffen. Er kann kein rundes Quadrat erschaffen. Er kann nicht lügen. Er kann nicht sündigen. Er kann nicht jemand nicht lieben. Aber die Tatsache, dass es Dinge gibt, die Gott nicht tun kann, heißt nicht, dass Er nicht allmächtig ist. Es bedeutet lediglich, dass bestimmte Dinge nicht zu seinem Wesen gehören.

„Ich will die Dinge mit Gott ordnen, wenn ich alt bin."

Wenn Satan alle Sünde verursacht und daher auch den Tod, warum sollten wir mit dem Finger auf jemand zeigen, wenn er stirbt?

Wenn Leute so etwas sagen, frage ich sie immer: „Können Sie garantieren, dass Sie morgen früh wieder aufwachen?" Natürlich ist die Antwort: „Nein." Dann sage ich nur noch: „Gehen Sie nicht zu Bett, bevor Sie sicher sind, wo Sie die Ewigkeit zubringen werden."

Ein Jugendpfarrer sagte einmal: „Ob du alt oder jung bist, wird nicht durch dein Alter bestimmt, sondern davon, wann du stirbst." Das ist eine interessante Aussage. Wenn ein 17-Jähriger mit 70 Jahren sterben würde, hätte er noch lange Zeit zu leben; relativ gesprochen ist er also noch ein recht junger Mann. Wenn ein 17-Jähriger aber heute in einer Woche sterben würde, so wäre er, in Relation zu seiner ganzen Lebensspanne, schon ein sehr alter Mann.

Unser Bild von „alten" Leuten ist, dass sie Gehhilfen und Rollstühle haben, aber das muss nicht unbedingt der Fall sein. Es kann sein, dass du gerade jetzt mit „alten" Leuten zusammen bist, die ziemlich jung aussehen. Das hängt davon ab, wann diese Menschen sterben werden. Da du also nicht weißt, wie „alt" die Leute im geistlichen Sinn wirklich sind, sorge dafür, dass du dir Zeit nimmst, um jedem das mitzuteilen, was er vor seinem letzten Atemzug unbedingt noch wissen muss.

Die Bibel sagt:

- Wohlan nun, ihr, die ihr sagt: Heute oder morgen wollen wir in die und die Stadt gehen und dort ein Jahr zubringen und Handel treiben und Gewinn machen (die ihr nicht wisst, was der morgige Tag bringen wird; denn was ist euer Leben? Ein Dampf ist es ja, der für eine kurze Zeit sichtbar ist und dann verschwindet) ... (Jakobus 4,13.14).

- Siehe, jetzt ist die wohlangenehme Zeit, siehe, jetzt ist der Tag des Heils (2. Korinther 6,2).
- Getümmel, Getümmel im Tal der Entscheidung; denn nahe ist der Tag des HERRN im Tal der Entscheidung (Joel 4,14).

„Wie kann es einen Gott geben, da es doch so viel Böses und so viel Leid auf der Erde gibt?"

Das Vorhandensein von Bösem beweist nicht, dass es keinen Gott gibt; es beweist nur, dass es Böses gibt. Einige argumentieren, ein liebender Gott würde Böses nicht zulassen und daher gebe es entweder keinen Gott oder dieser liebe uns nicht oder Er sei nicht mächtig genug, um das Böse zu verhindern.

Der Liebe geht per Definition eine Entscheidung voraus. Wir können uns entscheiden, unsere Eltern zu lieben. Wir können uns entscheiden, unseren Ehepartner zu lieben. Wir können uns entscheiden, unsere Kinder zu lieben. Wir können uns ebenso entscheiden, Gott zu lieben, oder uns entscheiden, Gott nicht zu lieben. Das Böse, das wir um uns herum in der Welt sehen, entsteht dadurch, dass Menschen sich dazu entscheiden, Gott nicht zu lieben und Ihm nicht zu gehorchen. Wenn wir wirklich glaubten, dass die Menschen im Bild Gottes geschaffen worden sind, würden wir nicht die Dinge tun, die wir anderen Menschen zufügen.

Geh davon aus, dass eine Person, die in dieser Weise von Bösem spricht, das möglicherweise aufgrund einer schlechten Erfahrung sagt. Das ist auch der Fall, wenn jemand Groll auf Gott oder auf die Kirche hat. Meistens ist so jemand auf irgendeine Weise verletzt worden. Versuche herauszufinden, was das für ein Ereignis war, falls jemand es erzählen möchte; und dann nimm dich seiner an. Er stellt an diesem Punkt die Liebe Gottes in Frage, also zeige sie ihm.

Eine junge Dame, mit der ich mich unterhielt, fragte mich: „Was für ein Gott ist das, der mir meinen Vater wegnahm, als ich 19 Jahre alt war?"

Ihr Groll gegen Gott war fehl am Platz. Die Bibel sagt, dass der Tod durch die Sünde kommt und dass die Sünde durch Adam in die Welt gekommen ist. Es war die Sünde der Menschheit, die ihrem Vater den Tod brachte.

Adam dafür verantwortlich zu machen, ist zwar sachlich richtig, hilft uns jedoch nicht weiter. Er ist schon seit Tausenden von Jahren tot. Fälschlicherweise Gott zu beschuldigen, führt davon weg, die Lösung zum Problem „Tod" zu finden – nämlich ewiges Leben, das Gott uns durch den Glauben an Christus anbietet. Bis zum Eintritt der Sünde im Garten Eden gab es ja den Tod nicht. Dem liebenden Gott sei Dank, dass es im Himmel keinen Tod gibt, weil es im Himmel keine Sünde gibt. Verkündige weiter die Wahrheit Gottes in Liebe. Die Leute werden zuhören.

„Was ist mit jemand, der in Afrika lebt und nie das Evangelium gehört hat? Ist er zur Hölle verdammt?"

Wenn mir jemand diese Frage stellt, fordere ich ihn mit folgenden Worten heraus: „Wenn dir die Person in Afrika wirklich so wichtig ist, warum bekennst du nicht deine Sünden, übergibst dein Leben Jesus und gehst dann los, um dieser Person in Afrika das Evangelium zu verkündigen?"

Du wirst schnell feststellen, dass der Person in Wirklichkeit die Menschen in Afrika ziemlich egal sind. Sie versucht nur, dich in die Enge zu treiben.

Erkläre ihr, dass die Menschen nicht in die Hölle kommen, weil sie nie von Jesus gehört haben, sondern weil sie das Gesetz des allmächtigen Gottes übertreten haben, und das ist Sünde (1. Johannes 3,4).

Titus 2,11 – ein sehr bemerkenswerter Vers – sagt: „Denn die Gnade Gottes ist erschienen, heilbringend für alle Menschen." Gott will jeden erreichen und macht sich für jeden erreichbar.

Römer 1,20 belehrt uns auch darüber, dass Gottes unsichtbare Eigenschaften in der Natur deutlich zu sehen sind, so dass die Menschen ohne Entschuldigung sind. Da ja seine Gnade für alle Menschen erschienen ist, es aber dennoch Menschen gibt, die in die Hölle kommen, lautet die Schlussfolgerung: Menschen weisen Gott ab und wollen stattdessen egoistisch ihre Art zu leben selbst aussuchen. Diese Frage soll nur auf den Leim führen. Die Person, die diese Frage stellt, versucht, dich von der Wahrheit abzulenken, um die es in der Unterhaltung geht.

Nachdem du diese Frage behandelt hast, sage z. B. einfach: „Wenn diese Person vor Jesus steht, kann sie vielleicht sagen, dass sie nie von Ihm gehört hat. Aber wenn *du* vor Gott stehst, wirst du dann sagen können, dass du nie von Jesus gehört hast?“ Eines Abends stellte ich einem Mann vor einer Kneipe diese Frage, und er erwiderte: „Nein, weil Sie mir nämlich heute Abend von Ihm erzählt haben.“ Lenke die Frage direkt auf den Fragenden zurück.

„Die Kirche ist voll von Heuchlern.“

Eines Tages sprach ich in einem Einkaufszentrum mit einem jungen Mann, der zwar nicht an Gott glaubte, aber von seinen Eltern sagte, dass sie Gläubige waren, die Jesus hingegeben lebten. Er gab allen Heuchlern die Schuld dafür, dass er nicht zur Kirche ging. Ich fragte ihn: „Wenn ich Bier trinkend und einen Joint rauchend auf dich zugekommen wäre und dir dann von Jesus erzählt hätte, was würdest du dann von mir halten?“

„Dann wären Sie bloß solch ein weiterer komischer Kauz auf der Welt.“

„Du hast völlig recht“, sagte ich.

„Das würde mich hundertprozentig ins Unrecht setzen, setzt aber Gott überhaupt nicht ins Unrecht.“

Ich versuchte, ihm den Unterschied zwischen dem Handeln Gläubiger (oder vermeintlich Gläubiger) und dem Charakter Gottes deutlich zu machen. Ich fügte hinzu: „Heute sind Heuchler in diesem Einkaufszentrum, aber das hat dich auch nicht davon abgehalten, hierherzukommen. Es werden Heuchler in dem Restaurant sitzen, wenn du heute Abend mit deiner Freundin zusammen essen gehst, aber das hindert dich auch nicht daran, dorthin zu gehen. Warum lässt du dich dann von den Heuchlern davon abhalten, die Wahrheit über den einen wahren Gott zu finden, der dich bedingungslos liebt und dir alle deine Sünden vergeben will?“

Die Antwort gefiel ihm so gut, dass ich sie, als seine Freundin dazukam, für sie komplett wiederholen musste!

„Es gibt so viele Religionen; woher weiß ich, welche die richtige ist?“

Wenn du dir die Zeit nimmst, um zu beweisen, dass die Bibel wahr ist, so liegt es auf der Hand, dass der christliche Glaube der richtige Glaube ist. Gebrauche das Gesetz, die Zehn Gebote, um den Menschen ihre Sünde zu zeigen, denn das wird sie zum Kreuz führen. Dadurch sehen sie, dass allein Jesus sie von ihren Sünden befreien kann. An diesem Punkt sehen sie ein, dass Mohammed, Buddha, Krishna usw. ihnen nicht helfen können.

Sprich außerdem immer über die *Auferstehung* Jesu – das historische Ereignis, das Ihn von jedem anderen Menschen unterscheidet. Als ich auf einem Kunstfestival zwei 25-jährigen Frauen das Evangelium sagte, legte ich ihnen dar, dass Jesus gesagt hat, dass Er der einzige Weg zum Himmel ist (Johannes 14,6). Eine der Frauen erwiderte: „Das ist eine fürchterlich arrogante Behauptung!“

Wenn man das so unbesehen nimmt, dann ist das tatsächlich eine arrogante Behauptung – natürlich nur so lange, wie die Behauptung nicht bewiesen werden kann. Daher nahm ich mir die Zeit, um über das Leben, den Tod und die Auferstehung Jesu zu sprechen. Als ich fertig war, gab sie mir recht und sagte: „Wenn dieser Mann von den Toten auferstanden ist, so kann Er sagen, dass Er der einzige Weg zum Himmel ist.“

Die Auferstehung bekräftigt die Worte Jesu. Die Augenzeugenberichte über die Auferstehung sind sehr überzeugende Belege, die wir Verlorenen sagen müssen.

Dies sind lediglich einige der Fragen, mit denen du es beim Zeugnisgeben zu tun haben wirst. Die Antworten, die ich dazu vorgeschlagen habe, sind nicht perfekt, doch studiere weiterhin deine Bibel und bitte den Herrn, dass Er dir die richtigen Antworten gibt. Du kannst nur dann herausfinden, was die Verlorenen fragen, wenn du mit ihnen redest. Sei daher mutig, geh hinaus und sprich mit ihnen!

Kapitel 11
Die Tasche voller Eintrittskarten

„Wenn ihr nie schlaflose Nächte habt, wenn ihr nie Tränen weint, wenn eure Herzen nie so angeschwollen sind, als wollten sie bersten, dann braucht ihr nicht zu erwarten, eifrig genannt zu werden. Ihr kennt nicht den Beginn echten Eifers, denn der Grund christlichen Eifers liegt im Herzen. Das Herz muss schwer von Betrübnis sein und gleichzeitig, in heiligem Brand entfacht, höher schlagen. Das Herz muss ein vehementes Verlangen danach haben, ständig um Gottes Ehre zu ringen, denn anders können wir nie etwas wie diesen Eifer erreichen, von dem Gott gern möchte, dass wir ihn kennen."

Charles Haddon Spurgeon

Nachdem du nun die erforderlichen Mittel hast, um mit jedem über Jesus zu sprechen, sollen die folgenden Geschichten weitere Holzscheite auf das Feuer deines Herzens legen, damit dein Feuer für den Herrn nie wieder erlischt.

Jetzt ist die Zeit

Wenn du sicher wüsstest, dass du in fünf Jahren stirbst, was würdest du mit diesen fünf Jahren anfangen? Viele Leute sagen, dass sie Reisen machen, die Schule beenden oder versuchen würden, Aufregendes zu erleben usw.

Nun stell dir vor, du wüsstest sicher, dass du innerhalb von 24 Stunden sterben wirst. Was würdest du mit diesen letzten Stunden tun? Viele Leute antworten etwa Folgendes: „Ich würde nicht schlafen, ich würde meine Eltern umarmen, ich würde gern ein Problem lösen, das ich mit jemand anders habe, ich würde einer bestimmten Person sagen, dass ich sie liebe, ich würde meinen Glauben weitersagen usw."

So, jetzt kommt die schwierige Frage: Sind das vielleicht schon deine letzten 24 Stunden hier auf der Erde? Du weißt es nicht, oder? Könnten es für deine Freunde, denen du Zeugnis geben solltest, ihre letzten 24 Stunden sein? Ja, durchaus. Also, was immer du in jenen letzten 24 Stunden tun wolltest – tu es jetzt. Stirb nicht, wenn es etwas zu bereuen gibt oder wenn eine wichtige Sache nicht erledigt ist. Leb jeden Tag, als wäre es dein letzter, denn eines Tages wird es dein letzter Tag sein!

Ein Gläubiger sagte zu mir: „Ich muss Gott mehr Zeit geben ... nein, das ist die falsche Ausdrucksweise. Es ist Gottes Zeit; wir sind diejenigen, die diese Zeit für andere Dinge borgen." Das ist eine starke Aussage. In Psalm 90,12 heißt es: „So lehre uns denn zählen unsere Tage, damit wir ein weises Herz erlangen!" Zeit ist kostbar, darum setze sie weise ein für den Herrn.

Oft sage ich den Leuten, dass Gott sie nicht erst in einem Jahr gebrauchen will; Er will sie heute gebrauchen! Wir dienen einem „Jetzt-sofort"-Gott. Tatsache ist, dass Gott uns nicht braucht, wir brauchen Ihn. Doch Er möchte uns jetzt sofort gebrauchen. Kann Er dich jetzt sofort gebrauchen, um sein Reich zu fördern? Wenn nicht, so bitte Ihn darum. Er möchte jeden Gläubigen benutzen, um diese Welt für seinen Sohn zu erreichen. In Markus 16,15 sagt Jesus zu uns: „Geht hin in die ganze Welt und predigt der ganzen Schöpfung das Evangelium." – „Geh!" heißt eigentlich: „Warte nicht!" Es bedeutet: Leg dieses Buch hin, steh auf und bring die gute Nachricht von Jesus jeder Person, die du in unserer verlorenen und sterbenden Welt finden kannst.

Eines meiner Mottos lautet: Wenn etwas an dem Tag, an dem du stirbst, unwichtig ist, ist es auch heute unwichtig. – Ist es an dem Tag, an dem du stirbst, wichtig, ob du eine Million

Euro verdient hast, ob dir zwei Häuser gehören oder ob du der Präsident der Vereinigten Staaten warst? Nein. Wird es an dem Tag, an dem du stirbst, wichtig sein, ob du die Bibel besser kanntest als die Tageszeitung von heute? Ja. Wird es an dem Tag, an dem du stirbst, wichtig sein, dass du mehr gebetet als ferngesehen hast? Ja. Wird es an dem Tag, an dem du stirbst, wichtig sein, ob du verlorenen Sündern deinen Glauben bezeugt hast? Auf jeden Fall. Wir müssen als Gläubige ein Leben führen, das Wert für die Ewigkeit hat und nicht nur für diese Zeit.

In Matthäus 6,19–21 sagt Jesus uns:

> Sammelt euch nicht Schätze auf der Erde, wo Motte und Rost zerstören und wo Diebe einbrechen und stehlen; sammelt euch aber Schätze im Himmel, wo weder Motte noch Rost zerstören und wo Diebe nicht einbrechen und nicht stehlen; denn wo dein Schatz ist, da wird auch dein Herz sein.

Wenn wir wissen, wo unser Herz ist, werden wir auch wissen, wo unser Schatz ist. Und wenn wir wissen, wo unser Schatz ist, macht das deutlich, wo unser Herz ist.

In Lukas 6,45 sagt Jesus:

> Der gute Mensch bringt aus dem guten Schatz des Herzens das Gute hervor, und der böse bringt aus dem bösen das Böse hervor; denn aus der Fülle des Herzens redet sein Mund.

Wir reden das, wovon unser Herz überfließt. Warum gibt es so viele Menschen, die behaupten, Christen zu sein, aber von keinem Zeitpunkt im Leben berichten können, an dem sie das Evangelium weitergesagt haben? Warum reden Christen über nahezu alles, außer über die Dinge des Herrn? Ich denke, die Antwort ist leicht: Jesus erfüllt ihre Herzen nicht. Wenn du besser vom Herrn zeugen möchtest, dann hab mehr Liebe zu Ihm. Du wirst viel mehr über Ihn reden, als du dir jemals vorstellen kannst!

Jemand hat einmal gesagt: „Es scheint so, als würde niemand jemand über jemand erzählen, der alle erretten kann!"

Sieh zu, dass du nicht solch ein Niemand bist, sondern ein Jemand, der einer völlig verlorenen Welt von Jesus erzählt, dem Einzigen, der sie erretten kann.

Eintrittskarten für den Himmel

Wenn ich eine Geburtstagsfeier für dich veranstalten würde, wo jeder Gast 100.000 Euro auf die Hand und ein Mercedes-Cabrio bekommen würde, und ich gäbe dir fünfzig Eintrittskarten – wie viele Leute würden wohl zu deiner Feier kommen? Alle fünfzig, ohne Frage. Wenn du feststelltest, dass du noch eine Eintrittskarte übrig hast, und einen Obdachlosen auf der Straße sähest, würdest du ihm sogar diese Eintrittskarte geben. Ist das nicht so wie das, was Gott für uns getan hat? Er hat uns eine ganze Tasche voller Eintrittskarten gegeben, und es ist unsere Aufgabe, eine Eintrittskarte nach der anderen weiterzugeben – eine Eintrittskarte für einen Ort, den man Himmel nennt. Bitte vergiss nicht, was ich jetzt hier sage; sooft ich auf Veranstaltungen überall im Land darüber spreche, konnten die Leute mir noch nach Jahren sagen, worüber ich gesprochen hatte.

Bist du dir im Klaren darüber, wie viele Christen sterben werden, die dann mit einer Tasche *voller* Eintrittskarten für den Himmel vor Gott hintreten? Du hattest alle diese Eintrittskarten für den Himmel. Du hättest sie an jeden – wie du wolltest – weitergeben können, aber du bist mit deiner Tasche voller Eintrittskarten gestorben. Mein Ziel ist, dass ich, wenn ich sterbe, meine letzte Karte an einen Polizisten, einen Sanitäter oder einen Notarzt abgebe. Und dann werde ich meinen letzten Atemzug tun und sterben, um dann vor dem Thron Gottes zu erscheinen, und zwar ohne noch eine einzige Eintrittskarte in meiner Tasche zu haben.

Der Herr Jesus sagt in Offenbarung 2,10: „Sei getreu bis zum Tod, und ich werde dir die Krone des Lebens geben." Wirst du getreu sein bis zu deinem Tod, bis zu deinem letzten Atemzug, und zwar indem du jede Eintrittskarte für jenen Ort, den Himmel, weitergibst? Bitte tu es aus Liebe zu Jesus.

Eine Studentenvereinigung an der Universität in Auburn veranstaltete eine sehr interessante Feier. Jedes Mitglied der Organisation bekam ein Ticket für die Teilnahme an einer Verlosung. Über den gesamten Abend hinweg wurden Lose gezogen, und das allerletzte Los sollte um Mitternacht gezogen werden. Egal, wer dieses letzte Los hatte, er gewann zwei Hin- und Rückflugtickets zu den Bahamas! Es war eine ziemlich spannende Party. Als es langsam auf Mitternacht zuging, stieg die Spannung merklich an. Einige kauften sogar Lose von anderen, um ihre Gewinnchancen zu erhöhen. Das Problem war nur, dass das letzte Los genau 30 Minuten vor dem Abflug der Maschine um halb eins Uhr gezogen wurde! (Es ist möglich, den Flughafen von Auburn rechtzeitig zu erreichen – so gerade eben.) Deshalb kamen alle mit Sack und Pack zur Feier und reihten ihre Koffer an der Mauer entlang auf. Wenn ihr Los das richtige war, müssten sie hinüberrennen, den (hoffentlich) richtigen Koffer schnappen und dann zum Flughafen rasen.

Warum reden Christen über nahezu alles, außer über die Dinge des Herrn?

In Amos 4,12 heißt es: „Schicke dich an ..., deinem Gott zu begegnen!" Bist du bereit, deinem Gott zu begegnen? Ist dein Koffer gepackt und bereit für die Reise in die Ewigkeit? Christen haben ein Ticket, um in den Himmel zu kommen, aber wir vergessen, dass es ebenso einen Tag im Himmel geben wird, an dem die Gläubigen Lohn bekommen.

Viele Christen leben leider kein radikal hingegebenes Leben für Jesus und werden auch nicht die gesamte Belohnung bekommen, die sie bekommen könnten. Aber stell dir vor: Du hast Freunde, von denen du weißt, dass sie mit einem leeren Koffer in die Ewigkeit eintreten. Du würdest sie nicht mit einem leeren Koffer zu den Bahamas reisen lassen, warum solltest du sie also in die Ewigkeit gehen lassen, ohne dass sie Jesus haben – das Einzige, was sie dort brauchen!

Einmal fragte ich einen Burschen: „Wenn ein junges Mädchen neben dir am Straßenrand stände und auf die Straße liefe, wenn gerade Autos kämen, was würdest du tun?"

„Ich würde sie packen und zurückziehen, damit sie nicht von einem Auto erfasst würde."

Judas 23 fordert uns auf, andere „mit Furcht" zu retten, „sie aus dem Feuer reißend". Wenn wir jemand in irdischen Umständen aus der Gefahrenzone ziehen würden – sollten wir, wenn es um die Ewigkeit geht, die Leute nicht von der Hölle wegreißen?

In Römer 13,11.12 lesen wir: „Und dieses noch, da wir die Zeit erkennen, dass die Stunde schon da ist, dass wir aus dem Schlaf aufwachen sollen; denn jetzt ist unsere Errettung näher, als damals, als wir gläubig wurden: Die Nacht ist weit vorgerückt und der Tag ist nahe. Lasst uns nun die Werke der Finsternis ablegen, die Waffen des Lichts aber anziehen."

Zeit ist sehr kostbar. An jedem Tag sterben 150.000 Seelen und treten ein in die Ewigkeit. Wir müssen unsere Zeit weise ausnutzen.

John Wesley hat einmal gesagt: „Du brauchst gar nichts zu tun, außer Seelen zu retten. Darum setze dich dafür ein und lass dich für dieses Werk einsetzen." Salomo, der weiseste Mann, der je gelebt hat, sagte: „Der Weise gewinnt Seelen" (Sprüche 11,30). Menschen, die Seelen gewinnen, sind weise Leute. Die Bibel fordert uns auf, um Weisheit zu bitten, und Gott verspricht uns, uns Weisheit zu geben, um die Verlorenen für Ihn zu erreichen. Sei weise!

Folge Jesus nach

In seinem Buch *Finishing Strong* zitiert Steve Farrar *James Crook*: „Ein Mann, der ein Orchester dirigieren will, muss der Menge den Rücken zuwenden." Dirigenten wenden der Menge den Rücken zu und erfüllen ihre Aufgabe, ungeachtet dessen, was die Menge denkt. Wenn du dein Leben für Jesus lebst, widersteh der Versuchung, der Menge zu gefallen. Wende dich Jesus zu und gefalle Ihm mit jeder Faser deines Seins. Das war es, was jene treuen Zeugen taten, deren Namen in die Annalen der Geschichte eingegangen sind:

> Ich habe jetzt alles andere aufgegeben. Ich habe verstanden, dass dies der einzige Weg ist, Christus wirklich zu erkennen und die mächtige Kraft zu erfahren, die Ihn wieder zum Leben zurückbrachte, und zu verstehen, was es heißt, mit Ihm zu leiden und zu sterben. Deshalb will ich zu denen gehören, die in der frischen Neuheit des Lebens wandeln, die Lebende aus den

Toten sind, koste es, was es wolle. – Cassie Bernall, 17, Columbine-Märtyrerin.[23]

Ich habe keine persönlichen Freunde mehr in der Schule. Aber weißt du was? Ich werde mich nicht dafür entschuldigen, dass ich im Namen Jesu spreche. Ich werde meinen Glauben nicht vor ihnen rechtfertigen, und ich werde das Licht, das Gott in mir angezündet hat, nicht verbergen. Falls ich alles opfern muss, werde ich es tun. Ich werde es so annehmen. Wenn meine Freunde erst meine Feinde werden müssen, damit ich auf der Seite meines besten Freundes, Jesus, sein kann, dann von mir aus gern. – Rachel Scott, 17, Columbine-Märtyrerin.

Nimm mein Leben, Vater, ja, wenn Du willst, mein Blut, und verzehre es mit Deinem umschließenden Feuer. Ich würde es nicht retten, denn es ist nicht meine Sache, es zu retten. Dein sei es, Herr, alles sei Dein. Gieß mein Leben als ein Opfer für die Welt aus. Blut ist nur dann von Wert, wenn es vor Deinem Altar ausgegossen wird. – *Jim Elliot*, Märtyrer (geschrieben mit 21 Jahren).

Als ich kürzlich das Matthäusevangelium las, fiel mir etwas Neues auf. In Matthäus 4,19 sagt Jesus: „Kommt, folgt mir nach und ich werde euch zu Menschenfischern machen." Das Erste, was Jesus seine Nachfolger lehrte, war, dass wir die Verlorenen mit der besten Botschaft, die es je zu hören gab, erreichen würden. Er versprach uns nicht, dass wir dabei viel Geld verdienen oder eine große Gemeinde haben, sondern dass wir Seelen für das Reich gewinnen würden. Ich sprach mit einem Freund darüber, und er erzählte mir, was er einmal gehört hatte: „Bedenke, dass du, wenn du nicht fischen gehst, auch nicht nachfolgst." Was für eine Feststellung! Wie viele von uns nennen sich Nachfolger Jesu, tun jedoch überhaupt nichts, um die Verlorenen für unseren Herrn zu erreichen!

Wenn du Matthäus 10 liest, wirst du finden, dass Jesus, als Er seine Jünger aussandte, es ihnen nicht freistellte, ihren Glau-

[23] Misty Bernall, *Cassie: Sie sagte Ja und musste uns viel zu früh verlassen. 17 Jahre mit meiner Tochter*, Gießen-Basel (Brunnen) 2000^2.

ben zu verkündigen oder nicht. Sie waren alle dazu berufen, vom Herrn zu zeugen. In der heutigen Christenheit scheint es, als würden viele das Zeugnisgeben zu einem beliebigen Teil des Glaubens machen. Das ist absolut nicht biblisch. Einer der wirklichen Höhepunkte des Christseins ist es, den Verlorenen die gute Botschaft von Jesus zu bringen.

In 1. Könige 18,21 steht: „Da trat Elia zu dem ganzen Volk hin und sprach: Wie lange hinkt ihr auf beiden Seiten? Wenn der HERR der Gott ist, so wandelt ihm nach; wenn aber der Baal, so wandelt ihm nach! Und das Volk antwortete ihm kein Wort."

Wem willst du folgen, Jesus oder Satan? Jesus möchte, dass du alles verlässt und Ihm nachfolgst. Mach es nicht so wie das Volk – sie antworteten kein Wort, sie sagten nichts. Unentschiedenheit ist jedoch auch eine Antwort. Sie bedeutet, dass du nicht bereit bist, dem Herrn nachzufolgen. Bitte sei ein Nachfolger Jesu und mach dir klar, dass Nachfolger Menschen fischen.

Das Verlangen deines Herzens

In 1. Korinther 9,16 sagt Paulus: „Denn wenn ich das Evangelium verkündige, so habe ich keinen Ruhm, denn eine Notwendigkeit liegt mir auf; denn wehe mir, wenn ich das Evangelium nicht verkündigte!" Paulus hatte die Wunder des allmächtigen Gottes gesehen. Er hatte Ihm sein Leben übergegeben. Er wusste, dass Jesus die einzige Antwort für dieses Leben und das zukünftige Leben ist. Wehe dem, der diese Gute Botschaft anderen nicht weitergibt! Wehe jedem Einzelnen von uns, wenn wir wissen, dass Jesus die einzige Antwort für unsere Freunde und für Fremde ist und wir ihnen trotzdem nicht das Evangelium sagen!

Als Jesus seine Jünger aussandte, stellte Er es ihnen nicht frei, ob sie ihren Glauben verkündigen wollten oder nicht.

Während ich an einer christlichen Schule unterrichtete, versuchte ich, den Schülern klarzumachen, wie wichtig es ist, außerhalb des Schulgeländes ein Leben radikal für Jesus zu leben. Eines Tages jäteten Häftlinge vor der Schule das Unkraut, als die Schüler zur Schule kamen. In der ersten Stunde gab ich in der 9. Klasse Bibelunterricht, und die Schüler fragten mich, ob wir nicht hinausgehen und diesen Strafgefangenen Zeugnis geben könnten.

„Natürlich tun wir das!“, antwortete ich. „Warum hat Gott sie sonst hierhergebracht?“

Ich ging hinaus, um mit dem verantwortlichen Wärter zu reden und ihn zu fragen, ob es angebracht wäre, wenn wir herauskämen. Es war ein sehr heißer Tag, deshalb legten die Schüler und ich genug Geld zusammen, um jedem der Männer eine Cola zu kaufen.

Ich sagte den Schülern, dass sie jedem Gefangenen ein Traktat und eine Cola geben sollten, wenn ich mit den Männern gesprochen hätte. Ich bat sie auch, jedem Mann dabei auf eine ermutigende Weise die Hand zu schütteln oder ihnen auf die Schulter zu klopfen. Es lief sehr gut. Die Gefangenen und der Wärter waren sehr bewegt.

Als wir wieder drinnen waren, fragte ich meine Schüler: „Nun, wenn ihr einem Häftling Zeugnis geben könnt, könnt ihr dann nicht auch eurem besten Freund im Fußballverein euren Glauben bekennen?“

Eine Schülerin hob die Hand und sagte: „Mr. Cahill, es ist viel einfacher, einem völlig Fremden Zeugnis zu geben als dem besten Freund.“

Ich erwiderte: „Wenn Gott zwei Personen zu dir bringen würde – eine wäre deine beste Freundin, die Jesus nicht kennt, und die andere wäre dir völlig fremd – und Er würde dir sagen, dass du nur eine von ihnen mit in den Himmel nehmen kannst, welche von beiden würdest du mitnehmen?“ Natürlich antwortete sie, dass sie ihre beste Freundin mitnehmen würde.

Ich sagte zu ihr: „Geh und tu etwas dafür.“ Gott gibt uns Verlorene zu einem bestimmten Zweck als Freunde: dass wir helfen können, sie zum Erretter zu führen. Denke nicht, dass es leichter wäre, mit einer fremden Person zu reden. Das ist einfach nicht wahr.

In 2. Petrus 3,9 heißt es: „Der Herr zögert die Verheißung nicht hinaus, wie es einige für ein Hinauszögern halten, sondern er ist langmütig euch gegenüber, da er nicht will, dass irgendwelche verloren gehen, sondern dass alle zur Buße kommen.“ Gott will nicht, dass auch nur eine einzige Seele stirbt und in die Hölle kommt. Hast du dieselbe Gesinnung? Bitte Gott, dass Er dir ein Herz gibt, das für alle verlorenen Menschen auf diesem Planeten schlägt.

In Römer 10,1 sagt der Apostel Paulus: „Brüder! Das Wohlgefallen [oder: Verlangen] meines Herzens und mein Flehen für sie zu Gott ist, dass sie errettet werden." Bitte mache es zu deinem Verlangen, dass deine Freunde und dein Land für Jesus gerettet werden.

In Römer 9,1–5 spricht Paulus von „großer Traurigkeit und unaufhörlichem Schmerz in meinem Herzen" für die Verlorenen. Beachte, was Paulus aufgeben wollte, damit seine Freunde gerettet würden: „Denn ich selbst, ich habe gewünscht, durch einen Fluch von dem Christus entfernt zu sein für meine Brüder" (V. 3).

Ist dir klar, was er da sagt? Wenn er gekonnt hätte, hätte er buchstäblich seine Beziehung zu Jesus Christus aufgegeben, damit seine jüdischen Freunde Jesus kennenlernen würden.

Das ist eine bewundernswerte Aussage! Nachdem Paulus sich bekehrt hatte (Apostelgeschichte 9), lebte er nur noch für eines: für Jesus. Wie konnte es ihm nur in den Sinn kommen, seine Beziehung zu seinem Herrn aufzugeben? Paulus liebte seine Freunde so sehr, dass er alles getan hätte, damit sie für Christus lebten und in den Himmel kämen.

Liebst du deine Freunde so sehr, dass du buchstäblich alles tun würdest, damit sie gerettet werden? Was ist das Verrückteste, was du tun würdest, um jemand zu helfen, dass er gerettet wird? Würdest du mit den Verlorenen reden? Würdest du zehn Hula-Hoop-Umdrehungen machen? Würdest du 10 Euro pro Woche abgeben? Würdest du dein Bankkonto leeren?

In Lukas 14,33 sagt Jesus: „So kann nun keiner von euch, der nicht allem entsagt, was er hat, mein Jünger sein." Bist du bereit, alles für Jesus Christus aufzugeben? Was hältst du zurück, was du Ihm noch geben musst?

Wen liebst du?

In Matthäus 7,20 sagt Jesus: „An ihren Früchten werdet ihr sie erkennen." Deine Werke werden zeigen, ob du Jesus kennst. In Titus 1,16 steht: „Sie geben vor, Gott zu kennen, aber in den

Werken verleugnen sie ihn und sind abscheulich und ungehorsam und zu jedem guten Werk unbewährt." Ob du Jesus oder Satan liebst, wird darin offenbar, wie du deine Zeit und deine Mittel einsetzt. Zeigen deine Freitag- und Samstagabende, dass du Jesus liebst oder dass du Satan liebst? Deine Werke zeigen, wen du liebst!

Warum geben Leute Geld für ihre Kinder aus? Ganz einfach: weil sie sie lieben. Gibst du ein gut Teil deines Geldes für die Dinge Gottes? Wenn du das tust, dann wahrscheinlich deshalb, weil du Ihn so sehr liebst. Wenn du es nicht tust, könnte es daran liegen, dass du Ihn nicht einmal halb so sehr liebst, wie du denkst. Wirf einmal einen Blick auf dein Scheckheft oder auf deine Kontoauszüge. Das ist eine einfache Möglichkeit, um herauszufinden, wen oder was du am meisten liebst. Mach dir klar, dass Gott unsere ersten Früchte haben will, nicht unsere letzten.

1. Korinther 3,11–15 macht uns klar, dass alle unsere Werke einmal durch Feuer erprobt werden. Alles Gold, Silber oder wertvolle Steine werden durch dieses Feuer geläutert werden und dadurch noch wertvoller. Alles Holz, Heu und Stroh hingegen werden in diesem Feuer zu Asche werden.

Leonard Ravenhill[24] gab einem Evangelisten den Rat: „Sorge dafür, dass du bei deinem Tod nicht bis zu den Knien in der Asche stehst." Mit anderen Worten: Sorge dafür, dass deine Werke für die Ewigkeit Bestand haben. Sind deine Taten heute im zeitlichen oder im ewigen Sinn wertvoll? Sorge dafür, dass du Dinge für den Herrn tust, die für die ganze Ewigkeit von Wert sind.

„Sorge dafür, dass du bei deinem Tod nicht bis zu den Knien in der Asche stehst." Mit anderen Worten: Sorge dafür, dass deine Werke für die Ewigkeit Bestand haben.

Steve Farrar schrieb in seinem Buch *Finishing Strong*:

> Diese Sicht wird dich befähigen, dich täglich darauf zu konzentrieren.
>
> Sie wird dich auch befähigen, jeden Tag treu zu sein.

[24] Straßenevangelist in Großbritannien im 20. Jh., später in den USA.

Sie wird dich befähigen, die Augen nur auf Jesus zu richten.

Wenn du mit einer Zeitmaschine 2000 Jahre in die Zeit des Neuen Testamentes zurückreisen könntest, würde dir das vielleicht die richtige Perspektive verschaffen.

Wenn du dich auf einem geschäftigen Markt in der Nähe des Tempels in Jerusalem irgendwo hinsetzen würdest, könntest du sicher einige Eindrücke sammeln.

Halte einmal inne und überlege, wie es wäre, die Bürger Jerusalems zur Zeit der frühen Kirche zu befragen, die dir zufällig begegnen und die gerade ihrer täglichen Arbeit nachgehen. Du müsstest nur ein paar Fragen stellen:

„Was meinen Sie, an welche Person aus deiner Generation werden sich die Leute in 2000 Jahren noch erinnern?"

Meine Vermutung ist, dass viele Bürger des Römischen Reiches mit „Cäsar" antworten würden. Andere würden vielleicht „Nero" sagen.

„Aber was ist mit dieser Gruppe von Leuten, die als Christen bekannt sind? Meinen Sie, dass sich irgendjemand an sie oder deren Führer erinnern wird?"

„Spinnen Sie? Dieser Haufen Nullen? Sie haben überhaupt keinen Einfluss. Sie sind unwichtig."

„Heißt das, dass Sie noch nie von Paulus oder Petrus gehört haben? Meinen Sie nicht, dass man sich an sie erinnern wird? Oder was ist mit Maria und Martha? Hatte deren Bruder nicht irgendwie mit einem Wunder zu tun?"

„Ich sag Ihnen doch, dass diese Leute bedeutungslos sind. Alles, was ich über ihre Führer mitbekomme, ist, dass diese andauernd im Gefängnis landen. Glauben Sie mir, in 2000 Jahren wird niemand auch nur einen Gedanken an sie verschwenden."

Hier sind wir also, 2000 Jahre später. Ist es nicht merkwürdig, dass wir unsere Kinder Peter und Paul, Maria und Martha nennen?

Und unsere Hunde nennen wir Cäsar und Nero.

Du tust etwas sehr Bedeutungsvolles, mein Freund.

Und Er sieht es.

Kein Wunder also, dass dein Weg in Kraft endet.

Wenn du Zeugnis gibst, tust du etwas, was Ewigkeitswert hat. Dein Vater im Himmel sieht es. Hör damit nicht auf, bis du bei Ihm bist!

Kapitel 12
Haben wir keinen Grund dazu?

„Wenn ein Mann einmal Liebe zu den verlorenen Sündern und zu seinem Meister empfindet, wird das Retten von Seelen eine Leidenschaft werden, die alles andere in den Schatten stellt. Es wird ihn so mitreißen, dass er beim Retten anderer beinahe sich selbst vergessen wird. Er wird wie der mutige Feuerwehrmann sein, der sich nicht an der sengenden Hitze stört, nur um das arme Geschöpf zu retten, auf das er sein Herz in wahrer Menschlichkeit gerichtet hat."

Charles Haddon Spurgeon

König Salomo betete, dass Gott „die Sache seines Knechtes und die Sache seines Volkes Israel ausführe, so wie der Tag es erfordert" (1. Könige 8,59). Was war das für eine Sache? „... damit alle Völker der Erde erkennen, dass er, der Herr, Gott ist, sonst keiner" (V. 60).[25]

Was für eine großartige Sache! Übrigens, gibt es nicht auch eine Sache, der wir unser ganzes Leben widmen können? Wenn

[25] In der King-James-Version wird das Wort „cause" verwendet. Es bedeutet sinngemäß „Anlass, Grund, Angelegenheit, Ursache, Streitsache" oder auch „Rechtssache". Der Verständlichkeit halber wurde das Wort „Recht" (wie z. B. in der Elberfelder Übersetzung) durch „Sache" ersetzt. (Anm. d. Verl.)

du dein ganzes Leben Jesus übergibst, wird das eine Hingabe für Ihn und die Verlorenen in dir wecken, die nicht zu beschreiben ist.

Ist das nicht eine Sache, für die es sich zu sterben lohnt? So sollte es sein. Paulus sagt in 1. Korinther 15,31: „Täglich sterbe ich, fürwahr, bei dem Rühmen euretwegen, das ich habe in Christus Jesus, unserem Herrn." Paulus wollte im wahrsten Sinn des Wortes jeden Tag sich selbst sterben (seinen selbstsüchtigen Begierden), so dass Christus durch ihn lebte. Dadurch war er später in der Lage, für Jesus zu sterben. Tu das Gleiche. Wenn eine Sache es nicht wert ist, für sie zu leben, ist sie es auch nicht wert, dafür zu sterben. Und wenn eine Sache es nicht wert ist, für sie zu sterben, dann ist sie es erst recht nicht wert, für sie zu leben!

John Wesley hat gesagt: „Nimm jede innere und äußere Trübsal, jede Enttäuschung, jeden Schmerz, jede Schwierigkeit, Prüfung, Dunkelheit und Verzweiflung mit beiden Händen als eine gute, segensreiche Gelegenheit an, um im Blick auf das Ich zu sterben und zu einer völligeren Gemeinschaft zu kommen mit deinem leidenden Retter, der sich selbst verleugnet hat."

Durch Liebe getrieben

Es ist eine Tragödie, wenn man weiß, dass jemand sterben und für ewig in der Hölle sein wird, und dennoch gleichgültig bleibt und nichts dagegen tut.

Woran denken wir, wenn das Wort „Tragödie" erwähnt wird? An ein Erdbeben, einen Autounfall, Krieg oder an den 11. September? Es ist eine Tragödie, wenn man weiß, dass jemand sterben und für ewig in der Hölle sein wird, und dennoch gleichgültig bleibt und nichts dagegen tut.

Eines Tages bemerkte ich während einer Autofahrt eine Frau, die vor mir die Straße überquerte. Ihre Freundinnen winkten ihr von der anderen Seite aus zu, dass sie herüberkommen solle, um den Bus noch zu bekommen. Als sie über die

Straße rannte, wurde sie von einem Auto erfasst. Ich fuhr an den Straßenrand, um zu sehen, ob ich helfen könnte. Andere waren bereits da, um ihr zu helfen. Ich legte meine Hände auf sie und betete, dass sie nicht sterben möge, falls sie Jesus nicht kannte. Jemand anders hatte die Nummer des Krankenwagens gewählt, der sehr schnell vor Ort war.

Als ich weiterfuhr, kam mir ein Gedanke. Als die Frau verletzt wurde, rannten Männer zu ihr. Frauen rannten zu ihr. Weiße und schwarze Menschen liefen zu ihr. Nichts anderes war wichtig; jemand war verletzt und lag möglicherweise im Sterben, also lief jeder hinzu, um zu sehen, was er tun könnte.

Du kennst Menschen, die sterben werden, Menschen, die geradewegs auf die ewigen Flammen zusteuern, verdammt für alle Ewigkeit. Solltest du nicht zu ihnen rennen, um zu sehen, was du für sie tun kannst? Du weißt, dass Menschen sterben werden, du weißt nur nicht, wann. Renne zu ihnen und sprich mit ihnen – jetzt!

In 2. Korinther 5,14.15 heißt es: „Denn die Liebe des Christus drängt uns, indem wir so geurteilt haben, dass einer für alle gestorben ist und somit alle gestorben sind. Und er ist für alle gestorben, damit die, die leben, nicht mehr sich selbst leben, sondern dem, der für sie gestorben und auferweckt worden ist."

Drängt die Liebe des Christus dich, ein heiliges Leben zu führen? Drängt die Liebe des Christus dich, deinen Glauben freimütig zu bekennen? Zu was drängt dich die Liebe des Christus, was du für Ihn tun kannst?

Der Prophet Jeremia beschreibt seinen Kampf, im Namen Gottes zu reden:

> Denn sooft ich rede, muss ich schreien, Gewalttat und Zerstörung rufen; denn das Wort des HERRN ist mir zur Verhöhnung und zum Spott geworden den ganzen Tag. Und spreche ich: ‚Ich will ihn nicht mehr erwähnen und nicht in seinem Namen reden', so ist es in meinem Herzen wie brennendes Feuer, eingeschlossen in meinen Gebeinen; und ich werde müde, es auszuhalten, und vermag es nicht (Jeremia 20,8.9).

Brennt die Liebe zu Jesus so stark in deinem Herzen, dass du es nicht abwarten kannst, heute jemand von Ihm zu erzählen?

John Wesley bat dringend um solche kühnen Zeugen: „Gebt mir hundert Prediger, die nichts außer der Sünde fürchten und nichts außer Gott begehren, und ich schere mich nicht im Geringsten darum, ob sie Kleriker sind oder Laien, denn nur solche Prediger lassen die Tore der Hölle erzittern und richten das Reich Gottes auf der Erde auf."

Wesley pflegte seinen Schülern an der Missionsschule zu sagen, dass die Leute sich entweder ärgern oder sich bekehren würden, wenn sie predigen. Ihre Botschaft hieß nicht: „Jesus liebt dich", sondern es war die biblische Botschaft über Sünde, Gerechtigkeit, Gesetz, Gericht und Hölle. Er wusste, dass *diese* Botschaft die Menschen zum Kreuz und zum Retter führen würde.

Wie ist es übrigens, wenn du aufhörst, mit Leuten zu reden, sagen sie dann: „Was für ein toller Redner!", oder sagen sie: „Was für ein wunderbarer Erretter"?

Durch viele Trübsale

In Apostelgeschichte 14,21.22 berichtet Lukas: „Und als sie jener Stadt das Evangelium verkündigt und viele zu Jüngern gemacht hatten, kehrten sie nach Lystra und nach Ikonium und nach Antiochien zurück und befestigten die Seelen der Jünger und ermahnten sie, im Glauben zu verharren, und dass wir durch viele Trübsale in das Reich Gottes eingehen müssen." Prüfungen und Trübsale begegnen Gläubigen, die mutig für Jesus einstehen.

Eines Tages wurde ich aufgefordert, ein Einkaufszentrum zu verlassen, weil ich mit Menschen über Jesus redete. Das hört sich gar nicht amerikanisch an, oder? Also suchte ich eine christliche Anwaltskanzlei auf, die mir helfen könnte, für meine Rechte einzustehen. Dieser Fall landete vor Gericht. Die Gegenpartei gab mehr als 100.000 Dollar aus, um Christen aus dem Einkaufszentrum fernzuhalten. Ist es nicht erstaunlich, dass die Einkaufszentren zwar unser Geld, aber nicht unseren Jesus wollen?

Einige meiner Schüler, die mich beim Zeugnisgeben begleitet hatten, mussten zu diesem Fall eidesstattliche Erklärungen abgeben. Eine Woche danach gab auch ich meine eidesstattliche Erklärung bei Gericht ab. Während einer Pause begann ich, der Protokollführerin, die alles, was gesagt wird, schriftlich festhält, Zeugnis zu geben. Sie war eine gefestigte Gläubige und freute sich sehr darüber, dass ich ihr Zeugnis gab. Sie sagte, sie könne die Kühnheit und Liebe meiner Schüler kaum fassen. Einer von ihnen hatte sogar mit dem Anwalt der Gegenpartei ein Evangelisationsrollenspiel gemacht. Die Protokollführerin sagte, dass der Anwalt versucht habe, die Leute einzuschüchtern, die liebevolle Art der Jugendlichen ihn jedoch zurückgehalten habe, und er habe es nicht geschafft, sie in ein Streitgespräch zu verwickeln. Die Protokollführerin benutzte das Verhalten der Jugendlichen sogar als Beispiel in der nächsten Sonntagsschulstunde!

Diese Gerichtsverhandlung hat mich nichts gekostet. Die Anwaltskanzlei, die mich vertrat, finanziert sich über Spenden. Sie nennen sich „legal missionaries“ und wollen die Türen für das Evangelium offenhalten, damit Christen das Evangelium weitersagen und Verlorene erreichen können.

2. Timotheus 3,12 stellt uns Verfolgung als sicher hin: „Alle aber auch, die gottselig leben wollen in Christus Jesus, werden verfolgt werden.“ Erfährst du Verfolgung, weil du für Jesus Christus einstehst? Wenn du keine Verfolgung erfährst, warum nicht? Ist es möglich, dass du nicht gottgemäß und nicht mutig für den Herrn Jesus lebst? Verfolgung gehört einfach dazu, wenn wir klar Stellung für Christus beziehen. Bitte denke daran, dass Jesus dir auch dann beistehen wird, wenn solche Zeiten der Verfolgung kommen. „Fürchte dich nicht, sondern rede, und schweige nicht! Denn ich bin mit dir, und niemand soll dich angreifen, um dir etwas Böses zu tun; denn ich habe ein großes Volk in dieser Stadt“ (Apostelgeschichte 18,9.10). Rufe dir in Erinnerung, dass der Gott dieses Universums dich zu jeder Zeit beschützen wird, besonders dann, wenn du Ihn bezeugst. Denke in diesem Zusammenhang auch über Psalm 91 nach.

Ein Jugendpfarrer in Atlanta fragte mich einmal: „Mark, warum erscheint Gott uns während der Gemeindestunden oder

der Anbetung so groß und Satan so klein; aber wenn wir Zeugnis geben, erscheint Satan uns so groß und Gott so klein?"

Ich konnte ihm keine Antwort geben.

Er fragte: „Hat Gott sich geändert?"

„Garantiert nicht."

„Das ist richtig", antwortete er. „Gott hat sich nicht geändert, aber unsere Wahrnehmung von Gott hat sich geändert."

Das ist eine großartige Wahrheit: Gott ist groß, wo immer du auch gerade bist. Ob du im Barviertel einer Stadt, bei einem Musikfestival oder bei einer Spring-Break-Party[26] Zeugnis gibst – vergiss niemals, wie groß dein Gott ist!

Unser himmlischer Vater verspricht: „Es soll niemand vor dir bestehen alle Tage deines Lebens: So, wie ich mit Mose gewesen bin, werde ich mit dir sein; ich werde dich nicht versäumen und dich nicht verlassen" (Josua 1,5).

In Josua 1,9 sagt Gott: „Habe ich dir nicht geboten: Sei stark und mutig? Erschrick nicht und fürchte dich nicht! Denn der HERR, dein Gott, ist mit dir überall, wohin du gehst." Vertraue auf den Herrn. Wenn du Zeugnis gibst und Stellung für Ihn beziehst, wird Er auf eine Weise mit dir sein, wie du es dir nicht vorstellen kannst!

Du hast in diesem Leben eine Aufgabe von Gott, und Gott gibt dir die entsprechenden Hilfsmittel, um sie zu erfüllen.

In Jesaja 30,20.21 heißt es: „Und der Herr wird euch Brot der Bedrängnis und Wasser der Trübsal geben. Und deine Lehrer werden sich nicht mehr verbergen, sondern deine Augen werden deine Lehrer sehen; und wenn ihr nach rechts oder wenn ihr nach links abbiegt, so werden deine Ohren ein Wort hinter dir her hören: Dies ist der Weg, wandelt darauf!"

Bete, wenn du Zeugnis gibst, dass der Herr dich nach rechts oder links führt. Er wird dich dorthin bringen, wo Er dich haben will, und du brauchst dir keine Sorgen wegen des Feindes zu machen, wenn Gott alles in der Hand hat.

[26] Spring Break sind in Amerika (und Europa) die langen Semesterferien, in denen an verschiedenen Orten ausgiebige Partys gefeiert werden. (Anm. d. Verl.)

Während eines Kampfes im Zweiten Weltkrieg sagte General Douglas MacArthur: „Der Feind ist vor uns. Der Feind ist hinter uns. Der Feind ist zur Rechten und zur Linken. Diesmal können sie uns nicht entkommen!"

Sorge dafür, dass du die gleiche Einstellung hast.

Oder wie Steve Farrar in *Finishing Strong* schrieb: „Niemand ist ohne eine von Gott bestimmte Aufgabe und ohne Mittel, die Gott gibt, um diese Aufgabe zu erfüllen." Du hast in diesem Leben eine Aufgabe von Gott, und Gott gibt dir die entsprechenden Hilfsmittel, damit du sie erfüllen kannst.

Die Verlorenen aufklären

Wenn ich Zeugnis gebe, sagen die Menschen oft, dass sie schon früher ein Gespräch über Jesus hatten, aber dass dies das interessanteste und tiefgehendste Gespräch sei, das sie jemals zu diesem Thema hatten. Die Menschen warten auf ein gutes, solides Gespräch über die ewige Wahrheit. Suche noch heute solch ein Gespräch mit jemand.

An der Emory-Universität hatte ich schon beinahe eine halbe Stunde lang einer Studentin Zeugnis gegeben, bevor sie mich nach der Uhrzeit fragte. Ich sagte ihr die Uhrzeit und fragte sie: „Du kommst doch nicht zu spät zur Vorlesung, oder?"

Als sie sagte, dass sie doch zu spät käme, entschuldigte ich mich, aber sie entgegnete: „Ist schon okay, das hier war sowieso viel aufschlussreicher!" Wenn wir die ewige Wahrheit in Liebe weitergeben, ist das für Verlorene sehr aufschlussreich. Sorge dafür, dass du genügend Zeit hast, um Verlorene aufzuklären.

Während ich zwei Männern auf einem großen Rockfestival Zeugnis gab, schaute einer auf die Uhr und bemerkte, dass ihre Lieblingsband schon seit fünfundzwanzig Minuten spielte. Der eine sagte: „Du weißt gar nicht, wie sehr ich diese Band liebe, deshalb bin ich heute Abend gekommen. Aber das, worüber Sie reden, ist viel wichtiger als die Band auf der Bühne!" Er fügte hinzu, dass das wohl ein göttlich arrangiertes Treffen sein müsste.

Er sagte auch: „Sie schauen mir in die Augen, während Sie mit mir reden. Das finde ich gut. Das macht deutlich, dass Sie überzeugt sind von dem, worüber Sie reden." Schau den Leuten in die Augen, wenn du Zeugnis gibst. Du wirst viel aus ihren Augen ablesen, und wenn sie dir in die Augen schauen, werden sie erkennen, ob du wirklich glaubst, was du sagst.

Als ich einmal einem Mann Zeugnis gab, beantwortete er zwar alles richtig, aber irgendetwas schien nicht in Ordnung zu sein. Ich ging daher noch gründlicher auf Sünde ein und sprach darüber, was es bedeutet, die Gebote Gottes zu brechen. Plötzlich bekannte er, dass er kürzlich bei der größten Drogenrazzia in der Geschichte der Region verhaftet worden war!

Wenn du Zeugnis gibst, beobachte die Menschen, während du sprichst. Ihr Gesichtsausdruck, ihre Augen und ihre Körpersprache können dir viel darüber verraten, was möglicherweise in ihnen vorgeht. Als wir das Gespräch fortsetzten, wurde uns beiden klar, dass er mir die richtigen Antworten geben konnte, weil er in einer Gemeinde groß geworden war, dass er sein Leben Jesus jedoch noch nicht übergeben hatte.

Geh davon aus, dass du beim Zeugnisgeben gelegentlich mit Christen redest. Das ist nicht weiter schlimm. Manche sind frustriert, weil sie eigentlich nur mit Verlorenen reden wollen. Vermutlich gibt es jedoch einen guten Grund, warum der Herr dich dorthin geschickt hat. Geh mit der Person die Zehn Gebote durch. Ich habe erlebt, dass viele Menschen zwar behaupteten, Christen zu sein, doch dann zugeben mussten, dass sie Lügner, Diebe, Gotteslästerer, Ehebrecher und Mörder waren. Wenn ich sie frage, ob sie am Gerichtstag schuldig oder unschuldig seien, sagen viele: „Schuldig." Wenn ich sie dann frage, ob sie in den Himmel oder in die Hölle kämen, sagen unzählige: „In die Hölle." Dann weißt du, dass du nicht mit einem Christen sprichst. Es sind die Grundwahrheiten der Erlösung, aber sie kennen sie noch nicht einmal.

Falls die Menschen wissen, dass sie durch das Blut Jesu gerettet sind, stelle weitere Fragen. Frage sie: „Lebst du deinen Glauben aus?" Viele werden sagen: „Nein." Finde heraus, womit sie zu kämpfen haben, und hilf ihnen.

Frage weiter: „Bezeugst du deinen Glauben?" Nachdem ich am Telefon jemand diese Frage gestellt hatte, war fünf Sekunden Stille, bevor er antwortete. Er wollte keine Antwort darauf geben.

Frage die Menschen, ob sie Freunde haben, die sterben und in die Hölle kommen werden. Sie werden immer mit „Ja“ antworten. Dann frage weiter: „Was tun Sie dagegen?“ Sprich zu ihrem Herzen. Es sollte Leute quälen, dass sie Freunde haben, die sterben und in der Hölle landen werden. Warum haben sie kein Interesse daran, etwas dagegen zu tun?

Oft frage ich: „Was kann ich tun, um dich zu ermutigen, Zeugnis zu geben?“ Viele werden antworten: „Allein unser Treffen hat mir schon sehr viel Mut gemacht.“ Deine Kühnheit wird andere herausfordern, ebenfalls kühn zu sein. Sie werden dich vielleicht bitten, für sie zu beten, damit sie bessere Zeugen für den Herrn werden! Tu das gleich an Ort und Stelle. Es bedeutet ihnen sehr viel. Ich habe mit Christen während Musikfestivals um mehr Kühnheit gebetet, und ihre Augen leuchteten auf!

Ich sah einen meiner Schüler auf einem großen heidnischen Musikfestival. Er wartete bereits seit zwei Stunden auf Freunde, die er verloren hatte. Er sagte: „Herr Cahill, eigentlich habe ich keinen Grund, hier zu sein.“ Dieser Ort war einfach Sin City[27]!

„Lukas“, sagte ich, „du hast recht. Du glaubst an Jesus Christus und gehörst deshalb nicht hierhin. An diesem Ort gibt es nichts, was zu seiner Ehre ist. Lukas, du solltest nur aus einem einzigen Grund hier sein.“

Er sah mich an und sagte: „Wenn ich aufstehen und meinen Glauben an Jesus Christus bezeugen würde.“

„Genau das“, antwortete ich. „Warum verbringst du Zeit an Orten, wo der Herr nicht verherrlicht wird? Wenn du schon dort bist, dann nur zu dem Zweck: Erzähle den Menschen von deinem Glauben.“

Göttliche Begegnungen

Volksfeste sind günstige Gelegenheiten, um Zeugnis zu geben. Eines Abends sprach ich mit einem jungen Mann. Er erzählte mir, dass er in der vorhergehenden Nacht Selbstmord hatte begehen wollen. Er hatte ein Mädchen angerufen, um mit ihm

[27] Anspielung auf den Film Sin City (Sündenstadt).

zu sprechen, und sagte ihr, dass er sich umbringen würde. Sie sagte, dass sie ihm das nicht glaube, und so telefonierten sie ein wenig miteinander und legten dann den Hörer auf.

Kurze Zeit später setzte er einen geladenen .357-Magnum-Revolver an die Schläfe und betätigte den Abzug. Der Revolver ging nicht los. Er hatte einen Blindgänger erwischt. Plötzlich stürmte das Mädchen, das er angerufen hatte, ins Haus und schlug ihm die Waffe aus der Hand. Als wir redeten, erzählte er mir seine Geschichte. Er durchlebte gerade eine schwere Zeit. Er fragte: „Was hat Gott jemals für mich getan?"

Ich sagte sehr betroffen: „Was Gott je für dich getan hat? Was ist mit gestern Abend, als Er nicht zuließ, dass die Waffe losging, als Er uns beide dann innerhalb von 24 Stunden zusammenführte, damit du erfährst, was dich nach dem Tod erwartet? Das hat Er für dich getan!" Er fing tatsächlich an, darüber nachzudenken.

Gott wirkt durch Schwierigkeiten im Leben vieler Menschen, doch meistens merken sie nicht, dass es Gott ist, der wirkt. Ich glaube, dass Er uns mit manchen Menschen zusammenführt, damit wir ihnen zeigen, wie seine Hand in ihr Leben eingreift.

Während ich auf einem Musikfestival Zeugnis gab, sprach ich mit ein paar jungen Mädchen. Als ich das Kreuz erklärte und darüber sprach, was Jesus für sie getan hat, sagte ich, dass das Blut Jesu sie reinwaschen und weiß wie Schnee machen könne (Psalm 51,9). Ich erklärte dann, dass die Menschen im Himmel schöne, weiße Gewänder der Gerechtigkeit tragen würden, die zeigen, wie rein das ist, was Jesus für sie getan hat (Offenbarung 6,11). Ich sah, wie die Augen eines der Mädchen aufleuchteten.

Sie erklärte: „Kürzlich hatte ich nachts einen Traum und sah Menschen im Himmel. Sie gingen alle in wunderschönen Gewändern umher."

„Welche Farbe hatten die Gewänder?", fragte ich sie.

Als Tränen ihre Augen füllten, lächelte sie und sagte: „Weiß!"

Sie hatte diesen Traum, verstand aber nicht, was die weißen Gewänder bedeuteten. Nur einige Tage später, während eines

Musikfestivals, bekam sie ihre Antwort! Gott wirkt an so vielen Herzen. Oft will Er deine Stimme oder ein Traktat benutzen, um sein bisheriges Wirken an einer Person zu bestätigen.

Ich war in einem Einkaufszentrum in Atlanta, wo es nicht besonders geschäftig zuging, daher begann ich eine Unterhaltung mit einem College-Studenten, der an einem Kiosk Handys verkaufte. Nachdem wir uns etwa vierzig Minuten unterhalten hatten, fragte er mich, welches Verkaufsseminar ich besucht hätte. Ich sagte ihm: „Keins."

„Nein, im Ernst", erwiderte er, „welchen Kursus haben Sie gemacht?"

„Ich habe wirklich kein Seminar mitgemacht."

Erstaunt sagte er: „Sie haben alle Verkaufstechniken angewandt, die ich benutze, um Handys zu verkaufen. Und wenn jemand wirklich auch nur ein kleines bisschen Interesse am Kauf eines Handys hat, bin ich in der Lage, ihm eins zu verkaufen."

Ich hatte lediglich die ewige Wahrheit über die Sünde und über das Evangelium vorgestellt. Ich ergänzte: „Ach – übrigens, Sie mögen ein Handy verkaufen, aber mein Produkt ist besser als alles, was Sie anbieten!" Er lächelte.

Er wollte mehr Informationen über die Wahrheit der Bibel haben. Ich fuhr also nach Hause, um ein Buch zu holen, und gab es ihm. Gehe für Menschen die Extra-Meile. Sie werden darauf reagieren, denn es zeigt deine völlige Hingabe an Gott.

Zwei Jahre später plauderte ich in einem anderen Einkaufszentrum kurz vor Geschäftsschluss mit jemand. Ich sah die Halle hinunter und bemerkte einen Mann, der am Geländer lehnte und mich anstarrte. Als ich mein Gespräch ungefähr fünfzehn Minuten später beendete, war er immer noch da. Ich ging also auf ihn zu. „Erinnern Sie sich an mich?", fragte er. Es war der Handyverkäufer, mit dem ich vor zwei Jahren gesprochen hatte! Wir konnten unsere Unterhaltung fortsetzen und hatten ein sehr gutes Gespräch. Der Herr wird dir die außergewöhnlichsten göttlichen Begegnungen ermöglichen. Bete dafür!

Da moderne Technologien manche Dinge sehr erleichtern, entschied ich mich, über das Internet etwas einzukaufen. Doch es hat nicht richtig funktioniert. Deshalb rief ich die Servicenummer auf der Internetseite an. (Hätte ich das nicht direkt tun sollen?) Nachdem die Servicedame mir geholfen hatte, sagte ich: „Darf ich Ihnen eine interessante Frage stellen?“

Sie sagte: „Gerne.“

„Wenn Sie sterben, was denken Sie, ist auf der anderen Seite?“ Sie erzählte mir, dass sie katholisch erzogen sei, aber zurzeit keinen richtigen Glauben habe. Ihr Freund sei Buddhist, einige ihrer Freunde seien kürzlich verstorben usw. Erica und ich unterhielten uns eine Dreiviertelstunde lang. Zum Schluss sagte sie: „Es haben schon einige Leute versucht, mir das Evangelium zu erklären. Aber sie sagten mir nur, dass ich sterben und in die Hölle kommen würde, wenn ich Jesus nicht annehmen würde. Sie haben mir gerade erklärt, warum ich Ihn brauche. Das war das interessanteste und informativste Gespräch, das ich je zu diesem Thema hatte.“

Ich konnte meine Internetbestellung nicht beenden, weil ich einen Termin hatte, um mir die Weisheitszähne ziehen zu lassen. Nach meinem Arzttermin entschied ich mich, ins Internet zu gehen, meinen Einkauf zu beenden und mein Bestes zu geben, um die Wirtschaft anzukurbeln. Wie du dir sicher denken kannst, bekam ich es wieder nicht hin. (Ich fragte mich, ob ich der einzige Depp war, aber ich stellte später fest, dass die Seite einen Fehler hatte.) Ich schaute erneut auf die Telefonnummer auf dem Bildschirm. Ich sagte: „Herr, Du willst, dass ich wieder diese Nummer anrufe, oder?“

Meine Zahnschmerzen brachten mich fast um. Eigentlich wollte ich im Moment mit niemand reden! Doch weil ich den Einkauf machen wollte, wählte ich die Nummer. Diesmal war eine andere Dame dran, und ich stellte ihr dieselbe Frage: „Wenn Sie sterben, was, denken Sie, ist auf der anderen Seite?“

Sie sagte: „Interessant, dass Sie mich das fragen. Ich bin katholisch, aber meine Zimmerkollegin am College ist Baptistin. Ich habe ihre Gemeinde besucht; gestern fühlte ich einen Zug an meinem Herzen, nach vorn zu gehen und mein Leben Jesus zu übergeben. Denken Sie, dass ich das tun sollte?“

Gott ist manchmal viel zu gut zu uns! Als wir zum Ende des Gespräch kamen, fragte sie: „Halten Sie es für möglich, dass Gott Sie veranlasst hat, heute Abend anzurufen, so dass wir zusammen sprechen konnten?“ Was meinst du, was ich geantwortet habe? Wir dienen einem großen Gott. Diene Ihm weiterhin!

Bei der Nachbarin meiner Eltern wurden einige Bäume gefällt. Ich begann ein Gespräch mit einigen Arbeitern. Einer von ihnen, siebzehn Jahre alt, sagte: „Letztes Jahr machten meine Freundin und ich Urlaub in Florida. Das Leben war nicht besonders toll, daher begann ich zu beten. Ich sagte: ‚Gott, wenn es Dich gibt, dann zeig Dich mir.‘ Ich verließ das Hotelzimmer, um in die nächste Kirche zu gehen."

Er erzählte mir, dass er es als ein Zeichen von Gott ansah, als zwei Missionare von den Mormonen mit dem Fahrrad bei ihm anhielten. Während wir redeten, sagte er: „Ich suche nur die Wahrheit." Wir hatten an den beiden folgenden Tagen gute Gespräche. Die Menschen um uns her suchen nach der Wahrheit. Warum gehst du nicht kühn hin und sprichst mit ihnen darüber?

Während ein Freund und ich in einem Restaurant saßen, plauderten wir mit der Kellnerin, die uns viel von sich erzählte. Sie war in New York aufgewachsen und hatte schwierige Familienverhältnisse. Ihr Vater war katholisch erzogen, wurde aber vor ein paar Jahren Christ.

Ich fragte sie, wie ihre Beziehung zu ihrem Vater sei, seitdem er Christ geworden war. Jill lächelte und sagte: „Es ist so, als würde man eine neue Person kennenlernen!" Ihr Vater hatte sich völlig geändert, und sie liebte ihn nun wirklich. Also nahmen wir uns Zeit, und wir sprachen über Sünde, Buße und Jesus.

Danach fragte ich Jill, wie viele Christen sich während ihrer drei Jahre als Kellnerin Zeit genommen hätten, um mit ihr über den Herrn zu sprechen. Was denkst du, was sie antwortete? Sie sagte traurig: „Nicht einer." Das ist ziemlich erschreckend, wenn man bedenkt, wie viele Christen sie wohl während dieser Zeit bedient hat.

Doch das geschieht häufig im Leben. Wir beschränken unser Christsein auf bestimmte Zeiten in unserem Leben, statt jeden einzelnen Moment des Tages durch unser Christsein bestimmen zu lassen. Ich erklärte ihr: „Wir laden dich in den Himmel ein. Es liegt an dir, was du mit dieser Einladung machst. Du kannst sie nehmen und in den Müll werfen; oder du kannst sie einlösen und zu dem Ort kommen, der Himmel genannt wird."

Ich gab ihr etwas Geld und bat sie, sich dafür ein bestimmtes Buch zu kaufen. Dann gaben wir ihr ein gutes Trinkgeld und gingen. Während wir uns noch auf dem Parkplatz unterhielten, öffnete sich die Restauranttür und Jill kam heraus. Sie sagte mit strahlendem Gesicht: „Mark, ich werde diese Einladung einlösen. Du wirst mich eines Tages im Himmel wiedersehen!" Dann drehte sie sich um und ging zurück ins Restaurant. Überall warten göttliche Begegnungen auf dich. Geh im Glauben und lass sie dir von Gott zeigen.

Einmal sprach ich auf einem Musikfestival mit einem Paar über Sünde und über das Evangelium, und beide übergaben ihr Leben Jesus. Sie hatten bereits Bibeln und lebten in unmittelbarer Nachbarschaft zu einer Gemeinde, die sie jetzt besuchen könnten. Der junge Mann sagte mir: „Vor ein paar Tagen betete ich und fragte Gott, ob das alles wahr sei und ob Er mir jemand schicken könnte, um mich das wissen zu lassen." Er zeigte auf mich und sagte: „Und zwei Tage später schickt Gott Sie in mein Leben!" Wenn du dich aufmachst, um deinen Glauben zu bezeugen, bist du vielleicht gerade die Antwort auf jemandes Gebet.

Wir laden dich in den Himmel ein. Es liegt an dir, was du mit dieser Einladung machst.

Jesus sagte zu seinen Jüngern in Matthäus 9,37.38: „Die Ernte zwar ist groß, die Arbeiter aber sind wenige. Bittet nun den Herrn der Ernte, dass er Arbeiter in seine Ernte aussende." Mach dir klar, dass es *seine* Ernte ist. Betest du für andere, dass sie hinausgehen und Zeugnis geben, um die Ernte einzubringen? Bist du dir dessen bewusst, dass eventuell jemand für dich betet, dass du Zeugnis gibst, um eben diese Ernte einzubringen? A. W. Pink hat einmal gesagt: „Es ist wahr, dass [viele] für eine weltweite Erweckung beten. Aber in einem Gebet an den Herrn der Ernte wäre es zeitgemäßer und schriftgemäßer, darum zu bitten, dass Er Arbeiter erwecken und aussenden möge, die furchtlos und treu die Wahrheiten predigen, die geeignet sind, eine Erweckung hervorzubringen."

Ein potentieller Paulus

Das Kneipenviertel einer Stadt zieht immer interessante Leute an. Ich war im Kneipenviertel von Denver unterwegs und ging auf drei Personen zu, um mit ihnen ins Gespräch zu kommen. Einer der Männer bat mich, in den nächsten Schnapsladen zu gehen, um eine Flasche Schnaps für sie zu kaufen.

Das tat ich nicht, deshalb gingen er und das Mädchen los, um jemand zu finden, der ihnen helfen würde. Der andere Mann blieb jedoch da, um mit mir zu reden. Während des Gesprächs fragte ich ihn, ob er je gesündigt hätte. Er antwortete: „Ja", sagte dann aber: „Was meinen Sie mit Sünde?"

Ich sagte: „Zum Beispiel die Zehn Gebote."

„Oh, ich habe sie alle gebrochen."

„Haben Sie bereits jemand getötet?", fragte ich.

Sehr lässig sagte er: „Ja."

„Zehn Personen?"

Er entgegnete: „Ich weiß nicht, wie viele."

Er erzählte mir, dass er in einer Bande in Long Beach, Kalifornien, aufgewachsen war und wirklich nicht wisse, wie viele Menschen er getötet hatte. Als er vierzehn Jahre alt war, spielten sie Basketball in der Hofeinfahrt. Plötzlich fuhren einige Bandenmitglieder vorbei und erschossen seine Freundin. Sie verblutete in seinen Armen. „Ich wusste, dass ich sie einmal heiraten und mit ihr Kinder haben wollte", sagte er. „Sie starb in meinen Armen."

Kannst du dir vorstellen, so etwas im Alter von vierzehn Jahren erleben zu müssen?

Als wir miteinander sprachen, nahm ich mir Zeit und legte ihm dar, dass es einen Gott gibt und dass die Bibel wahr ist. Ich schaute ihm in die Augen und hatte das Gefühl, dass nichts zu ihm durchdrang. Also empfahl ich ihm ein Buch und gab ihm Geld, damit er es sich kaufen sollte.

Er sagte: „Sie haben mich heute Abend ganz schön zum Nachdenken gebracht." Das überraschte mich, weil ich nicht den Eindruck hatte, dass er viel aufgenommen hatte. Dann fügte er hinzu: „Ich werde das Buch kaufen, das Sie mir empfohlen haben. Und wenn es so viele Beweise gibt, wie Sie sagen, dann werde ich mein Leben Jesus übergeben. Und wenn ich das getan habe, mache ich es genauso wie Sie: Ich werde umhergehen und den Menschen davon erzählen."

Du kennst nicht Gottes Plan mit den Menschen, mit denen du sprichst. Du könntest mit einem Saulus sprechen, den Gott in einen Paulus verwandeln will. Zieh los und triff auf einen potentiellen Paulus!

Ein paar Jugendliche in Dallas wollten Zeugnis geben, und so gingen wir in das riesige Einkaufszentrum Galleria. Sie begleiteten mich etwa eine Stunde lang, um zu sehen, was ich machte. Dann sagte ich ihnen, dass sie nun allein losziehen könnten. Ich gab ihnen Traktate, etwas zum Schreiben und schickte sie los. Nach ein paar Stunden trafen wir uns wieder zum Abendessen. Als wir aßen, erfuhr ich, dass Robby, siebzehn Jahre alt, eine Bibelgruppe an der Highschool leitete, wo er in der Abschlussklasse war. Dieser nette junge Mann studierte Griechisch, so dass er das Neue Testament in der Sprache verstehen konnte, in der es geschrieben war!

Wann war das letzte Mal, dass du mit Verlorenen gesprochen hast? Dann wird dir wirklich bewusst, was du in Jesus Christus besitzt.

Er sagte: „Du kannst so viele Bibelstunden halten, wie du willst, du kannst Griechisch lernen, soviel du willst, aber wenn du deinen Glauben vor einer verlorenen Person bezeugst, dann merkst du, worauf es ankommt. Dann stellst du fest, was du in Jesus Christus besitzt."

Ich möchte dir eine Frage stellen: Wann hast *du* das letzte Mal gemerkt, worauf es ankommt? Wann war das letzte Mal, dass *du* mit Verlorenen gesprochen hast? Dann wird dir wirklich bewusst, was du in Jesus Christus besitzt. Sieh zu, dass du draußen auf der Straße eine Menge deutlicher Spuren hinterlässt, bevor du eines Tages die goldenen Straßen im Himmel betrittst!

Übrigens, was haben wir in Jesus? In Psalm 31,20 heißt es: „Wie groß ist deine Güte, die du aufbewahrt hast denen, die dich fürchten, gewirkt für die, die Zuflucht zu dir nehmen angesichts der Menschenkinder!"

Der Psalmist stellt eine gute Frage: „Wie soll ich dem HERRN alle seine Wohltaten an mir vergelten?" (Psalm 116,12). Was könnte jeder von uns dem Herrn geben für all die wunderbaren Dinge, die Er für uns getan hat?

Warum sind wir Ihm nicht einfach gehorsam? Gehorsam wird dich in die Welt der Verlorenen führen, um ihnen genau das zu geben, wonach sie suchen: Jesus.

Wenn du wirklich lernen willst, wie du Verlorene lieben kannst, musst du nur Zeit mit ihnen verbringen. Je mehr du das tust, umso besser wirst du verstehen, warum Jesus für sie gestorben ist.

Was siehst du?

Phipps Plaza ist ein sehr exklusives Einkaufszentrum in Atlanta. Alles ist so teuer, dass ich mir dort kaum ein Kaugummi leisten kann! Ich gehe gern dorthin, um Zeugnis zu geben, weil der Gott der meisten Menschen dort das Geld ist.

Eines Tages, kurz vor Weihnachten, setzte ich mich auf eine Bank neben einen 24-Jährigen, der gerade das Studium an der Universität von Georgia abgeschlossen hatte. Als Colby und ich uns unterhielten, kamen seine Eltern aus einem Geschäft und stellten sich hinter ihn.

Ich dachte: *Was passiert wohl jetzt?* Er glaubte nicht an Jesus, aber wir befanden uns gerade an einem guten Punkt in unserer Unterredung. Ich entschied mich, einfach weiterzumachen.

Als seine Eltern zuhörten, signalisierten sie Zustimmung. Seine Mutter begann zu beten. Sie waren evangelikale Christen und hocherfreut, dass jemand mit ihrem Sohn über Jesus sprach!

Colby sagte: „Wenn ich mich hier umschaue, sehe ich lauter Menschen, die einkaufen und sich auf die Feiertage vorbereiten." Ich antwortete: „Colby, wenn ich mich hier umschaue, dann ist alles, was ich sehe, eine Menge Leute, die sterben und in die Hölle kommen werden. Und wenn du nicht dein Leben Jesus übergibst und Er den Vorhang von deinen Augen wegnimmt, kannst du die Menschen gar nicht anders sehen, als du es zurzeit tust."

Als ich auf einem Festival mit drei Männern sprach, fragten sie mich: „Was halten Sie von all diesen Menschen?“

Ich sagte: „Ich sehe Menschen, die Gott liebt, nur wissen sie das noch nicht.“

Ich merkte, dass ihnen diese Feststellung etwas bedeutete. Menschen haben manchmal den Eindruck, Gott würde sie hassen. Gott will, dass alle Menschen Buße über ihre Sünden tun und Jesus vertrauen, aber in jedem Fall liebt Er sie.

Wenn wir schon dabei sind – aus welchem Blickwinkel siehst *du* die Menschen? Jeder in deiner Umgebung wird sterben und entweder in den Himmel oder in die Hölle kommen. Das ist biblische Wahrheit. Was machst du mit diesem Wissen? Möchtest du den ewigen Bestimmungsort einer Seele beeinflussen? Gott möchte jede Seele auf diesem Planeten retten, und Er möchte dich dabei benutzen.

Wenn du 15 Millionen Euro von jemand erben würdest, würdest du es jedem erzählen? Wenn ich Leuten diese Frage stelle, sagen sie immer, sie würden es den Eltern erzählen und vielleicht sogar die Straße hinauf- und hinunterrennen und es laut hinausrufen! Weißt du was? Ich habe ein großes Erbe bekommen. Ich habe das Einmalticket zur Hölle dank dem Blut Jesu Christi stornieren können.

Ich habe ein großes Erbe bekommen! Zwar verdiene ich die Hölle mehr als jeder, der dieses Buch liest, aber wenn ich sterbe, werde ich nicht einmal in die Nähe der Hölle kommen, und zwar aufgrund dessen, was Jesus für mich getan hat. Hast du ein großes Erbe für die Ewigkeit bekommen? Wenn ja, dann sorge dafür, dass du diese gute Nachricht von allen Dächern in Deutschland rufst!

Kapitel 13
Killerliste

„Du kannst nicht verhindern, dass sie sterben; möge Gott dir jedoch helfen, sie vor der Verdammnis zurückzuhalten! Du kannst nicht verhindern, dass der Atem ihren Körper verlässt; möge jedoch das Evangelium ihre Seelen vor dem Weg ins Verderben zurückhalten!"

Charles Haddon Spurgeon

Dieses Kapitel enthält Wahrheiten, die mich im Herzen getroffen haben. Sie sind Perlen der Weisheit – Geschichten, Zeugnisse und Verse –, die dich zum Nachdenken und dann zum Handeln anspornen sollen. Ich hoffe, dass sie dir Freude bereiten und dich herausfordern.

Ein treuer Zeuge

In Psalm 89,38 heißt es: „Ewig wird er feststehen wie der Mond; und der Zeuge in den Wolken ist treu." Über diesen Vers musste ich einmal nachdenken. Der Mond ist ein treuer Zeuge am Himmel. Was macht der Mond? Obwohl er die Gezeiten auf dem Planeten beeinflusst, ist er für die meisten Menschen in erster Linie ein Brocken Gestein, der nur das Sonnenlicht reflektiert. Das ist alles. An manchen Tagen ist er als Sichelmond, Halbmond oder Vollmond sichtbar, aber er wurde gemacht, um das Sonnenlicht zu reflektieren. Die Erschaffung des Mondes zeigt, dass es einen grandiosen Schöpfer geben muss.

Der Psalmist nennt den Mond einen „treuen Zeugen" – obwohl dieser Zeuge nicht einmal reden kann! Wie kann das sein? Wie kann es sein, dass der Mond ein größerer Zeuge für Gott ist, als ich selbst es bin, obwohl ich doch seinen wunderbaren Namen verkündigen kann? Dann wurde mir klar, dass ich wie der Mond sein muss, dass ich mit meinem Leben und meiner Stimme eine einzige Sache tun muss: Ich muss das Licht des Sohnes reflektieren. Was wäre es, wenn jeder von uns Christen seine Zeit einsetzte, um das Licht des Sohnes Gottes zu reflektieren? Wie hell wäre es in der Welt! Wir möchten in der dunklen Welt, in der wir leben, kein Sichelmond, sondern ein voller, strahlender, leuchtender Mond sein. Das heißt, dass wir im richtigen Winkel zum Sohn stehen müssen.

Epheser 5,16 ermuntert uns, „die gelegene Zeit auszukaufen, denn die Tage sind böse". Zeit ist sehr kostbar und sie läuft uns davon. Weil die Tage immer böser werden, müssen wir unser Licht – die Gerechtigkeit Christi – gerade jetzt sehr hell scheinen lassen. Wie können wir das tun?

Nehmen wir einmal an, du würdest eine Taschenlampe nehmen und sie an einem sonnigen Tag um die Mittagszeit draußen anschalten. Wie hell wäre das Licht? Nicht sehr hell. Nehmen wir an, du würdest die Taschenlampe um Mitternacht draußen anschalten. Wie hell wäre das Licht dann? Viel heller. Nun nehmen wir mal an, du würdest deine Taschenlampe in eine tiefe Höhle in der Erde mitnehmen, wohin kein Licht kommt. Wie hell wäre dein Licht? Es wäre in der Tat sehr hell. Tatsächlich leuchtet dein Licht umso heller, je größer die Dunkelheit ist. Dein Licht kann in der Gemeinde leuchten, aber es wird viel heller leuchten bei der Arbeit, in der Schule, im Einkaufszentrum, am Strand oder im Barviertel der Stadt. Warum? Weil diese Orte geistlich gesehen sehr dunkel sind. Jesus sagt: „Ich bin das Licht der Welt; wer mir nachfolgt, wird nicht in der Finsternis wandeln, sondern wird das Licht des Lebens haben" (Johannes 8,12). Nimm dein Licht, das Jesus dir gibt, und trage es überall in die Dunkelheit, wo du kannst, und erleuchte diese Dunkelheit mit dem kraftvollen Licht des allmächtigen Gottes.

Ein sehr dunkler Ort, wo du dein Licht leuchten lassen kannst, ist ein Gefängnis. Dienst im Gefängnis macht viel Freude – du solltest es ausprobieren! Das erste Mal, als ich mit *Bill Glass Prison Ministries* in ein Gefängnis ging, war ich so nervös, dass ich dachte, mein Herz würde explodieren. Aber innerhalb von dreißig Minuten zeigte Gott mir erstaunliche Dinge. Als ich einmal in Houston in einem Gefängnis war, gingen drei von uns in den Einzelhaftbereich. Dort werden Gefangene 23 Stunden am Tag einzeln in Zellen eingesperrt; nur eine Stunde am Tag dürfen sie zum Duschen und zur Erholung heraus. Diese Gefangenen sind wie eingesperrte Tiere. Der Einzelhaftbereich beherbergt die Schlimmsten der Schlimmen: Mörder, Vergewaltiger, Bandenmitglieder usw.

Ich begann ein Gespräch mit einem Gefangenen, der in der mexikanischen Mafia gewesen war (eine der härtesten, gemeinsten Straßenbanden, die es gibt). Er vertraute mir an, dass er entschlossen sei, die mexikanische Mafia zu verlassen. Wenn ein Mitglied versucht, eine Straßengang dieser Größenordnung zu verlassen, gibt es in solchen Banden allerdings eine Strafe – Tod. Sie töten Menschen, die ihre Bande verlassen. Er war in Einzelhaft, weil sein Leben bedroht war. Deshalb fragte ich ihn: „Will irgendjemand dich hier töten?"

Er sagte „Ja" und zeigte auf einige Zellen, wo Gefangene waren, die ihn umbringen wollten. Dann legte er den Finger auf den Mund und machte mir damit ein Zeichen, dass ich ruhig sein solle. Er zeigte auf die angrenzende Zelle und flüsterte: „Der Kerl in der nächsten Zelle dort will mich töten."

Ich flüsterte heiser: „Der Kerl in der nächsten Zelle will dich töten?"

Er nickte. Ich war fassungslos, wohin ich geraten war! Es war offensichtlich, dass dieser Mann Jesus brauchte und wahrscheinlich bald sterben könnte, deshalb fing ich an, ihm Zeugnis zu geben. Erstaunlicherweise wusste dieser zwanzig Jahre alte Gefangene, der von Kopf bis Fuß tätowiert war, alle Antworten auf meine Fragen. Er musste in einer Kirche aufgewachsen sein, doch er hatte ganz und gar den falschen Weg eingeschlagen.

Geh nicht davon aus, dass die jungen Menschen in deiner Gemeinde dem Herrn hingegeben dienen werden, wenn sie erwachsen sind. Satan versucht, sie enorm zu beschmutzen. Bitte investiere so viel Zeit und Gebet wie möglich in diese jungen Leute. Sie sind es wirklich wert.

Nachdem ich mit diesem Kerl gesprochen hatte, wollte ich den Killer in der nächsten Zelle besuchen. Ich war noch nie zuvor einem Killer begegnet, deshalb dachte ich, das könnte interessant werden! In dieser Zelle saß Juan, ein 21-Jähriger mit einem blonden Bürstenschnitt, der wie ein typischer Student auf einem Collegegelände überall in Amerika aussah. Ich fragte ihn: „Juan, was ist das Schlimmste, was du je in deinem Leben getan hast? Du brauchst es mir nicht zu sagen, wenn du nicht möchtest." Ich frage das manchmal, weil manche Leute denken, dass sie etwas so Schlimmes getan haben, dass Gott ihnen nicht vergeben kann. Das ist niemals wahr – es ist eine Lüge, direkt von dem Vater der Lüge selbst.

Juan sagte: „Ich brauche es Ihnen nicht zu sagen?"

„Nein, du brauchst nicht, wenn du nicht willst."

Er antwortete: „Ich denke gerade darüber nach, etwas Schlimmeres zu tun, als ich je zuvor getan habe." Er bezog sich wahrscheinlich darauf, dass er den Kerl in der Nachbarzelle töten wollte!

Ich benutzte eine evangelistische Schautafel, um den Gefangenen das Evangelium weiterzugeben. (Wenn du Traktate oder andere evangelistische Hilfsmittel benutzt, so nimm dir die Zeit, Sünde anhand der Zehn Gebote zu erklären. Achte darauf, dass die Menschen ihren verdorbenen Zustand vor dem heiligen, allwissenden Gott dieses Universums wirklich verstehen.) Als wir am Ende der Schautafel ankamen, fragte ich Juan, ob er sein Leben Jesus Christus übergeben wolle. Er bejahte das.

Manchmal versuche ich, es jemand auszureden, eine Entscheidung für Jesus zu fällen. Ich weiß, dass das seltsam klingt, aber ich möchte sichergehen, dass nicht ich die Person dazu überredet habe, sondern dass der Geist Gottes sie zu dieser Entscheidung drängt. Bei Juan war ich mir nicht sicher, ob er diese Übergabe wirklich machen wollte. Deshalb faltete ich die Schautafel zusammen und sagte: „Juan, ich bin mir nicht sicher, ob du wirklich bereit bist, dein ganzes Leben Jesus Christus zu übergeben und Ihm zu folgen."

„Ich will Ihnen etwas sagen", antwortete er. „Ich habe das Leben gründlich satt; ich trete auf der Stelle. Das Einzige, was mein Leben ändern kann, ist Jesus Christus, und ich möchte Ihn genau jetzt annehmen." Dann stelle ich die Schautafel wieder auf und zeigte ihm dadurch: Wenn ein Killer Christus annehmen möchte, soll man ihn Christus annehmen lassen! Wir nahmen uns Zeit zum Gebet, als Juan sein Leben Jesus übergab.

Als Juan anfing zu reden, unterbrach ich ihn: „Juan, warte einen Augenblick – das ist Römer Kapitel 8." Als er fortfuhr zu reden, sagte ich: „Juan, das ist Jakobus Kapitel 2. Woher kennst du alle diese Verse?"

„Ich weiß es nicht", antwortete er. „Sie kommen mir zugeflogen." Es war eine der eindrucksvollsten Erfahrungen, die ich jemals gemacht habe.

Juan sagte dann: „Sie werden mir nicht glauben, was ich in meiner Zelle habe. Ich habe eine Killerliste."

Ich fragte: „Was meinst du mit *Killerliste*?"

„Eine Liste von Menschen, die die mexikanische Mafia töten will."

„Juan, du bist nun von neuem geboren und glaubst an Jesus Christus. Du brauchst diese Killerliste nicht mehr, warum gibst du sie mir nicht einfach?"

Er gab mir eine Liste mit mehr als siebzig Namen und Adressen von Personen, die die mexikanische Mafia zu töten suchte. Jemand brachte mich auf den Gedanken, jedem auf der Liste Traktate zu senden. Es könnte ja sein, dass sie bald sterben, deshalb brauchten sie das Evangelium auf der Stelle! Da mir niemand zurückgeschrieben hat, bin ich mir nicht sicher, was mit diesen Menschen geschehen ist.

Als ich ein paar Tage später betete, sprach Gott zu mir. Es schien mir, als würde Er mich fragen: „Mark, bist du auf Satans Killerliste? Lebst du dein Leben so radikal für meinen Sohn, sind deine Gebete so feurig und dein Zeugnisgeben so stark, dass du auf Satans Killerliste stehst?" Was für eine herausfordernde Frage.

Ich habe dieselbe Frage an dich. Stehst du auf Satans Killerliste? Lebst du dein Leben so radikal für Jesus, dass Satan nicht erwarten kann, dich von diesem Planeten wegzubekommen? Steht deine Jugendgruppe auf Satans Killerliste? Oder gehört deine Jugendgruppe zu den Jugendgruppen, denen es mehr um Pizza und Vergnügungsspiele und Freizeitparks geht als um die Frage, ob deine Schule Jesus dienen wird? Steht deine Gemeinde auf Satans Killerliste? Oder gehört sie zu einer dieser Gemeinden, die mehr darauf bedacht sind, wie das Gebäude aussieht oder was auf dem nächsten Gemeindeprogramm steht, als darauf, wie die Verlorenen aus deiner Stadt Jesus kennenlernen können?

Ich habe es mir zum Ziel gesetzt und ich hoffe, auch du setzt dir das Ziel, auf Satans Killerliste zu kommen. Ich garantiere dir: Wenn du dir das zum Ziel setzt, wirst du zwar kein normales Leben haben, aber wenn du stirbst, wirst du einen überwältigenden Eingang in den Himmel haben.

Ein junger Mann schrieb mir: „Ich komme nicht nur auf die Killerliste Satans, er wird meinen Namen sogar besonders markieren!" Dieser junge Mann wollte so radikal für Jesus einstehen und Satan so viel Ärger bereiten, dass Satan seinen Namen auf seiner Killerliste einfach hervorheben muss.

Lebst du so, dass Satan es hasst, dass du heute aufgewacht bist, weil du Menschen aus seinem Team wegnimmst und sie für alle Ewigkeit zu Gottes Team hinzufügst?

Eines Tages sah ich mir die X-Games[28] im Fernsehen an. Es war eine Mischung aus Veranstaltungen mit Skateboardern, Crossfahrern usw. Ich bemerkte bei einer Veranstaltung, dass Teilnehmer, die die 60-Sekunden-Zeitgrenze erreichten, noch einmal 15 Sekunden bekamen. Interessant war, dass man diese letzten 15 Sekunden die „Herrlichkeitszeit" nannte. Die Teilnehmer sollten ihre besten Tricks zeigen, weil die Zeit knapp wurde. Ich möchte dich ermutigen, dass es im Blick auf die Ewigkeit schon „Herrlichkeitszeit" für uns Christen ist. Die Zeit wird knapp, und es ist für uns an der Zeit, unser Bestes für unseren Retter zu geben. Er wird bald kommen, und wir müssen bereit sein und sollten dafür sorgen, dass der Rest der Welt ebenfalls bereit ist.

Zeugnisgeben: Gott liebt es, Satan hasst es. Was meinst du nun: Solltest du es nicht tun?

---

[28] Extremsportveranstaltung. (Wikipedia)

Samen säen

Wenn du Erde und Düngemittel in einen Blumentopf füllst, Wasser hinzufügst, für Sonnenlicht sorgst und dafür betest, dass eine Sonnenblume wächst – wächst sie? Nein, natürlich nicht. Warum nicht? Du hast keinen Samen gesät. Erst wenn du einen Sonnenblumenkern säst, kann die Sonnenblume wachsen. Obwohl Gott ein Wunder tun und ohne Samen etwas wachsen lassen könnte, hat Er dennoch sowohl eine Zeit der Saat als auch eine Zeit der Ernte bestimmt. In 1. Korinther 3,6.7 erinnert Paulus uns daran, wie wichtig Samen sind. Jemand muss säen, bevor Gott das Wachstum geben kann. Gott hört unsere Gebete, wenn wir für einen Freund beten, dass er Jesus Christus kennenlernen möge; aber ich denke häufig, Gott möchte, dass wir hingehen und ein Samenkorn in das Leben dieser Person säen. Wenn wir mit diesem Freund über Jesus reden und zuerst für ihn beten würden, hätte Gott einen Samen, den Er gern wachsen lassen würde.

Dank hören

Weißt du, dass jeder Einzelne, dem du je Zeugnis gegeben hast, dir eines Tages danken wird? Denk einmal darüber nach. Wenn Menschen, denen du Zeugnis gibst, Jesus nicht annehmen und in der Hölle landen, werden sie dir danken? Ich glaube nicht, dass du das jemals hören wirst, aber ich denke, dass sie es tun werden. Wenn sie einmal in der Hölle sind und begreifen, dass sie in alle Ewigkeit dort sein werden, dann werden sie, so glaube ich, sagen: „Wenigstens diese Person, die mir im Einkaufszentrum oder in der Schule an dem und dem Tag Zeugnis gegeben hat, hat sich um mich und um meine ewige Bestimmung gesorgt, und sie hat mir deshalb gesagt, wie ich es hätte vermeiden können, an diesen Ort zu kommen. Ich wünschte mir, ich könnte mich bei ihr bedanken." Und natürlich werden sie sich wünschen, sie hätten zugehört.

Jetzt denk an die Menschen, die in den Himmel kommen. Stell dir vor, jemand kommt im Himmel auf dich zu und sagt:

„Erinnerst du dich an mich? Ich habe mit dir zusammen gearbeitet oder bin mit dir zur Schule gegangen, und du hast mir einmal Zeugnis gegeben. Ich weiß, es sah so aus, als wäre ich nicht aufmerksam gewesen, aber ich habe zugehört. Drei Jahre später habe ich mein Leben Jesus übergeben und für Ihn gelebt. Ich möchte dir danken, dass du dir die Zeit genommen hast, um mir von Jesus zu erzählen."

Wenn dir im Himmel jemand so etwas sagen würde, was meinst du, was du dann empfindest? Wäre es nicht eine große Freude für dich?

Verschwende dein Leben nicht mit billigem „Nervenkitzel" wie zum Beispiel eine Achterbahnfahrt mit erhobenen Armen oder den Jubel über ein Tor bei einem Fußballspiel. Setze dich stattdessen dafür ein, dass Menschen dir einmal danken, dass du ihnen geholfen hast, die Tore des Himmels für alle Ewigkeit zu betreten. Sorge dafür, dass viele dir im Himmel danken, weil du hier auf der Erde mutig den Namen Jesu verkündigt hast.

Die größte Sünde

Eines Abends bereitete ich mich darauf vor, hinauszugehen und Zeugnis zu geben; ich las in meiner Bibel und betete. Als ich über das Zeugnisgeben nachdachte, wurde mir klar, dass alle Verlorenen Jesus brauchen, trotzdem will ich manchmal gar nicht mit ihnen über Ihn reden. Mir wurde bewusst, dass es egoistisch ist, wenn ich meinen Glauben nicht weitersage. Ich dachte darüber nach, dass es zwei Arten von Sünden in der Bibel gibt: Sünde, etwas Böses zu tun, und Sünde, etwas Richtiges zu unterlassen. Es gibt Sünden, die wir begehen, und es gibt Dinge, die wir tun sollten, aber nicht tun. In Jakobus 4,17 heißt es: „Wer nun weiß, Gutes zu tun, und tut es nicht, dem ist es Sünde."

Ich denke jedoch, dass eine der größten Sünden, die Gläubige tun können, die ist, dass sie denen, die nicht gerettet sind, nicht von dem erzählen, was sie retten kann.

In meinem Inneren begann sich etwas zu regen. Wenn alle Sünden auf Egoismus zurückzuführen sind (eine „Ich-zuerst"-

Einstellung, anstatt Gott an die erste Stelle zu setzen) und wenn es egoistisch ist, den Glauben nicht weiterzusagen – welche größere Sünde könnte ich als Gläubiger jemals begehen, als den Verlorenen nicht von Jesus zu erzählen? Wir denken, dass Ehebruch oder Mord eine große Sünde ist – und nach den Worten eines allheiligen Gottes *sind* das große Sünden. Ich denke jedoch, dass eine der größten Sünden, die Gläubige begehen können, die ist, dass sie denen, die nicht gerettet sind, nicht von dem erzählen, was sie retten kann. Jesus sagte zu der Frau, die beim Ehebruch ertappt wurde: „Geh hin und sündige nicht mehr!" (Johannes 8,11). Als Gläubiger weißt du, wie sehr Gott Sünde hasst, deshalb „geh hin und sündige nicht mehr", indem du jedem, den du triffst, von Jesus erzählst.

Tu es heute

Als ich Freunde an der Auburn-Universität besuchte, gab ich am Freitagabend in einem Einkaufszentrum Zeugnis, dann kam ich zurück und ging zu Bett. Um Mitternacht wachte ich mit dem Empfinden auf, noch nicht genug Zeugnis gegeben zu haben. Deshalb zog ich mich wieder an und ging hinunter in das Barviertel der Stadt, um mit Menschen zu reden. Ich sah einen Burschen auf einer Steinmauer sitzen und setzte mich neben ihn. Wir hatten ein gutes Gespräch. Er erzählte mir, dass seine Eltern Mitglieder der „Navigatoren" waren, aber dass er überhaupt nicht an Gott glaubte. Dieser Schüler hatte einige gute Fragen, und ich konnte ihm alle seine Fragen beantworten.

Nachdem wir eine ganze Stunde lang miteinander gesprochen hatten, sagte er: „Ich gehöre der Farmhouse-Bruderschaft hier in Auburn an. Ich bin seit vier Jahren Mitglied dieser Bruderschaft. Es gibt in dieser Bruderschaft evangelikale Christen, die sich aber niemals die Zeit genommen haben, mir von Jesus zu erzählen, so wie Sie es tun. Ist das nicht echt schlimm?"

Ich musste ihm recht geben.

Denk einmal darüber nach. Es kann sein, dass es in deiner Umgebung verlorene Menschen gibt, die sich wundern, warum du dir nie die Zeit nimmst, ihnen die Wahrheit zu sagen. Sorge dafür, dass sie sich nicht länger zu wundern brauchen. Sprich noch heute mit ihnen.

Wirf noch einen Holzscheit ins Feuer

Hast du schon einmal an einer christlichen Freizeit teilgenommen, wo du das „Lagergefühl" hattest und für Gott branntest? Doch ein oder zwei Monate später fühltest du dich in die Realität zurückversetzt oder warst deprimiert? Ich frage mich, warum das so oft passiert. Als ich eines Tages darüber nachdachte und betete, kam mir ein Bild in den Sinn; ich glaube, dass es vom Herrn war. Es war nur ein einfaches Bild von einem Lagerfeuer. Wenn du aufhörst, Holz ins Feuer zu werfen – was passiert mit dem Feuer? Es geht aus. Aber wenn du Holz drauflegst, brennt es weiter. Jakobus belehrt uns: „Seid aber Täter des Wortes und nicht allein Hörer, die sich selbst betrügen" (Kapitel 1,22). Dann sagt er uns, „dass der Glaube ohne die Werke tot ist" (Kapitel 2,20).

Die Leute, die ich treffe und die ständig für Jesus brennen, sind solche, die für den Herrn arbeiten. Sie sind aktiv in ihrem Glauben: Sie arbeiten in Obdachlosenheimen, geben den Verlorenen Zeugnis, schreiben aus christlicher Perspektive in Schulzeitungen, besuchen Gefangene usw. Sie legen Holz auf ihr Feuer. Und wenn du das beständig tust, wird das Feuer nicht nur nicht ausgehen, es wird sogar größer werden. Gott möchte nicht, dass wir nur „Lagerfeuer" bleiben; Er möchte, dass wir richtige Leuchtfeuer, Signalfeuer für Ihn sind. Tu die Dinge Gottes, und die Hingabe an Ihn wird für den Rest deines Lebens stark bleiben.

Die Leute, die ich treffe und die ständig für Jesus brennen, sind solche, die für den Herrn arbeiten.

Der Autor Steve Farrar schreibt: „Wenn du nicht in Christus heranwächst, alterst du in Christus."

Paulus schreibt in Philemon 6: „... dass die Gemeinschaft deines Glaubens wirksam werde in der Anerkennung alles Guten, das in uns ist gegen Christus Jesus." Wenn du ein volles

Verständnis von allem haben möchtest, was du in Jesus hast, sorge dafür, dass du deinen Glauben aktiv weitersagst.

Wirf helles Licht auf Ihn

Ich hörte einmal einen Prediger etwas sagen, was ich niemals vergessen werde: „Wir sind aus zwei Gründen hier: Ihn bekannt zu machen und ein helles Licht auf Ihn zu werfen." Fasst das nicht das Christentum zusammen? Wir sind hier, um anderen von Jesus zu erzählen, um Ihn in der ganzen Welt bekannt zu machen. Damit wir ein helles Licht auf Ihn werfen, müssen wir leben und handeln, wie Jesus es tat. Denkst du, dass diese beiden Dinge am Gerichtstag zählen werden? Ganz bestimmt sogar! Nutze dein Leben, um Ihn gut bekannt zu machen und ein helles Licht auf Ihn zu werfen, und du wirst ein sehr erfülltes Leben haben.

„Wir sind aus zwei Gründen hier: Ihn bekannt zu machen und ein helles Licht auf Ihn zu werfen."

Eines Abends war ich in Myrtle Beach, South Carolina, noch spät draußen und gab zwei Marinesoldaten Zeugnis. Einer wollte wirklich reden, aber der andere junge Mann wandte sich die ganze Zeit ab und wollte nach ungefähr zehn Minuten weggehen und einen Joint rauchen. Sein Kumpel sagte: „Ich will mit diesem Kerl reden, also lass uns bleiben."

Weil sie auf dem Weg zu ihrem Zimmer waren, bot ich ihnen an, mit ihnen hochzugehen. Als wir gingen, warnte der Soldat, der rauchen wollte, seinen Freund, ich könnte ein Polizist sein.

Sein Kollege antwortete: „Der Kerl ist kein Polizist. Er spricht mit Menschen über Jesus!" Es war wirklich lustig.

Als wir zu ihrem Zimmer kamen, sagte der freundliche Soldat: „Mein Kumpel möchte Sie gern abtasten, um sicher zu sein, dass Sie kein Abhörgerät oder so etwas haben." Deshalb durchsuchten sie mich, um sicher zu sein, dass ich kein Mikrofon zum Aufnehmen des Gesprächs oder eine Pistole dabei hatte.

Ich scherzte: „Ihr Kerle schaut zu viel Fernsehen!"

Wir traten in ihr Zimmer, wo sie gekühltes Heineken-Bier hatten, und der eine begann, sich seinen Joint zu drehen. Als ich mit dem anderen weiterredete, sagte er mir, dass er an mir schätze, dass ich so angezogen war wie sie. Ich trug eine schwarze Jeans und ein T-Shirt.

Ich fragte ihn: „Wenn ich in einem dreiteiligen Anzug mit einer 20-Pfund-Bibel unter dem Arm zu Ihnen gekommen wäre, was hätten Sie gemacht?"

Er antwortete: „Dann hätte ich nichts mit Ihnen zu tun haben wollen!"

Wenn du Zeugnis gibst, trage keine unpassende oder sündige Kleidung, sondern kleide dich so, dass du zu dem Ort, wohin du gehst, passt. Deine Haltung und deine Liebe zu Jesus und zu den Verlorenen sollten Menschen zu dir ziehen, nicht deine Kleidung. Trage also keine christlichen T-Shirts oder entsprechenden Schmuck. Das kann dazu führen, dass Menschen nicht mit dir reden, weil sie genau wissen, woher du kommst. Jesus hatte nichts Besonderes an, wenn Er den Menschen das Evangelium brachte. Wir sollten keine Dinge tragen, die Leute davon abhalten, mit uns zu reden, oder die unseren Dienst für den Herrn Jesus Christus in Verruf bringen.

Ich hörte, wie der eine, der nicht an dem Gespräch beteiligt war, mit seiner Freundin telefonierte und ihr erzählte: „Heute war es nicht so gut. Heute Morgen war es schrecklich; am Nachmittag ist nichts Gutes passiert, und jetzt, heute Abend, habe ich Jesus in meinem Hotelzimmer!"

Ich schaute ihn an und sagte: „Nein, nein. Nicht Jesus." Aber dann kam mir in den Sinn: Wenn Menschen Jesus nicht in dir und mir sehen können, in wem werden sie Ihn dann jemals sehen? Wir müssen Jesus bekannt machen und helles Licht auf Ihn werfen, wo immer wir hingehen. Ich konnte den beiden Marinesoldaten Traktate geben. Der eine wollte sogar meine Telefonnummer haben, um in Kontakt mit mir zu bleiben! Wir dienen einem großen Gott. Diene Ihm weiter!

Beginne eine Revolution

Das Wort „Revolution" bezeichnet eine plötzliche, radikale oder vollständige Veränderung: Es kann der Sturz oder das Abdanken einer Regierung oder eines Herrschers sein und die Einsetzung eines anderen durch die, die regiert werden. Ich meine nicht Washington, D. C. – doch ist es nicht an der Zeit, die jetzige Regierung zu stürzen? Johannes 12,31 sagt: „Jetzt wird der Fürst dieser Welt hinausgeworfen werden." Der Fürst dieser Welt, Satan, muss gestürzt werden. Das kann im Gebet geschehen und durch Christen, die mutig für die ewige Wahrheit einstehen, wo immer sie hingehen.

Normalerweise braucht man für eine Revolution einen Revolutionär, jemand, der sich für die Sache einsetzt, egal was es kostet. Ein sinnverwandtes Wort für Revolutionär ist „Radikaler" – jemand, der alles, was er hat, für die Sache gibt, der Gott mehr als allen anderen gefallen will und der allein für Gott lebt. Bevor es überhaupt eine Revolution in der Welt geben kann, muss es eine „Revolution" in dir geben. Du musst dich entscheiden, dich Gott ganz hinzugeben. Würdest du dich dazu verpflichten, eine Revolution in dieser Welt zu starten? Viele Menschen lassen durch die Liebe zu Jesus eine Revolution *in* sich auslösen, und das ist der Anfang für eine Revolution um sie *herum*. Sei ein Revolutionär – ein Radikaler für Jesus!

Vollende dein Leben in Kraft

In 2. Timotheus 4,7 sagt Paulus: „Ich habe den guten Kampf gekämpft, ich habe den Lauf vollendet, ich habe den Glauben bewahrt." Wie wirst du den Lauf des Lebens vollenden? Es ist nicht entscheidend, wie du startest; es ist wichtig, wie du den Lauf vollendest.

Der große Weitspringer und Sprinter Carl Lewis, der neun olympische Goldmedaillen gewann, war eine erstaunliche Persönlichkeit im 100-Meter-Sprint. Wenn der Startschuss fiel, konnte man Carl immer bei den Letzten finden. Er war kein guter Starter.

Etwa bei der 50-Meter-Marke befand Carl sich bei den Läufern im Mittelfeld. Aber am Ende des Rennens konnte man ihn fast immer als Ersten an der Ziellinie finden. Andere Läufer haben gesagt, dass Carl Lewis bei der 60-Meter-Marke einen Antrieb gehabt habe, den kein anderer Läufer hatte. Es sei wie eine Rakete, die in Carl losgegangen sei, wodurch er jeden überholte. Die Sache ist die, dass du die Goldmedaillen nicht am Start gewinnst, sondern am Ziel.

Wie willst du eigentlich den Lauf des Lebens für den allmächtigen Gott vollenden? Ich sage Leuten: „Du wirst ihn entweder stark vollenden oder falsch." Das ist es, worüber Paulus in diesem Vers spricht: Er bewahrte den Glauben während des ganzen Weges, bis zum Ende des Lebenslaufs. Mach es auch so!

Einmal setzte ich mich in einem Einkaufszentrum neben einen älteren Herrn und begann ein Gespräch. Nach ein paar Minuten erzählte er mir, dass er mal so einer wie ich war, nun aber nicht mehr so einer sei. Er war neun Jahre lang ein „Jünger-Christi-Pastor". Er sagte: „Ich glaubte, was Sie glauben, aber dann habe ich eine weitere Ausbildung gemacht." Er erzählte mir von seinen fünf Abschlüssen auf verschiedenen Colleges und dass er gerade einen Artikel für das *American Atheist Magazine* fertig geschrieben hatte.

Dieser Mann vollendet den Lauf des Lebens sehr, sehr falsch. Sorge dafür, dass du, wenn du Jesus eines Tages begegnest, den Lauf beim Überqueren der Ziellinie deines Lebens und beim Eintritt in den Himmel sehr, sehr stark vollendest!

An den Fingerspitzen hängend

Bei einem Musikfestival in Nashville, Tennessee, hatte ich ein Gespräch mit einem 19-jährigen Bauarbeiter aus Detroit. Den Abend vorher war er sehr spät angekommen, deshalb fragte ich ihn, wo er die Nacht verbracht habe. Er antwortete: „Oben auf dem Gebäude da drüben", und zeigte auf ein Hochhaus. Er schlief oben auf einem Gebäude!

Ich fragte dann: „Was für ein Hobby haben Sie?"

„Ich bin Gebäudespringer", antwortete er. Ich fragte ihn, was das sei. „Das kann man im Fernsehen sehen, wenn Menschen oben von einem Gebäude zu einem anderen springen. Es ist wirklich aufregend!"

Das glaub ich gern! Weil ich Menschen gern Fragen stelle, fragte ich ihn: „Haben Sie schon einmal das Ziel verfehlt?"

„Ja, einmal", sagte er. „Als ich von einem Gebäude zu einem anderen sprang, bemerkte ich in der Luft, dass es nicht bis dorthin reichte. Ich schaffte es lediglich, dass meine Fingerspitzen die Dachkante fassten und mein Körper gegen das Gebäude schlug. Ich blieb dort hängen. Ich hatte gerade noch genug Energie, um mich selbst nach oben zu ziehen."

„Hatten Sie Angst?"

„Sehr", antwortete er.

Bist du dir bewusst, dass du heute mit Menschen reden kannst, die sich nur mit ihren Fingerspitzen festhalten, bevor sie in die Ewigkeit abstürzen? Sie könnten ganz nahe davor sein. Wenn sie wüssten, was sie ohne Jesus erwartet, hätten auch sie Angst.

In 1. Samuel 20,3 sagt David: „So wahr der HERR lebt und deine Seele lebt, nur ein Schritt ist zwischen mir und dem Tod!" Jeder kommt an den Punkt, wo er nur einen Schritt, einen Atemzug weit von der Ewigkeit entfernt ist. Und wir alle kommen an den Punkt, wo uns unsere eigene Kraft nicht aus der misslichen Lage ziehen kann. Erzähle Menschen, die an ihren Fingerspitzen Richtung Ewigkeit hängen, dass es eine durchbohrte Hand gibt, die sich ausstreckt, um sie in den Himmel zu ziehen.

Schlage Alarm

Hesekiel 33,1–11 berichtet die Worte des HERRN an den Propheten Hesekiel:

> Und das Wort des HERRN erging an mich, indem er sprach: Menschensohn, rede zu den Kindern deines Volkes und sprich zu ihnen: Wenn ich das Schwert über ein Land bringe, und das Volk des Landes nimmt einen Mann aus seiner Gesamtheit und setzt ihn für sich zum Wächter, und er sieht das Schwert über das Land kommen und stößt in die Posaune und warnt das Volk – wenn einer den Schall der Posaune hört und sich nicht warnen lässt, so dass das Schwert kommt und ihn wegrafft, so wird

sein Blut auf seinem Kopf sein. Er hat den Schall der Posaune gehört und hat sich nicht warnen lassen: Sein Blut wird auf ihm sein; denn hätte er sich warnen lassen, so würde er seine Seele errettet haben. Wenn aber der Wächter das Schwert kommen sieht, und er stößt nicht in die Posaune, und das Volk wird nicht gewarnt, so dass das Schwert kommt und von ihnen eine Seele wegrafft, so wird dieser wegen seiner Ungerechtigkeit weggerafft; aber sein Blut werde ich von der Hand des Wächters fordern.

Du nun, Menschensohn, ich habe dich dem Haus Israel zum Wächter gesetzt: Du sollst das Wort aus meinem Mund hören und sie in meinem Namen warnen. Wenn ich zum Gottlosen spreche: Gottloser, du sollst gewiss sterben!, und du redest nicht, um den Gottlosen vor seinem Weg zu warnen, so wird er, der Gottlose, wegen seiner Ungerechtigkeit sterben; aber sein Blut werde ich von deiner Hand fordern. Wenn du aber den Gottlosen vor seinem Weg warnst, damit er von ihm umkehrt, und er von seinem Weg nicht umkehrt, so wird *er* wegen seiner Ungerechtigkeit sterben; *du* aber hast deine Seele errettet.

Und du, Menschensohn, sprich zum Haus Israel: So sprecht ihr und sagt: Unsere Übertretungen und unsere Sünden sind auf uns, und in ihnen schwinden wir hin; wie könnten wir denn leben? Sprich zu ihnen: So wahr ich lebe, spricht der Herr, HERR, ich habe kein Gefallen am Tod des Gottlosen, sondern dass der Gottlose von seinem Weg umkehre und lebe! Kehrt um, kehrt um von euren bösen Wegen! Denn warum wollt ihr sterben, Haus Israel?

Zu alten Zeiten wurden auf der Stadtmauer Wächter aufgestellt, die Wache halten sollten. Ihre Aufgabe bestand darin, nach anrückenden Armeen Ausschau zu halten. Wenn sie einen Feind näherkommen sahen, war es ihre Aufgabe, die Trompete zu blasen, um die Einwohner der Stadt zu warnen. Ihre Aufgabe war nicht, jeden bereit zu machen; es war die Verantwortung der Einwohner, sich bereit zu machen. Die Aufgabe des Wächters bestand nur darin, Alarm zu blasen.

Gott hat Gläubige auf der Erde zurückgelassen, damit sie Alarm schlagen und die Gesetzlosen warnen, dass sie es sowohl hier als auch in alle Ewigkeit bereuen werden, wenn sie nicht von ihren gesetzlosen Wegen umkehren und zu Jesus kommen.

Wenn wir wissen, dass die Gesetzlosen sterben und in die Hölle kommen werden und sie nicht warnen, dann wird ihr Blut von unserer Hand gefordert werden.

Wenn wir wissen, dass die Gesetzlosen sterben und in die Hölle kommen, und wir sie nicht warnen, dann wird ihr Blut von unserer Hand gefordert werden. Ich hatte genug Blut an meinen Händen, als ich verloren war; ich brauche nicht noch mehr davon. Wir müssen den Verlorenen von Jesus erzählen. Gott hat kein Gefallen am Tod des Gesetzlosen, und genauso wenig sollten wir Gefallen daran haben. Bete für sie und gib ihnen Zeugnis, damit sie eines Tages mit uns im Himmel sein werden.

Schon früher hatte der HERR zu Hesekiel gesagt: „Mach dich auf, geh hin zu den Weggeführten, zu den Kindern deines Volkes, und rede zu ihnen und sprich zu ihnen: ‚So spricht der Herr, HERR!' Sie mögen hören oder es lassen" (Kap. 3,11). Bedenke, dass es unsere Verantwortung ist, die Wahrheit zu sagen, mögen unsere Zuhörer nun hören oder die Botschaft ablehnen.

Sei jemand, der die Welt verändert

Die Juden in Thessalonich beklagten sich über Paulus und Silas: „Diese, die den Erdkreis aufgewiegelt haben, sind auch hierhergekommen" (Apostelgeschichte 17,6). Wäre es nicht schön, den Ruf zu haben, den „Erdkreis aufgewiegelt" zu haben? Wir haben alle einen Ruf. Was ist dein Ruf? Frage Menschen, die du kennst, was für einen Ruf du ihrer Meinung nach hast. Frage sie, was ihrer Meinung nach das Wichtigste in deinem Leben ist. Es ist interessant, Menschen diese Frage zu stellen, weil sie – egal, was es ist – wissen, was dir in deinem Leben am wichtigsten ist. Wenn es Jesus ist, werden andere das erkennen. Gott sucht nach Menschen, die Er dazu gebrauchen kann, den Erdkreis für seinen Sohn „aufzuwiegeln", aber sein Sohn muss das Wichtigste in deinem Leben sein, wenn du den Ruf eines Weltveränderers haben willst.

Von den großen Glaubenszeugen in Hebräer 11,37–40 heißt es:

> Sie wurden gesteinigt, zersägt, versucht, starben durch den Tod des Schwertes, gingen umher in Schafpelzen, in Ziegenfellen, hatten Mangel, Drangsal, Ungemach; sie, deren die Welt nicht wert war, irrten umher in Wüsten und Gebirgen und Höhlen und den Klüften der Erde. Und diese alle, die durch den Glauben Zeugnis erlangten, haben die Verheißung nicht empfangen, da Gott für uns etwas Besseres vorgesehen hat, damit sie nicht ohne uns vollkommen gemacht würden.

Ich habe eine sehr einfach Frage: Ist die Welt deiner wert? Sorge dafür, dass du ein solch heiliges Leben für den Herrn lebst und so mutig die Verlorenen erreichst, dass diese Welt deiner niemals wert sein wird! Eine der kraftvollsten Stellen der Bibel ist Matthäus 10,28–39. Nimm auf, was Jesus sagt – und handle danach.

> Und fürchtet euch nicht vor denen, die den Leib töten, die Seele aber nicht zu töten vermögen; fürchtet aber vielmehr den, der sowohl Seele als Leib zu verderben vermag in der Hölle. Werden nicht zwei Sperlinge für einen Cent verkauft? Und doch fällt nicht einer von ihnen auf die Erde ohne euren Vater; an euch aber sind selbst die Haare des Hauptes alle gezählt. Fürchtet euch nun nicht; ihr seid vorzüglicher als viele Sperlinge.
>
> Jeder nun, der sich vor den Menschen zu mir bekennen wird, zu dem werde auch ich mich bekennen vor meinem Vater, der in den Himmeln ist; wer aber irgend mich vor den Menschen verleugnen wird, den werde auch ich verleugnen vor meinem Vater, der in den Himmeln ist.
>
> Denkt nicht, dass ich gekommen sei, Frieden auf die Erde zu bringen; ich bin nicht gekommen, Frieden zu bringen, sondern das Schwert. Denn ich bin gekommen, den Menschen zu entzweien mit seinem Vater und die Tochter mit ihrer Mutter und die Schwiegertochter mit ihrer Schwiegermutter; und des Menschen Feinde werden seine Hausgenossen sein.

Wer Vater oder Mutter mehr lieb hat als mich, ist meiner nicht würdig; und wer Sohn oder Tochter mehr lieb hat als mich, ist meiner nicht würdig; und wer nicht sein Kreuz aufnimmt und mir nachfolgt, ist meiner nicht würdig. Wer sein Leben findet, wird es verlieren, und wer sein Leben verliert um meinetwillen, wird es finden.

Gemeinschaft derer, die sich nicht schämen
(Letzte Worte eines afrikanischen Märtyrers)

Ich bin Mitglied der „Gemeinschaft derer, sie sich nicht schämen". Die Würfel sind gefallen. Ich bin über die Linie gegangen. Die Entscheidung ist gefallen. Ich bin ein Jünger Jesu Christi.

Ich werde nicht zurückschauen, aufgeben, langsamer werden, umkehren oder stehenbleiben. Meine Vergangenheit ist vergeben, meine Gegenwart hat Sinn und meine Zukunft ist sicher.

Ich habe die elende Lebensweise aufgegeben, nach dem Sichtbaren zu leben, das kleinliche Planen, die weichen Knie, die farblosen Träume, die faden Visionen, das banale Reden, das billige Geben und die verkümmerten Ziele; ich habe mit allem abgeschlossen.

Mein Schritt ist fest, mein Gang ist schnell, mein Ziel ist der Himmel, meine Straße ist eng, mein Weg ist rau, meine Begleiter sind wenige, mein Führer ist vertrauenswürdig, meine Mission ist klar.

Ich werde nicht aufgeben, zurückgehen, nachlassen oder schweigen, bis ich für die Sache Christi gepredigt, gebetet, gezahlt habe ... Ich muss gehen, bis Er zurückkommt, geben, bis ich falle, predigen, bis alle es wissen, und arbeiten, bis Er kommt.

Und wenn Er kommt, um die Seinen zu holen, hat Er keine Schwierigkeiten, mich zu erkennen. Meine Farben sind klar.

„Denn ich schäme mich des Evangeliums nicht" (Römer 1,16).

Sei Mitglied der „Gemeinschaft derer, die sich nicht schämen". Es ist der einzige Weg, dieses Leben zu leben. Denk daran: Um ein Missionar zu sein, brauchst du nicht den Ozean zu überqueren, du musst nur das Kreuz sehen.

Kapitel 14
„Lieber Satan“ oder „Lieber Gott“

„Verloren! Verloren! Verloren! Besser die ganze Welt in Flammen, als dass eine einzige Seele verlorengeht! Besser soll jeder Stern verlöschen und der Himmel zu einem Chaos werden, als dass eine einzige Seele verlorengeht!“
Charles Haddon Spurgeon

Es gibt nur zwei Arten von Menschen auf der Erde: die Verlorenen und die Erretteten. Du gehörst zu einer dieser beiden Gruppen. Zu welcher? Das Einzige, was in der Ewigkeit zählt, ist, ob du die Errettung, die Gott in Jesus Christus anbietet, angenommen oder abgelehnt hast. Gott wird dich nicht zwingen, Christus anzunehmen. Er kann dich zu Ihm ziehen, aber es kommt der Punkt, an dem du Ihm selbst dein Leben übergeben musst.

Die Zehn Gebote – das Gesetz des allmächtigen Gottes – erklären jeden von uns vor Gott für schuldig, weil wir das Gesetz gebrochen haben. Nun stellt sich die Frage: Willst du Buße tun, dich von deinen Sünden abwenden und dein Leben Jesus übergeben? Lies die folgenden Gebete und entscheide dich dann, wem du folgen willst. Ob du sie mitbetest oder nicht – wenn du sie gelesen hast, wirst du jemand dienen: Gott oder Satan. Die Frage ist nur, wem?

*****

Lieber Satan, die Bibel sagt, dass du der Gott dieser Welt bist. Du bist der Vater der Lüge. Du verführst die Nationen und verblendest den Sinn der Ungläubigen. Gott warnt mich, dass ich sein Reich nur dann betreten kann, wenn ich glaube, dass Jesus gestorben ist, um meine Schuld zu bezahlen. Ich habe gelogen, gestohlen, mit Begierde auf andere geblickt und deshalb Ehebruch in meinem Herzen begangen. Ich hatte Raum für Hass, und die Bibel sagt, dass Hass dasselbe ist wie Mord. Ich habe Gott gelästert und es abgelehnt, Ihm den ersten Platz zu geben, habe den Sabbat missachtet, das Eigentum anderer Leute begehrt, meine Eltern nicht geehrt und bin des Götzendienstes schuldig geworden – ich habe mir einen Gott gemacht, wie er mir gefiel. All das habe ich gegen mein Gewissen getan. Ich weiß, dass es Gott ist, der mir das Leben gegeben hat. Ich habe einen Sonnenaufgang gesehen. Ich habe die Geräusche der Natur gehört. Ich habe unglaublich viele Freuden genossen, die alle aus seiner großzügigen Hand kamen. Ich weiß: Wenn ich in meinen Sünden sterbe, werde ich nie wieder Freude erleben. Dennoch will ich heute meine Sünden nicht bekennen und davon lassen. Am Gerichtstag, wenn ich in den großen Feuersee geworfen werde, kann ich niemand die Schuld geben, außer mir selbst. Es ist nicht der Wille Gottes, dass ich ins Verderben komme. Er hat mir seine Liebe gezeigt durch den Tod seines Sohnes, der kam, um mir Leben zu geben. Du, Satan, bist es, der kam, um zu töten, zu stehlen und zu verderben. Du bist mein geistlicher Vater. Ich wähle, dir zu dienen und deinen Willen zu tun, weil ich die Finsternis liebe und das Licht hasse. Wenn ich nicht zur Vernunft komme, werde ich auf ewig dein sein. Amen.

*****

Lieber Gott, ich habe gegen Dich gesündigt, indem ich deine Gebote übertreten habe. Trotz des Gewissens, das Du mir gegeben hast, habe ich auf andere mit Begierde geblickt und so in meinem Herzen Ehebruch begangen. Ich habe gestohlen, ich habe darin versagt, Dich zu lieben, ich habe darin versagt, meinen Nächsten zu lieben wie mich selbst, und ich habe versäumt, den Sabbat heilig zu halten. Ich war habsüchtig und habe Hass in meinem Herzen gehegt – was mich in Deinen Augen des Mordes schuldig macht. Ich habe Deinen heiligen Namen zu Eitlem ausgesprochen, ich habe mir einen Gott gemacht, so wie er mir gefiel, und habe meine Eltern nicht geehrt. Wenn ich am Gerichtstag vor Dir in Deiner verzehrenden Heiligkeit stehen würde und jede geheime Sünde, die ich begangen habe, jedes nutzlose Wort, das ich gesagt habe, sich als Beweis für meine Verbrechen gegen Dich herausstellen würden, wäre ich ganz und gar schuldig und würde gerechterweise die Hölle verdienen. Ich bin unaussprechlich dankbar dafür, dass Jesus meinen Platz im Gericht eingenommen hat, indem Er am Kreuz litt und starb. Er hat meine Schuld bezahlt, so dass ich den Gerichtssaal verlassen kann. Er hat offenbart, wie sehr Du mich liebst. Ich glaube, dass Er danach aus den Toten auferstanden ist, nach den Schriften. Ich bekenne nun meine Sünden, lasse von ihnen ab und halte mich ab jetzt zu Jesus, der mein Herr und Retter sein soll. Ich möchte nicht länger für mich leben. Ich gebe Dir meinen Körper, meine Seele und meinen Geist als ein lebendiges Opfer, um Dir zu dienen, damit Dein Reich gefördert wird. Ich möchte täglich in Deinem Wort lesen und dem Gelesenen gehorchen. Nur durch das Kreuz von Golgatha ist es möglich, dass ich ewig leben werde. Ich bin auf ewig dein. Ich bete im Namen Jesu. Amen.

*****

Jesus sagt uns: „Niemand kann zwei Herren dienen; denn entweder wird er den einen hassen und den anderen lieben, oder er wird einem anhangen und den anderen verachten. Ihr könnt nicht Gott dienen und dem Mammon" (Matthäus 6,24). Welchen Herrn wählst du, um ihm für den Rest deines Lebens und in Ewigkeit zu dienen?

In Josua 24,15 heißt es: „Und wenn es übel ist in euren Augen, dem HERRN zu dienen, so erwählt euch heute, wem ihr dienen wollt ... Ich aber und mein Haus, wir wollen dem HERRN dienen!" Wem willst du dienen? Ich bete, dass du dich entscheidest, mit jeder Faser deines Seins dem Gott dieses Universums zu dienen. Ich hoffe wirklich, dass ich dich eines Tages im Himmel sehen werde!

Meine Hoffnung und mein Gebet ist, dass du wählst, dem Gott dieses Universums zu dienen mit allem, was in dir ist.

Wenn du an Jesus Christus glaubst, so hoffe ich, dass dir dieses Buch gefallen hat; aber mehr noch hoffe ich, dass du, wenn du es beiseitelegst, heute noch mit einer verlorenen Person über Jesus sprichst. Wenn du ein wiedergeborener Gläubiger bist, werde ich dich im Himmel sehen. Und wenn ich dich dann sehe, sorge dafür, dass du nicht allein kommst, sondern dass du eine Menge Leute bei dir hast! Ich wünsche dir eine gesegnete Zeit beim Verkündigen der Guten Botschaft von Jesus Christus.

„Wenn aber diese Dinge anfangen zu geschehen,
so blickt auf und hebt eure Häupter empor,
weil eure Erlösung naht“
(Lukas 21,28).

Mark Cahill hat Betriebswirtschaft an der Auburn-Universität studiert, wo er als erstklassiger Basketballer bekannt war. Nach ein paar Jahren in der Geschäftswelt übergab er sein Herz Jesus Christus und bat Gott, ihn dorthin zu stellen, wo er so vielen Menschen wie möglich begegnen könnte. Ein Jahr lang unterrichtete er an einer Schule. Obwohl Mark vorhatte, den Rest seines Lebens an einer christlichen Schule zu unterrichten, brachte Gott ihn dazu, ein Jahr lang vollzeitig zu evangelisieren. Danach begann Mark eine Vortragstätigkeit. Jedes Jahr spricht Mark nun zu Tausenden in Kirchen, auf Tagungen, Konferenzen, in Ferienlagern usw. Er leitet die Erretteten an und fordert sie heraus hinauszugehen, um die Verlorenen zu erreichen. Mark hat auch bei vielen Radio- und Fernsehsendungen mitgewirkt. Einer seiner Schüler drückte es so aus: „Mark unterrichtet immer noch, nur in einer viel größeren Klasse." Seine wahre Berufung ist es, Zeugnis zu geben, ob in Einkaufszentren, auf Musik- und Kunstfestivals, am Strand, auf Sportveranstaltungen, in den Barvierteln der Städte – wo immer man auf verlorene Menschen stoßen kann. Mark lebt in Stone Mountain in Georgia.

Um das kostenlose Arbeitsmaterial, zusätzliche Bücher und Hilfsmittel herunterzuladen oder um das Missionswerk zu unterstützen, melden Sie sich für den kostenlosen Newsletter an oder besuchen Sie www.markcahill.org.

Die deutsche Version des Arbeitsmaterials ist verfügbar auf http://www.daniel-verlag.de/downloads/ unter Ordner: Bücher - im Daniel-Verlag.

http://www.daniel-verlag.de/downloads/object_details.php?ucat_id=1&oid=203&id=50

Die Kontaktadresse von Mark Cahill ist:

Mark Cahill
P.O. Box 81, Stone Mountain, GA 30086
800-NETS–158/800–638–7158
E-Mail: mark@markcahill.org

Best.-Nr.: 304.523
Benedikt Peters

Weltreligionen

Judentum, Christentum, Hinduismus, Islam

Taschenbuch, 180 Seiten
€ 3,90

Kulturen und Religionen prallen aufeinander. Darum müssen wir Bescheid wissen. Was glauben Juden? Worauf will der Hinduismus in erster Linie hinaus? Warum muss man wissen, dass der Islam eine nachchristliche Religion ist? Welchen Einfluss hat die Bibel auf Kultur und Geschichte Europas gehabt? Das sind einige der Fragen, auf die der Autor spitz und prägnant, aber immer begründet antwortet.
Dieses Taschenbuch bietet eine Fülle von Informationen und erlaubt so einen gelungenen Überblick über die vier Hauptreligionen. Durch den sehr günstigen Preis ist es darüber hinaus gut zum Verteilen geeignet.

www.daniel-verlag.de